옛 그림으로 본 제주

제주를 그린 거의 모든 그림

# 옛 그림으로 본 제주

제주를 그린 거의 모든 그림

최열 지음

11
17
.

혜화

# 탐라의 오늘과 제주의 어제를 보며
# 꿈꾸는 이 땅의 미래

제주의 또다른 이름, 탐라는 하나의 왕국이었다. 천지창조의 신화를 지닌 나라로 유구한 문명의 역사를 지닌 땅이었다. 치솟은 한라산은 하늘에 닿았고 가없이 펼쳐지는 바다는 해저의 심연에 닿았다. 천국과 용궁을 잇는 지상의 왕국 탐라는 흙과 돌과 바람과 물과 나무 그 어느 하나 신령이 아닌 게 없고, 그 속에서 태어나 살며 사랑하다 늙어 그 어느 날엔가 땅으로 돌아가는 사람 그 누구라도 신선이 아닌 이 없다.

남으로는 류큐 왕국에서 북으로는 육지로부터 온갖 진귀한 물건이 드나들고, 해 뜨는 동으로는 섬나라 일본, 해 지는 서쪽으로는 대륙 중국 사람들이 이곳을 가리켜 신선들이 사는 이상향理想鄕인 영주瀛洲 땅이라 그렇게도 부러워했다. 생김 생김 때문만은 아니었을 것이다. 그 안에 살아가는 신과 인간의 조화로움이 뿜어내는 기운이 그 모두를 매혹했을 것이다.

그런 까닭에 육지의 나라인 신라와 고려가 이 땅을 드나들며 앗아갔다. 저들의 막강한 위력 앞에서도 자존심 강한 탐라 사람의 품성으로 말미암아 자치정부 같은 왕국의 풍격을 지속할 수 있었다. 하지만 강력한 중앙집권 국가 체제를 채택한 조선 왕조는 자치정부를 부정했다. 이로써 탐라 땅은 조선을 이루는 하나의 지방으로 편제되었고 조선 정부는 지방 수령을 세워 직접 통치를 시작했다. 이로써 이제 더이상 탐라 왕국은 자기만의 역사를 쓸 수 없었다. 그러나 아름다운 시절의 기억은 잊힐 수 없는 것이어서 탐라 왕국은 영원히 사라지지 않는 불멸의 땅이 되었다.

신성함은 사람에게 있지 않다. 자연 속에서 숨쉬는 법이다. 탐라의 오름과 바람과 땅과 바위와 나무와 숲 속에 신화가 숨어 있다. 그 언젠가 욕망에 눈 먼 객客들이 바다를 건너왔다. 땅을 파헤치고 바위를 깨뜨리며 나무를 베어냈다. 숲은 사라지고 그 자리에 탐욕의 성채들이 점령군처럼 들어섰다. 자연을 파괴하자 탐라의 신성함은 점차 빛을 잃었다. 세기가 바뀐 지금은 객들만이 아니라 주인까지 나서서 제 보금자리를 파헤치고 있는 형국이다. 그로써 남아 있는 아름다움이 점차 더 말라가고 있다.

어린 시절 어느 날 문득 아버지가 '제주 금귤'을 가져오셨다. 그 추억이 지금도 영롱하다. 그때로부터 제주를 꿈꾸다가 철든 뒤에야 하늘을 날아 제주에 닿았다. 처음 만난 제주의 낯선 기후와 바람과 흙이 나를 꿈처럼 이끌었다. 가는 곳마다 기이했고, 머무는 곳마다 경이로웠다. 첫만남의 추억이 강렬했던 탓일까. 그뒤로도 언제나 제주라면, 탐라라면 그저 가고 싶었다. 기회가 주어질 때 단 한 번도 걸음을 지체한 적이 없다. 제주는 나에게 그런 곳이다.

지난 스무여 해 동안 국토의 산과 강을 그린 그림을 찾아 헤맸다. 그러다 언제였을까. 우연히 18세기 제주 화가 김남길이 제주 전역을 다니며 그린 마흔한 폭의 《탐라순력도》를 보았다. 그것을 펼치는 순간 내가 처음 이 섬나라에 들어섰을 때 느낀 강렬한 무엇이 깊은 곳에서 되살아나기 시작했다. 가슴 벅차오르는 환희의 순간이었다. 언젠가는 이 그림 이야기를 하겠다고 홀로 결심했다. 그뒤로 제주 해협을 건널 때면 그림을 들고 곳곳을 찾아다녔다. 그렇게 보니 예전에 보던 것도

탐라의 오늘과 제주의 어제를 보며 꿈꾸는 이 땅의 미래

달리 보였고 안 보이던 것도 환하게 보였다. 그림은 나에게 제주를 보게 하는 창窓이었다. 내 눈이 아닌 다른 사람의 눈으로 또다른 곳을 보게 하는 창, 내 눈만으로는 못 보는 걸 보게 해주는 그런 창.

《탐라순력도》를 통해 더 많은 걸 보고 더 깊이 들어가는 시간은 즐거움으로 충만했다. 그러나 어쩐지 이것만으로 제주를 보았노라 자신할 수 없었다. 게으른 세월만 보내고 있던 나에게 새로운 그림들이 불현듯 나타나 눈앞에 펼쳐졌다. 《영주십경도》, 《탐라십경도》, 《제주십경도》, 《제주십이경도》가 하나, 둘 출현하고 보니 마치 선물과도 같았다. 김남길의 《탐라순력도》와 거의 유사한 화풍의 십경도가 여기저기에서 봐달라고 아우성을 치는 듯했다. 한 번 보이기 시작하니 은하수 흐르는 한라산의 눈발처럼 그렇게 내렸고, 보아온 그림마저 달리 보였다. 그림을 보다보니 그림이 아니라고 여겼던 지도마저 제 자랑을 시작했다. 타원을 그리는 연꽃처럼 환한 도상을 보고 있자니 탐라 실경화가 바로 이것이구나 싶었다. 《해동지도》에 들어 있는 〈제주삼현 사적도〉와 〈제주삼현 오름도〉는 각각 한폭의 아름다운 산수화였다. 제주를 그린 지도야말로 제주의 풍경을 한눈에 보여주는 전경도였던 게다. 많지는 않아도 수묵화로 그린 문인화풍의 제주 실경화 역시 우아한 자태를 뽐내며 뒤늦게 모습을 드러냈다. 그뿐 아니다. 감당하지 못할 만큼 다가오는 그림과 더불어 제주의 오름과 포구를 찾아다니며 풍경을 내 것으로 만들려 했고 하고 싶은 이야기가 생기면 글로 써서 들려주곤 했다. 지난 스무여 해는 나에게 그런 시간이었다.

세상에는 변하는 것과 변하지 않는 것이 있다. 어느 것이 좋으냐는 바라보는 사람의 가치와 기준에 따라 다를 터. 하지만 자연이란 무릇 변하지 않는 것이 아름답다. 육지의 곳곳은 제 모습을 이미 많이 잃어버려 오늘날 사람들은 이제 옛 사람들이 그려 놓은 모습을 귀하게 여긴다. 되돌릴 수 없는 일이란 그런 것이다. 제주의 풍경 역시 육지와 마찬가지로 숱하게 변했다. 사람의 손길이 미치는 곳이면 어디나 어김없이 달라져 있다. 그러나 사람이 살지 않는 깊은 곳의 풍경은 그래도 여전하다. 그로써 탐라 왕국의 풍경을 여전히 간직하고 있으니 행운과도 같은 일이다.

한 번 변해 버린 곳을 제 모습으로 되돌리는 건 불가능하다. 아름다운 풍경을 기대하고 제주를 찾는 이들 앞에 정작 풍경은 사라진 채 요란한 건물만 들어서 있다면 누구라서 다시 이 땅을 찾을 것인가. 그런 까닭에 여전히 제 모습을 지키고 있는 곳을 귀하게 여겨야 할 이유가 분명하다. 본디 그대로인 자연 그대로의 모습을 이만큼이라도 남아 있을 때 이만큼이라도 귀하게 간직해야 한다.

금귤의 추억 이래 지금까지 제주를 드나들며 오로지 풍경만 바라보지 않았다. 천지창조 이래 왕국의 문명을 이룩해온 사람들의 모습과 그 발자취에도 눈길을 주었다. 나로부터 17대를 거슬러 올라가는 시조 신재 최산두 할아버지의 벗 충암 김정으로부터 시작했다. 그는 개혁을 외치던 기묘팔현 중 한 분이었다. 또한 왕위에서 쫓겨나 제주에서 생을 마친 광해 왕, 이 땅에서 추사체를 완성하고 〈세한도〉를 그려낸 유배객 추사 김정희, 가족과 함께 이곳에서 이상향을 화폭에 담은 전쟁 난민 대향 이중섭의 이야기가 제주의 풍경 곳곳에 배어 있었다. 육지에서 온 외지인들의 이야기만 있는 건 물론 아니었다. 탐라 땅에 사군자의 향기를 퍼뜨린 저 위대한 처사이자 스승이신 심재 김석익을 비롯한 탐라의 그 많은 예인과 더불어 이 땅에서 태어나 이 땅에서 삶을 이룬 이들과 숱한 민인들의 사연을 들여다볼수록 이 땅의 속살을 느끼고 그 마음에 점차 물들어갔다.

수많은 육지의 군대가 제주를 휩쓸고 갔다. 이 땅에 살던 사람들이 겪은 상처는 이루 말할 수 없다. 여기에 끊임없이 이 땅을 넘보던 일본은 일제강점기 내내 인간과 자연 모두를 철저히 파괴했다. 그 고난의 끝에서 해방의 빛을 마주하는 순간 이번에는 4·3항쟁이라는 참혹한 시간을 견뎌야 했다. 그렇게 스러져 간 원혼들은 무려 반세기 동안 기나긴 금기의 감옥 속에 갇혀 있어야 했다. 50년 만에 두 명의 대통령이 나서서 진실의 문을 열고, 국가 책임을 처음으로 인정했지만 국가가 폭력에 대한 책임을 명시하고 희생자에 대한 배상과 보상의 근거를 마련하기까지는 무려 스무 해가 더 필요했다. 그러나 4·3특별법 개정안이 2021년 2월 26일 국회에서 통과된 직후 "법률 제정은 근거를 마련하는 하나의 시작일 뿐"이라는 현직 대통령의 말처럼 이미 너무 오랫동안 상처 입은 이 땅의 자존과 신성을 회복하기 위해 가야 할 길은 여전히 멀다.

그동안 봐온 제주의 옛 그림을 모두 모은 이 책에 담긴 글과 그림을 통해 이 땅의 주인은 물론이요 다녀가는 손님, 제주를 그리워하는 그 누구라도 탐라이자 제주였던 이 땅의 아름다운 자태를 돌아볼 수 있기를 희망한다. 펼쳐 보기만 해도 멋진 풍경을 접할 것이요, 글자를 읽노라면 신비로운 전설을 들을 것이다. 나아가 이 땅에 살던 사람들을 가슴 깊이 만날 것이다. 탐라의 오늘과 제주의 어제를 담으려 노력했으니 혹시 모를 일이다. 누구라도 이 책을 보며 이 땅의 미래를 여는 비밀의 열쇠를 문득 발견할지도.

2021년 4월 3일
'그날'의 이름없는 영혼을 기리며
최열

특별히 감사의 말씀을 전할 분들이 있다.

이 책에 사용한 작품을 몸소 그린 작가와 그 후손, 소장처와 소장가 여러분을 빼놓을 수 없다. 그 이름을 하나하나 적어둠으로써 깊은 감사의 뜻을 전한다.

개인 소장가, 간송미술관, 국립고궁박물관, 국립민속박물관, 국립제주박물관, 국립중앙도서관, 국립중앙박물관, 국립현대미술관, 김만덕기념관, 삼성미술관 리움, 서울대학교 규장각, 영남대학교박물관, 이중섭미술관, 일본 고려미술관, 일본 오사카부립나카노시마 도서관, 제주대학교박물관, 제주민속자연사박물관, 제주특별자치도, 호암미술관. 개인 소장품을 국공립미술관에 기증하신 이건희·이재용 부자, 박명자, 이호재를 비롯한 이들에게 찬사를 보낸다. 문화예술유산은 개인의 소유가 아니라 모두의 소유였을 때 더욱 빛날 수 있기 때문이다.

제주 실경도를 공부하면서 힘이 되어준 분들이 있다. 제주의 강은실, 김승익, 김유정, 전은자 님과 목수현, 김미정, 신수경, 이은주, 김명훈 그리고 김민형, 김달진, 윤민용, 강영선 님을 비롯하여 함께 한 많은 분과 또한 참고문헌으로 밝혀둔 것이나 그렇지 못한 것이나 제주와 관련한 저술을 해오신 모든 분에게 감사 드린다.

2020년『옛 그림으로 본 서울』을 펴내며 소망 하나를 마음에 품었다. 책 한 권이 마치 민들레 꽃씨처럼 퍼져나가 서울의 옛 모습을 만나고 그로 인해 서울의 미래를 꿈꾸는 이들이 많아지기를. 출간 후 독자들의 따뜻한 관심에 기뻤다. 그리고 뜻밖에 대통령의 추천으로 인해 더 많은 독자를 만날 수 있었다. 이와 같은 일이 일어날 수 있는 세상에 감사한다. 앞서의 책처럼 이 책 역시 '혜화1117' 이현화 대표의 재촉이 없었다면 나올 수 없었다.『옛 그림으로 본 서울』에 이어 또 한 번 정성껏 꾸려준 디자이너 김명선 님의 노고 역시 잊지 않겠다. 무엇보다 우리가 살아가는 땅의 옛 모습에 관심을 가져준 독자들께 고마운 마음을 전한다. 그분들 덕분에 또 한 권의 책을 세상에 내놓는다.

차례

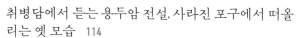

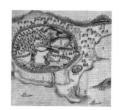

## 일러두기

1. 이 책은 미술사학자 최열의 조선 실경 연구 집성의 하나로, 그의 연구는 시작된 지 오래이나 이 책의 출발은 2002년경부터 시작한 연재에서 비롯되었다. 그는 몇몇 매체를 통해 조선 실경에 관한 글을 꾸준히 세상에 내보내 왔고, 이 책은 그 가운데 제주에 관한 글들을 바탕으로 삼았다. 다만 이 책의 출간을 위해 앞선 모든 글들에 없던 체제를 부여하고 원고 및 그림의 보완 및 수정을 통해 일관된 맥락을 더함으로 이전과는 그 차이가 상당하다.

2. 어느 지역이나 지명의 경우 같은 곳이라 해도 구전으로 전해지는 것이 많아 그 명칭과 표기가 다양하다. 본문에서는 그동안 저자가 참고한 문헌 및 자료는 물론 흔히 사용하는 것을 기준으로 삼았다. 필요한 경우 여러 표기를 병기하였다.

3. 본문에 나오는 작품명은 홑꺾쇠표(〈 〉), 화첩 및 도첩은 겹꺾쇠표(《 》), 시문이나 논문 제목은 홑낫표(「 」), 책자의 제목 등은 겹낫표(『 』), 전시와 강조하고 싶은 내용 등은 작은 따옴표(' ')로 표시하였다.

4. 본문에 수록한 그림의 기본 정보는 아래와 같은 순서로 정리하였다.

   작가명, 작품명, 화첩명, 크기(가로×세로), 재질, 제작 시기, 소장처

   다만 정보가 정확하지 않은 경우 항목을 생략하기도 하였다. 같은 그림을 다시 보여주거나 세부도를 보여주는 경우 기본 정보는 작가와 작품명, 화첩명, 소장처 등만 표시하였다. 또한 같은 그림의 세부도를 같은 페이지에 배치한 경우 별도의 표시는 생략하였다. 다만 다른 그림의 세부도를 넣은 경우에는 일부임을 표시하였다. 아울러 해당 장에 실린 그림을 함께 모아 디자인한 각 장 표제지에 기본 정보의 표시는 생략하였다.

5. 주요 인물의 경우 최초 노출시 한자 표기와 생몰년을 밝혀두었으나 관련 정보가 정확하지 않은 경우 생략하기도 하였다. 작품이 실린 경우 책 뒤에 부록으로 따로 실어 인물에 대한 독자의 이해를 도왔다. 또한 책 뒤 '인명 색인'을 별도로 두었다.

6. 참고한 주요 문헌 및 자료 등은 책 뒤에 '주요 참고문헌'의 목록으로 따로 정리하였다. 고문헌의 여러 인용문은 한문 원문 대신 저자의 한글 번역문을 주로 사용하였다.

서장

"제주, 이곳은
신과 자연의 나라,
이 땅의 사람들을 품어주는
오름과 바람의 세상"

제주를 알기 전까지 이곳은 그저 천혜의 명승지였다. 제주해협을 숱하게 드나들며 하나하나 알아갈수록 제주 아니, 탐라는 경이의 땅이었다. 그 중심에는 신과 자연이 있다. 비록 오늘날 사람의 욕망에 밀려 신은 숨고 개발이라는 이름으로 자연은 끝없이 변해 가고 있으나 바로 그 신과 자연이 탐라의 생명이다.

천지창조의 신화는 어느 지역, 어느 땅이나 다 가질 수 있는 게 아니다. 흔치 않은 신들의 세계가 바로 탐라, 이곳 제주 땅에 펼쳐졌다. 어느 때인지도 모를 아득한 옛날, 먹물 같은 공간을 가르고 하늘과 땅이 열렸다. 수수만년 휘황하게 빛나던 신의 왕국, 신화의 주인공은 사람들이 마을을 가꾸고 왕국을 건설하자 산과 바다로 향했다. 하지만 그것이 어디 소멸일까. 여전히 그들은, 그들의 이야기는 제주민인들 곁에 살아 숨쉰다.

신들의 집은 《내왓당 무신도》다. 화폭 안에 거하는 신들은 제각각의 표정과 자세를 갖추고 있다. 모두 위엄에 넘치는 오만함이 특징이다. 옷차림이며 동세와 표정이 두려우면서 매력적이다.

신의 모습을 그린 신상神像의 역사에서 드물게 보이는 걸작인 《내왓당 무신도》는 19세기 조선의 종교 미술 분야에서는 물론 한국미술사상 신을 그린 그림으로는 가장 탁월한 예술성을 과시한다. 그린 이가 누구인지 알 수 없지만, 이 작품의 존재만으로 제주 땅이 스스로 눈부신 예술가를 갖춘 보물창고였음은 확실하다.

《내왓당 무신도》보다 적어도 150여 년 전에 출현한 김남길金南吉의 《탐라순력도》耽羅巡歷圖는 이를 뒷받침한다. 무려 마흔한 폭으로 이루어진 이 작품은 육지의 사람들이 감히 상상할 수조차 없는 독특한 모습으로 제주의 사람과 자연을 형상화했다. 한국미술사상 최고 수준의 독창성을 지닌 이 그림들을 마주한 순간 제주는 나에게 신세계, 즉 새로운 세상으로 다가왔다. 《탐라순력도》에 《내왓당 무신도》를 포개니 그제야 비로소 이곳이 신의 나라, 자연의 나라, 그들을 품어주는 바다의 세상인 줄 알았다.

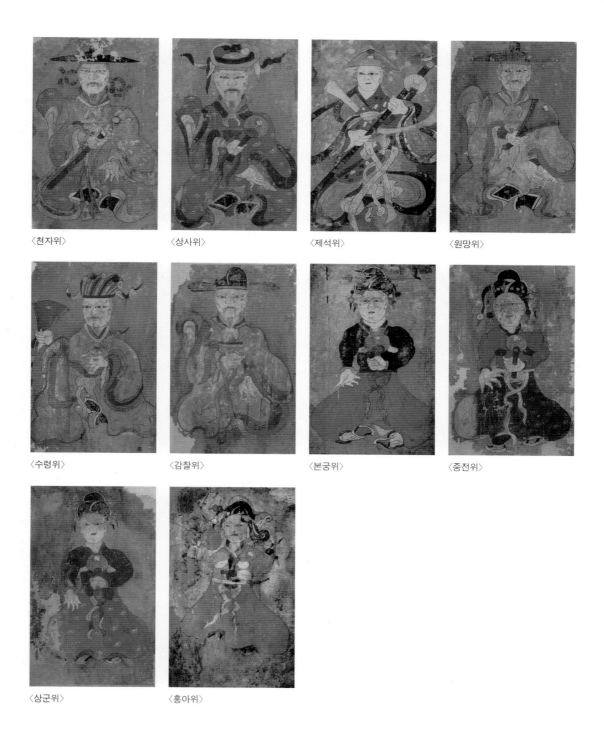

〈천자위〉　　〈상사위〉　　〈제석위〉　　〈원망위〉

〈수령위〉　　〈감찰위〉　　〈본궁위〉　　〈중전위〉

〈상군위〉　　〈홍아위〉

《내왓당 무신도》, 각 39×63, 종이, 19세기, 제주대학교박물관

〈한라장촉〉

〈승보시사〉

〈공마봉진〉

〈감귤봉진〉

〈귤림풍악〉

〈교래대렵〉

〈산장구마〉

〈성산관일〉

〈우도점마〉

〈화북성조〉

〈조천조점〉

〈김녕관굴〉

〈별방조점〉

〈별방시사〉

〈수산성조〉

〈정의조점〉

〈정의양로〉

〈정의강사〉

〈정방탐승〉

〈천연사후〉

〈서귀조점〉

〈현폭사후〉

〈고원방고〉

〈산방배작〉

〈대정조점〉

〈대정배전〉

〈대정양로〉

〈대정강사〉

〈모슬점부〉

〈차귀점부〉

〈명월조점〉

〈명월시사〉

〈애월조점〉

〈제주조점〉

〈제주전최〉

〈제주사회〉

〈제주양로〉

〈병담병주〉

〈건포배은〉

〈비양방록〉

〈호연금서〉

김남길, 《탐라순력도》, 각 36×56.7, 종이, 1703, 제주특별자치도세계문화유산본부

그뒤로 제주를 그린 그림을 찾아 나섰다. 그림을 제주를 파고드는 창문으로 삼았다. 먼저 눈에 띈 것은 그림지도다. 조선의 지도는 실용성만이 아니라 심미성을 아우르고 있다. 또한 각각의 지도는 그 목적에 따라 같은 곳을 그린 것이어도 차이가 있어 나란히 두고 보면 그 자체로 매우 흥미롭다. 국립중앙도서관에서 소장하고 있는 〈천하대총일람〉에서 중국 대륙 동쪽에 자리한 조선과 류큐 부분을 보면 실제 크기와 상관없이 대륙에 비해 매우 크게 그려진 것을 한눈에 알 수 있다. 상호 교류의 편의를 기준으로 두었기 때문으로 특히 류큐는 주변 섬까지 세밀하게 배치했다. 교역의 중요성을 기준으로 삼은 지도 제작자의 관점을 엿볼 수 있다. 또한 중국이 아닌 조선의 관점을 실현하고 있으니 그 제작 주체가 조선임을 쉽게 알아볼 수 있는 것은 물론이다.

국립중앙박물관에서 소장하고 있는 〈탐라지도병서〉는 널리 보급하기 위해 목판본으로 제작한 것이다. 세부의 자상함과 섬세함이 대단하여 누가 보아도 제주 사람이 제작했음을 알 수 있다. 특히 한라산 백록담 부분의 구도는 김남길이 그린 《탐라순력도》의 〈한라장촉〉과 거의 같다.

김정호의 《대동여지도》와 《청구도》는 〈탐라지도병서〉와 같이 목판본으로 제작한 것이다. 같은 사람이 같은 방식으로 같은 대상을 제작했는데 느낌은 사뭇 다르다. 《대동여지도》의 〈제주도〉에서 김정호는 제주를 마치 연꽃과도 같은 아름다운 타원으로 형상화했다. 해안선의 굴곡 하나하나가 마치 꽃잎의 윤곽선 같고 한라산은 꽃술 같다. 이에 비해 《청구도》의 〈제주도〉는 오직 지명과 행정 구역을 정확히 드러내는 데 충실했음을 알 수 있다.

서울대학교 규장각에서 소장하고 있는 〈제주삼읍전도〉와 일본 오사카부립 나카노시마 도서관에서 소장하고 있는 《조선도》의 〈제주도〉는 짝을 이루는 듯 보이지만 완연히 다르다. 규장각 소장 〈제주삼읍전도〉는 시선의 중심을 수도 한양에 두고 있어서 화폭 상단이 남해요 하단이 제주해협이다. 즉 화폭 상단 해안선에 서귀포가 있고 하단 해안선에 제주시가 자리하고 있다. 오늘날과는 정반대다. 그런데 오사카부립 나카노시마 도서관 소장 〈제주도〉는 이와 반대로 화폭 상단에 제주시가 있고 앞바다가 제주해협이며, 화폭 하단에 서귀포가 남해를 바라보고 있다. 물론 20세기 이후 모든 지도에서 취하고 있는 방식이지만 이 지도는 조선의 시선이 아니라 일본의 시선으로 바라보아 이렇게 그린 것으로 보는 게 맞겠다.

　서울대학교 규장각에서 소장하고 있는 《해동지도》海東地圖는 18세기 중엽을 대표하는 방대한 규모의 지도 책이다. 〈천하도〉와 같은 세계 지도부터 조선의 각 도별, 각 군과 현에 이르기까지 세세하게 그려 놓았다. 여기에 실린 〈제주삼현 오름도〉와 〈제주삼현 사적도〉는 18세기 중엽 제주의 마을은 물론이고 관아와 봉수대, 사직社稷과 여단厲壇 및 사당과 사찰, 효자문과 열녀문, 그리고 귤나무를 재배하는 과원에 이르기까지 행정과 관련한 내용을 아주 섬세하게 기록했다. 그것만으로도 훌륭하지만 서로 짝을 이루는 이 두 개의 그림지도는 제주도를 활짝 핀 꽃처럼 우아하게 그림으로써 이 섬나라를 가장 아름답게 형상화한 예술품으로 꼽아도 손색이 없을 만큼 빼어나다.

　이와는 다른 형상으로 제주를 그린 것도 있다. 국립고궁박물관 소장 〈영주산대총도〉와 제주특별자치도 민속자연사박물관 소장 〈제주삼읍도총지도〉, 국립민속박물관 소장 《탐라십경도》의 〈탐라도총〉은 모두 한라산의 능선을 숲으로 덮는 표현 방식을 채택했다. 그럼으로써 제주도는 날개를 쫙 편 불사조 또는 커다란 거미 한 마리가 타원형 쟁반을 뒤덮고 있는 형상으로 그려졌다. 산 능선을 따라 나무숲을 덮어놓고 보니 거대한 입체로 바뀌어서 이토록 특별한 모습이 된 것이다. 그런데 김남길이 그린 《탐라순력도》의 〈한라장촉〉은 마찬가지로 산등성이를 따라 나무숲을 덮었는데 앞의 것들과는 사뭇 다르다. 해안선을 따라 빙 둘러 붉은색 점으로 장식한 도시와 나무숲의 형상이 서로 어울려 지금까지와는 또다른 아름다운 조화를 빚어내고 있다. 일본 고려미술관 소장 《영주십경도》의 〈탐라대총지도〉는

"제주, 이곳은 신과 자연의 나라, 이 땅의 사람들을 품어주는 오름과 바람의 세상"

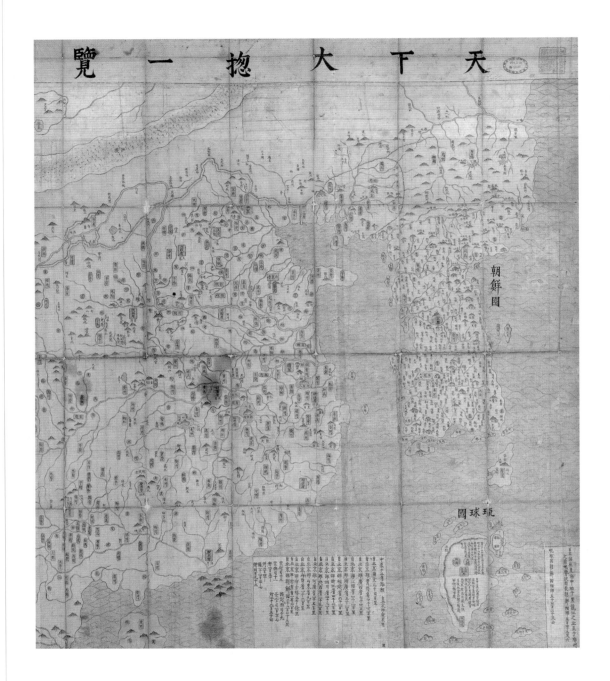

〈천하대총일람〉 부분, 128.5×155, 종이, 18세기 후반, 국립중앙도서관

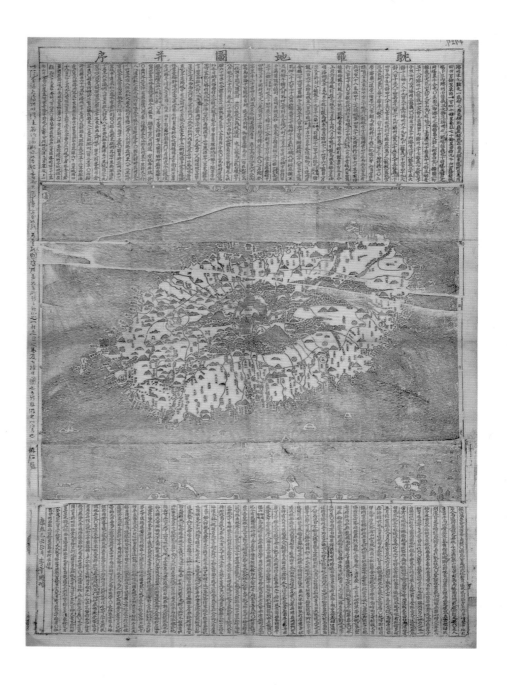

〈탐라지도병서〉, 34.3×188, 목판, 1709, 국립중앙박물관

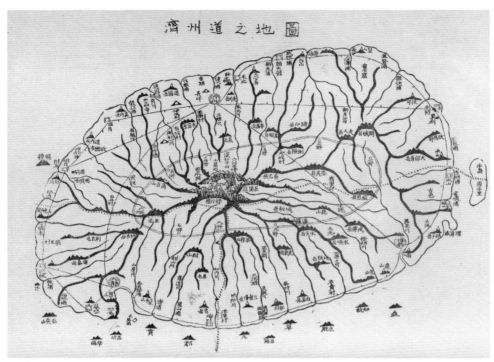

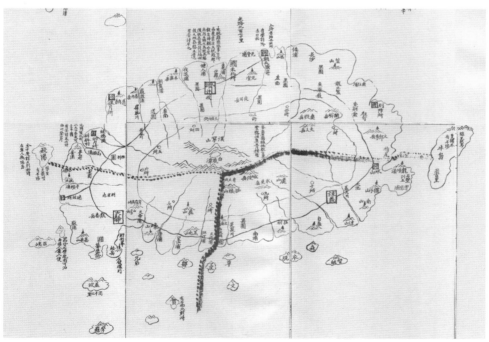

위_ 김정호, 〈제주도〉,《대동여지도》, 40×30.6, 목판, 1861
아래_ 김정호, 〈제주도〉,《청구도》, 870×462, 종이, 1834, 국립중앙도서관

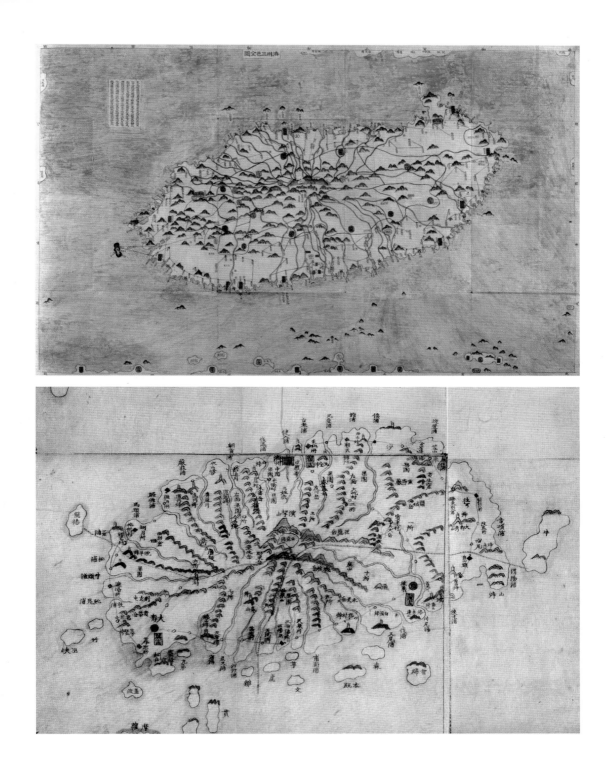

위_〈제주삼읍전도〉, 35×25, 종이, 1872, 서울대학교 규장각
아래_〈제주도〉, 《조선도》, 18세기 후반, 일본 오사카부립 나카노시마 도서관

위_ 〈제주삼현 오름도〉, 《해동지도》, 60.5×46.8, 종이, 1750년대, 서울대학교 규장각
아래_ 〈제주삼현 사적도〉, 《해동지도》, 60.5×46.8, 종이, 1750년대, 서울대학교 규장각

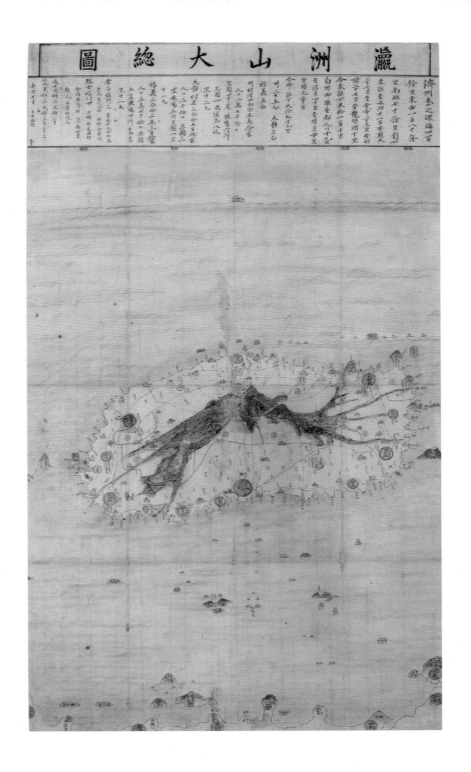

〈영주산대총도〉, 59.5×104.5, 종이, 18세기, 국립고궁박물관

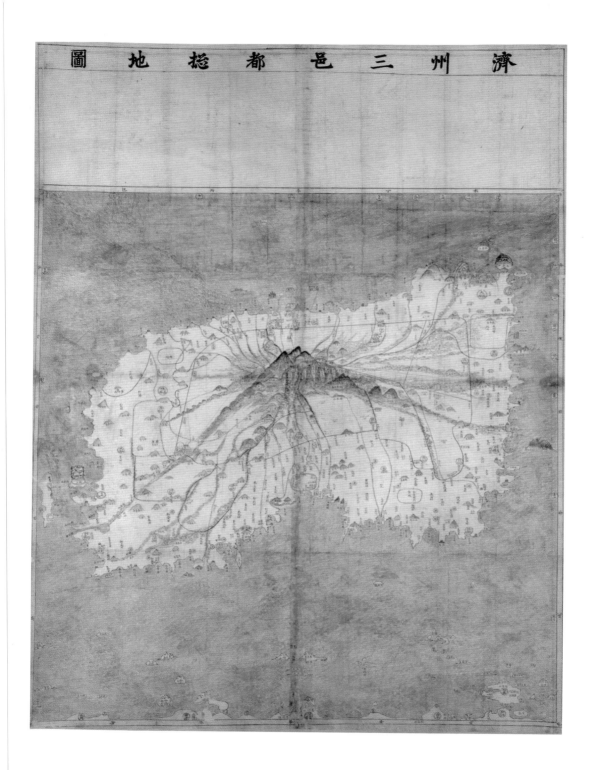

〈제주삼읍도총지도〉, 140×158, 종이, 1770년대, 제주특별자치도 민속자연사박물관

〈탐라도총〉 부분, 《탐라십경도》, 40.5×61, 종이, 국립민속박물관

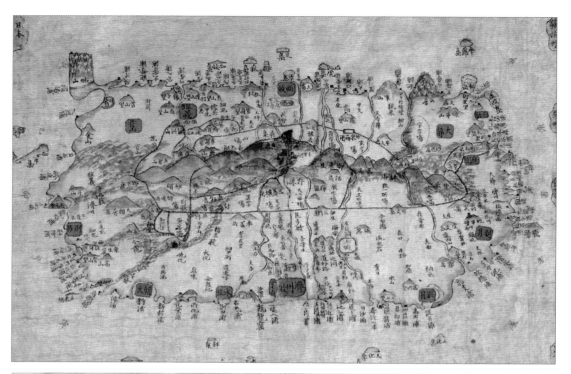

위_ 김남길, 〈한라장촉〉 부분, 《탐라순력도》, 제주특별자치도 세계문화유산본부
아래_ 〈탐라대총지도〉 부분, 《영주십경도》, 일본 고려미술관

하단의 절반 부분이 잘려 나갔지만 경쾌한 필선과 채색이 돋보이고 한라산을 비롯한 오름들이 무척 어여쁜 작품이다.

그다음은 이곳을 거쳐간 이들이 그린 산수화다. 전해지는 작품이 그리 많지 않다. 학산鶴山 윤제홍尹濟弘, 1764~1845?, 추사秋史 김정희金正喜, 1786~1856, 소치小癡 허련許鍊, 1809~1892이 남긴 몇 점과 그린 이를 알 수 없는 몇 폭의 실경산수화가 있다. 모두가 흔치 않은 형상을 담았다. 그림 속 형상이 하나같이 기이하다.

학산 윤제홍의 〈백록담〉은 손가락에 먹을 찍어 그리는 지두화指頭畵 기법으로 감탄을 자아내고, 추사 김정희의 〈세한도〉는 짙으나 마른 먹을 까칠한 표면에 문지르듯 거칠기 그지 없는 기법이 경이롭다.

이곳 토박이 화가들이 그린 '십경도'十景圖 또는 '십이경도'十二景圖에는 이 땅에서 살아간 사람들이 품었던 자부심이 넘친다. 육지 사람의 눈에는 제주의 풍광이 모두 특별하여 오히려 분별하기 어려우나 토박이들의 눈길이야 그럴 리 없다. 제주를 제대로 보려면 토박이의 눈이 필요하다. 오늘날 전해오는 이들 그림 중 국립민속박물관에서 소장하고 있는《제주십경도》10점, 개인이 소장하고 있는《제주십이경도》12점, 일본 고려미술관에서 소장하고 있는《영주십경도》중 남아 있는 4점, 역시 국립민속박물관에서 소장하고 있는《탐라십경도》중 남아 있는 4점이 나의 오랜 길잡이다. 이름도 각양각색이며 그린 이가 누구인지 알 수 없는 작품이 더 많고, 어떤 것은 이름과 달리 몇 점만 남아 전한다. 그러나 영주, 탐라, 제주가 모두 같은 땅이요 그림 양식도 저《탐라순력도》를 계승하고 있으니 이 그림들을 보고 있노라면 제주미술사의 전통과 십경의 역사가 한결같음을 저절로 깨우칠 수 있다.

19세기부터 20세기에 걸쳐 활약한 화가 가운데 이름이 남은 춘원春園 정재민鄭在民, 19~20세기의《영주십경도》에 이르러서야 비로소 제주 승경은 육지의 산수화 양식으로 탄생했다. 제주의 안과 밖이 만나 조화를 이루어 또다른 그림의 세계가

위_ 윤제홍, 〈백록담〉, 36×67, 종이, 1844, 개인
아래_ 김정희, 〈세한도〉 부분, 국립중앙박물관

〈백록담〉　　〈취병담〉　　〈조천관〉　　〈명월소〉

〈별방소〉　　〈영곡〉　　〈산방〉　　〈천지연〉

〈성산〉　　〈서귀소〉

《제주십경도》, 각 30.5×52, 종이, 국립민속박물관

〈백록담〉 〈영곡〉 〈제주목 도성지도〉 〈취병담〉

〈화북진〉 〈조천관〉 〈별방진〉 〈성산〉

〈서귀진〉 〈천제연〉 〈산방〉 〈명월진〉

《제주십이경도》, 각 36.5×57, 종이, 개인

〈명월소〉

〈취병담〉

〈산방〉

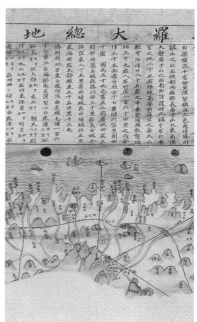

〈탐라대총지도〉

《영주십경도》, 각 36.1×63.3, 종이, 일본 고려미술관

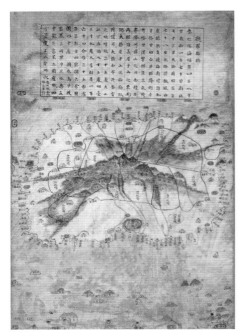

〈탐라도총〉

〈산방〉

〈백록담〉

〈영곡〉

《탐라십경도》, 각 40.6×61, 종이, 국립민속박물관

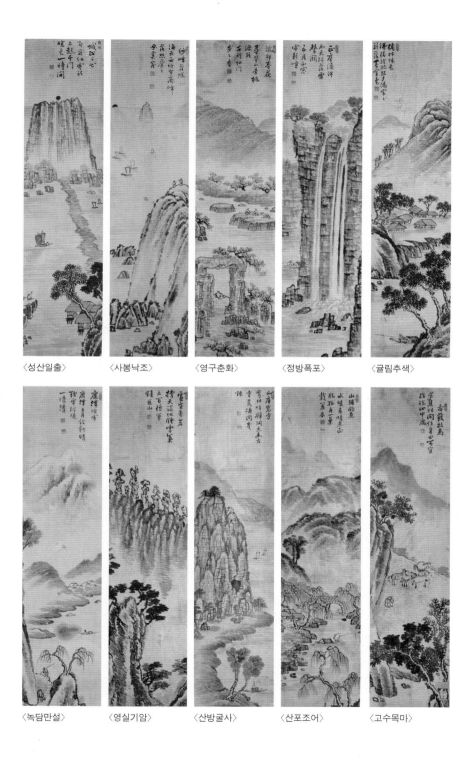

〈성산일출〉 〈사봉낙조〉 〈영구춘화〉 〈정방폭포〉 〈귤림추색〉

〈녹담만설〉 〈영실기암〉 〈산방굴사〉 〈산포조어〉 〈고수목마〉

정재민, 《영주십경도》, 각 28.6×115.4, 종이, 20세기 초, 제주대학교박물관 열린 셈이다.

그림이라는 창문을 통해 바라본 제주는 오늘과 다른 세상이다. 사람의 손길 대신 신이 가꾸고 만든 자연이 그대로 담긴 까닭이다. 오늘날과는 완전히 다른, 아니 오늘날 우리 눈앞에 펼쳐지는 풍경의 원형, 즉 원래의 모습을 고스란히 담았기 때문이다.

신의 나라에는 그들의 후손, 해 뜨고 해 지는 자연에 순응하며 살아가던 사람들이 있었다. 제주의 옛 이름, 탐라 왕국을 세운 이들은 양梁, 고高, 부夫 세 성씨를 지닌 신인이다. 왕은 을나乙那, 그 부인은 을나비乙那妃라 하였다. 누구냐 되물을 이들이 많을 것이다.

을나는 탐라를 건국한 세 영웅의 호칭이며 을나비는 일본국 또는 벽랑국碧浪國에서 온 세 공주다. 국제결혼이 이처럼 자연스러웠던 걸 보아 이곳이 활력 넘치는 무역국가, 국제도시였음을 상상케 한다. 이러한 국제도시 건설의 근거지는 어디였을까. 심방무당이 가장 먼저 신을 청하여 모시는 굿거리인 초감제初感祭에 이런 구절이 있다.

제주도는 고 량 부 삼성이 모흥혈毛興穴에서 솟아나 나라를 열었던 곳입니다.

모흥혈은 삼성혈의 옛 이름이다. 세 가지 성씨인 삼성三姓에 대한 문헌의 기록은 『고려사』「지리지」에 나온다. 이 책의 지은이가 인용한 『고기』古記에 양, 고, 부 성을 지닌 세 신인이 등장한다. 『고려사』는 1449년부터 1451년에 걸쳐 편찬한 책이고 『고기』는 그 전부터 전해 내려오는 책이므로 세 신인이 출현한 때가 언제인지는 정확히 알 수 없다.

제주시 이도일동에 '탐라국 발상지'란 표석을 세워 성역화해놓은 삼성혈 다시 말해 모흥혈에서 솟아난 세 신인은 성만 있고 모두 을나라고 부른다. 그러니까 을나는 각 지역의 수령이었다. 심방의 노래나 『고기』의 기록을 요약하면 양을나, 고을나, 부을나가 땅에서 솟아나 사냥하며 가죽옷 입고 고기를 먹으며 살다가 일본국 또는 벽랑국에서 온 세 공주와 결혼하여 일도, 이도, 삼도로 나누어 오곡을 심고 소와 말을 길러 살았다고 하였다.

그럼 이들은 언제부터 나라를 세우고 통치를 시작했을까. 나라 이름은 무엇이고 수도의 이름은 무엇이라 지었을까. 나라 이름은 문헌의 기록으로 보면 주호洲胡, 섭라涉羅, 탐모라耽牟羅와 탐라를 아울러 사용했고 왕의 호칭은 을나였다. 수도의 이름은 알 수 없지만 탐라였거나 아니면 강물 이름을 따라 한내와 같이 큰물이라고 하여 큰마을大村이라는 말과 뒤섞인 어떤 이름이었을 수도 있다. 한양에 한강이 있어 도시와 강물 이름이 서로 이어지듯 탐라의 수도 또한 강물과 서로 연관 있는 무엇이었을 것이다.

처음 왕국을 세우고 수도 터를 정한 때는 삼양동 선사유적지 유물이 기원전 300년경의 것이라 하므로 그 무렵이 아니었을까 추측한다. 그로부터 500여 년이 지난 280년 무렵에 나온 책 『삼국지』 「위서」魏書 「동이전」東夷傳의 「한」韓 조에는 다음과 같은 문장이 있다.

마한의 서쪽 바다 가운데 큰 섬이 주호州胡다.

김부식金富軾, 1075~1151이 지은 『삼국사기』에 '탐모라'라는 이름이 등장한다. 이후 백제가 620년에 탐라왕을 좌평佐平이라 불렀고, 662년에는 그 좌평의 이름을 '도동음률'徒冬音律이라고 하였으며 도동음률이 신라에 투항했다고 한다. 그러니까 백제나 신라 모두 탐라 왕국을 차지하기 위해 줄곧 노리고 있었던 게다.

1928년 산지항山地港 공사와 1984년 용담동 무덤 유적에서 나온 유물이 한漢

"제주, 이곳은 신과 자연의 나라, 이 땅의 사람들을 품어주는 오름과 바람의 세상"

나라 화폐나 거울인데 이와 같은 것이 일본 규슈九州에서도 발견되는 것을 보면 탐라 왕국은 그때 이미 중원 대륙과 교역을 전개하는 국제무역 국가였다.

『삼국사기』와 『위지동이전』의 「고구려전」을 보면 498년 "섭라가 백제에 병합되었다"고 하였고 『당회요』唐會要 「탐라국」 조에는 661년 탐라의 유리도라儒李觀羅 왕이 당나라에 조공 사신과 함께 입조해 황제와 더불어 태산太山의 제천의례인 제천祭熏에 참석하였다고 하였다. 여기에는 다음 같은 기록이 있다.

> 탐라는 신라의 무주武州 바다 위에 있으며, 섬 위에는 산이 있고 주위는 모두
> 바다에 접해 있다. 북쪽으로는 백제와의 거리가 5일 정도 갈 만하게 떨어져
> 있다. 왕은 성이 유리儒李이고 이름은 도라觀羅이다.

한마디로 요약해서 주호, 섭라, 섬모라, 탐라 가운데 그 어떤 용어를 쓰거나 이곳은 여러 을나가 통치하는 땅이었고 언젠가 가장 힘센 을나가 다른 을나를 통합하여 통치자의 지위에 오르면서 탐라 왕국을 건국한 것이다.

탐라 왕국이 비록 육지의 강국인 백제 또는 신라에 조공을 하였다고는 해도 이 나라는 독립국가였다. 국가를 호령하는 왕 을나가 있었으며 이후 왕이나 왕자는 모두 이름을 갖고 있었다. 5세기부터 백제, 7세기부터 신라가 탐라 왕국을 병합, 복속시키려 하였지만 탐라 왕국은 이들만이 아니라 중국과도 조공외교를 펼치면서 자주국가를 경영해 나갔다.

탐라 왕국은 태조 을나가 개국한 뒤, 수도 없이 많은 이름을 지닌 숱한 왕들이 통치해온 나라였다. 이름 앞에 성을 지니고 있지 않던 이들이 성을 갖추기 시작한 건 1024년 고몰高沒의 등장 이후였다. 성을 지닌 뒤로 아들, 손자로 연이어 세습하기 시작했으나 고씨 왕조는 얼마 가지 못했다. 지금 가장 잘 알려진 양, 고, 부 세 성씨의 나라였다는 역사는 아마도 삼성의 시조를 추숭하는 사업을 전개한 결과였

을 것이다.

삼성을 추숭하는 사업이 언제부터 어떻게 추진되었는지 알 수 없지만 모흥혈을 삼성혈로 바꾸는 노력과 더불어 이루어졌을 게다. 저 삼성혈이란 낱말이 1653년 제주목사 이원진李元鎭, 1594~?이 편찬한『탐라지』에 처음 등장하는 것으로 보면 17세기에 이미 진행이 되었음을 짐작할 수 있다. 을나가 사라지고 삼성만 남음으로써 탐라 고유의 역사도 따라서 사라져 갔다.

천년왕국을 지속해온 탐라 왕국을 1105년 고려 숙종은 기어코 복속시켜 군郡으로 삼았다. 그뒤 1153년 고려의 행정구역으로 진작에 편입시킨 이곳에 고려 정부는 지방관을 파견하였다. 식민지로 삼아 직접 통치를 개시한 것이다. 그렇지만 이곳 사람들이 워낙 자주성이 강했으므로 지역연합정권인 고려 왕조는 탐라 사람으로 성주를 삼아 이곳의 자율성을 인정했다. 즉, 성주라는 직책을 살려 두어 향촌 토호를 인정하긴 한 셈이다. 그러나 이런 태도는 오래 가지 않았다. 1223년 고려 고종은 아예 탐라라는 이름을 폐기하고 제주군濟州郡으로 개명함으로써 독립국가의 역사와 전통을 지우려 했다.

그래도 고려는 지역연합정권이어서 그나마 제주의 자율성은 이어갈 수 있었다. 고려 왕조에 이어 새로운 왕조의 문을 연 조선 왕조는 강력한 중앙집권 정책을 펼쳤다. 이후로 제주의 독립성은 크게 약화되었다. 조선 정부는 제주·대정·정의 세 고을에 향교를 창설하고서 유학 사상을 유포하는 한편, 1404년 조선 태종太宗, 1367~1422, 재위 1400~1418은 좌우 도지관都知管을 설치함으로써 성주 제도를 폐지해 종속성을 강화했다. 이로써 제주는 제도적으로 조선에, 육지에 완전히 편입되었다.

그러나 이를 쉽게 볼 일은 아니다. 어떤 왕조나 제주를 육지로 편입시키려고 호시탐탐 기회를 노렸다. 고려가 이 땅을 복속시킨 뒤에도 이 섬나라를 육지로 편입시키는 데 걸린 세월이 무려 반세기에 가깝다. 천년왕국의 고유한 문화 전통이

"제주, 이곳은 신과 자연의 나라, 이 땅의 사람들을 품어주는 오름과 바람의 세상"

그만큼 강렬했던 탐라요, 제주였음을 알 수 있는 세월 아닌가.

제주도는 항해술이 발달하기 이전까지 환상과 동경의 대상이었다. 중국인들은 이곳을 동쪽 끝 불로장생의 신비를 간직한 섬 영주瀛洲라고 믿었다. 3세기 중국 사람들은 탐라 왕국을 주호국州胡國이라고 부르면서 무역을 활발히 하고 있다고 『삼국지』「위서」「동이전」에 기록하였다.

왕래가 가능해지자 제주도는 꼭 가보아야 할 유람과 관광의 땅이었다. 육지에 없는 귤이며 해산물이 풍부한 섬이었으니 누군가에게는 교류의 대상이면서 또한 약탈하고 싶은 곳이었다. 또한 중앙의 집권 세력에게 제주도는 늘 변방이었고 육지의 풍습을 전파해야 할 계몽의 대상이자 억압함으로써 복종시켜야 하는 야만의 땅이었다. 왜인倭人, 일본인에게는 약탈하고 싶을 만큼 탐욕의 대상이었으며, 멀리 서역西域이며, 안남安南, 베트남越南, 류큐琉球, 오키나와沖繩 왕국 사람들에게는 무역의 중간 기착지였다. 서구에서 일확천금의 꿈을 안고 지구 끝까지 나선 대항해시대 인물들이 표류 끝에 도착하기도 한 땅이다. 1627년 네덜란드 사람 벨테브레박연朴淵, 1653년 하멜Hendrick Hamel, 1630~1692이 그들 중 우리가 익히 아는 이름이다.

1945년 제주는 패전을 앞둔 일본제국주의 군대가 선택한 옥쇄 작전의 마지막 결전지였다. 일본제국주의자들은 6만여 명의 일본군을 앞세워 18만여 명의 제주 민인을 강제 동원했다. 섬 전체를 군사 시설로 개조하고 연합군과의 전투에서 총알받이로 내몰려는 계획을 추진했다. 이런 무자비함은 그들의 패전으로 무산되었지만 해방의 기쁨도 잠시, 제주는 또다시 무자비한 민간인 학살이라는 참혹한 일을 겪어야 했다. 제주 4·3항쟁이 그것이다.

제주 4·3항쟁은 결코 잠시 잠깐 스쳐지나가는 사건일 수 없다. 한국현대사에서 한국전쟁 다음으로 인명 피해가 극심했던 비극이다. 그 시작은 1947년 3월 1일로 거슬러올라가 무려 1954년 9월까지 이어졌다. 전쟁 직후 제주는 혼란 그 자체였다. 일본군이 철수하고 외지에 나가 있던 제주 민인들이 일시에 귀환했다.

갑작스런 인구 증가에 흉년, 미곡정책의 실패 등으로 민인들의 삶은 피폐해졌다. 그러던 차에 미군정은 일제에 부역한 경찰들에게 치안을 맡겼다. 이들은 부정부패를 일삼았고, 민인들을 탄압했다. 언제 어떤 일이 일어나도 이상하지 않을 긴장감이 제주도를 감싸고 있었다. 그리고 1947년 삼일절, 가두집회를 구경하던 어린아이가 기마경찰의 말발굽에 치여 다쳤고, 항의하는 민인들을 향한 발포로 6명의 사망자가 발생했다. 대립은 격화되었고, 상황은 걷잡을 수 없이 번져나갔다. 미군정기에 일어나 대한민국 정부 수립 이후에 이르기까지 약 7년여에 걸쳐 지속된 이 무력 충돌과 진압 과정으로 제주는 지옥의 시절을 보내야 했다. 그러나 그것으로 끝이 아니었다. 수십 년의 세월 동안 그 진상은 은폐되었고, 제주 민인들은 고통의 기억을 어디에도 드러낼 수 없었다. 그나마 21세기에 들어와 '제주4·3사건 진상규명 및 희생자 명예회복에 관한 특별법'이 제정 및 개정, 시행되었고, 2021년 3월에는 당시 불법적인 군사 재판을 받고 억울하게 감옥에 갔다 행방불명된 330여 명에 대한 무죄 판결이 내려졌다. 대한민국 사법사상 유례가 없는 대규모 재심 청구에서 전원이 무죄 판결을 받은 것이다. 그렇지만 그것으로 모두 다 해결이 되었다고 말할 수는 없다. 여전히 오늘날 제주 곳곳에는 그 시절의 흔적이 고스란히 남았다. 그러므로 4·3항쟁은 지나간 역사의 한순간이 아니다. 그 역사는 제주에서만 기억할 일이 아니다. 근현대의 역사를 기억하는 우리 모두가 잊어서는 안 될 일이다.

　　제주는 또한 육지 사람에게 유배의 땅, 형벌의 감옥이었다. 그들에게 섬을 둘러싼 바다는 감옥의 울타리였다. 개혁정치를 꿈꾸던 기묘사림己卯士林 충암沖庵 김정金淨, 1486~1521은 유배당해 이곳에 온 뒤 그 바다를 다시 건너지 못했다. 정변으로 폐위당한 광해光海, 1575~1641, 재위 1608~1623 왕 역시 이곳으로 건너와 다시는 건너가지 못한 바다였다. 광해를 비판하다 쫓겨 온 동계桐溪 정온鄭蘊, 1569~1641, 권력 투쟁에서 패배해 쫓겨 와 조선미술사의 절정인 추사체를 얻은 추사 김정희도 죄인의 몸으로 이곳에 왔다. 국망의 위기를 극복하기 위한 마지막 절규의 시대를 호령

"제주, 이곳은 신과 자연의 나라, 이 땅의 사람들을 품어주는 오름과 바람의 세상"

했던 사림 의병장 최익현崔益鉉, 1833~1906 역시 이 바다를 오갔다. 제주해협은 이들에게는 삶과 죽음의 경계선이었다. 이곳의 관료들은 유배객을 존숭하여 서원도 짓고 오현사도 세워 매년 제사를 지냈다. 문득 궁금하다. 정작 제주 민인들에게 유배객은 참으로 존경할 만한 이들이었을까. 제주 사람들에게 그들은 무엇이었을까.

전쟁이 끝난 뒤 어느덧 평화의 시절 반세기를 보낸 21세기의 제주도는 오늘날 유네스코가 세계생물권보존지역 · 세계자연유산 · 세계지질공원 등에 등재한, 인류가 보호해야 할 천연의 자연 그 자체다. 그러나 실상은 어떠한가. 이른바 평화의 반세기 내내 산업화, 도시화에 발맞춰 온갖 개발이 이루어졌다. 자연은 끝없이 훼손당했고 파괴는 여전히 진행 중이다. 2015년부터 시작한 제2공항 건설을 둘러싸고 제주는 찬성과 반대의 격한 대립으로 뜨겁다. 동시에 제주도 곳곳은 거친 파괴의 기계음으로 가득하다. 그뿐이랴. 제2공항의 연계도로를 위해 비자림로를 넓힌다며 삼나무 숲을 파괴했다. 외지인들이 이곳을 찾는 까닭은 그 희귀하고 기이하며 눈부시게 아름다운 굴과 바위와 나무와 오름을 누리려 함이다. 그 모든 것의 제거는 외지인의 방문을 오히려 가로막는다. '관광의 편의'를 위한 개발이 오히려 '관광의 핵심'을 파괴하고 있으니 참담하다. 나아가 관광의 편의를 위해 자연에 손을 대는 것은 과연 온당한 일일까. 그로 인해 파괴당하는 것이 어디 자연만일까. 자연의 훼손은 곧 이 땅에 사는 사람들의 세상을 파괴하는 일이다.

육지로부터 제주의 아름다운 풍광을 사랑하고 아끼는 이들이 숱하게 찾는 제주는 그들의 무신경함으로 또한 상처를 입는다. 거친 발걸음은 아름다운 오름이며 신비로운 숲속을 상하게 하고 제주는 그때마다 피해를 되돌리기 위해 애를 쓴다. 찾아오는 이들을 위해 자연을 훼손하고, 찾는 이들은 역시 또 자연을 상하게 한다. 제주에서 들려오는 소식을 들을 때마다 나의 마음은 참담함을 넘어 슬픔에 이른다.

지금으로부터 300여 년 전, 제주의 통치자가 제주를 돌아보았다. 제주목사 야계冶溪 이익태李益泰, 1633~1704와 병와瓶窩 이형상李衡祥, 1653~1733이 바로 그들이다.

이익태는 1694년 7월부터 1696년 9월까지, 이형상은 1702년 3월부터 1703년 6월까지 제주의 수장이었다.

제주목사로 재임하는 동안 이들은 자신들이 다스리는 제주의 곳곳을 그림으로 남기려 했다. 이익태는 1695년, 이형상은 1702년 제주 전역을 다니며 동행한 화가에게 모든 장면을 사진 찍듯 기록할 것을 주문했다. 이익태 목사가 남긴 '십경도'는 남아 있지 않으나 이형상 목사가 제주 화가 김남길로 하여금 그리게 한 《탐라순력도》마흔한 폭은 다행히 남았다. 이 그림은 마치 기록영화와도 같다. 그들이 남기려 한 건 그림만이 아니다. 이익태 목사는 제주도 최초의 인문지리서라 할 수 있는 『지영록』知瀛錄을, 이형상 목사는 제주도 및 주변 도서의 자연·역사·산물·풍속·방어 등에 대해 기록한 『남환박물』南宦博物을 남겼는데, 이는 마치 기록영화의 대본과도 같다.

제주를 그리고 기록한 이들이 어디 이들뿐이었을까. 제주를 들여다보고 있노라니 어디선가 기다렸다는 듯 전국 각지에 흩어져 숨어 있던 제주의 실경도가 때로는 지도의 모습으로, 때로는 그림의 형상으로 하나둘 제 모습을 내 눈앞에 드러냈다. 제주에 관해 쓴 글들도 여기저기에서 눈에 띄었다. 이전에 알지 못하던 풍경과 감상, 기록 들을 만날 때마다 나의 눈과 귀 그리고 마음은 마치 대하 서사시를 읊조리는 시인인 양 바로 이곳, 제주를 향해 하염없이 빠져들어가곤 했다. 그렇게 제주를 그리고 기록한 이들이 눈으로 보고 발로 밟았던 길을 오랜 시간 더듬어 다녔다. 그들이 간 길을 따라 걸으니 나 역시 순력巡歷이 되었다. 나의 순력은 그림이라는 창문을 통해 본 풍경을 따라 이루어졌고, 저절로 그 풍경에 담긴 자연과 신과 인간의 이야기를 찾아나설 수밖에 없었다. 제주를 찾았거나 앞으로 찾을 이들이라면 먼 옛날 이곳을 거쳐간 많은 이가 그러했듯 자신만의 순력을 떠나볼 일이다. 길을 떠나지 않는다 해도 무슨 상관이랴. 그림을 길잡이 삼아 마음으로만 떠나도 그저 족하다.

"제주, 이곳은 신과 자연의 나라, 이 땅의 사람들을 품어주는 오름과 바람의 세상"

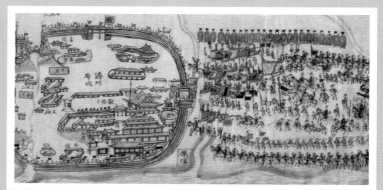

# 01

## 제주를 돌아보고
## 바람을 따라 우도까지

# 제주는 섬이라네,
# 바다로 둘러싸였다네


## 섬과 뭍 사이, 그곳에 바다가 있네

제주해협. 그 바다는 섬과 뭍 사이에 가로놓여 있다. 섬 쪽에서 보자면 동경과 공포가 교차하는 그리움이거나 두려움의 대상, 뭍에서 보자면 환상과 욕망이 교차하는 신비 또는 쾌락의 의미. 그 어느 시절 제주에 속한 사람에게 결코 건널 수 없는 금단의 경계. 토박이와 관광객의 거리만큼이나 멀고 먼 섬과 뭍의 경계.

1770년 제주 출신 선비 장한철張漢喆, 1744~?은 과거를 보러 한양을 향해 배를 탔다가 폭풍으로 표류해 저 류큐 열도의 하나인 호산도虎山島까지 휩쓸려갔다. 그는 1771년에 귀국하기까지의 경험을 담은 기록 『표해록』漂海錄을 남겼는데 이는 오늘날까지 전해져 우리 문학사의 걸작이 되었다. 그는 여기에 제주해협을 다음처럼 묘사했다.

남해로부터 탐라에 이르기까지 그 사이에는 비록 수천 리나 되는 큰 바다로 막혀 있지만 바다 밑은 천봉만학千峯萬壑이다. 이는 조선과 아주 밀접한 산천이라, 그러므로 바다 위에 풍파가 일어나면 배 타기가 극히 위험한 것은 수세水勢의 충격으로 바다 밑에 있는 봉우리와 골짜기에 진동되어 부딪히기 때문이다.

스스로를 절도絶島 사람으로 인식하는 가운데 "번화한 한양 유람"을 꿈꾼 장한철은 젊은 날, 중국여행기의 걸작으로 유명한 최부崔溥, 1454~1504의 『금남표해록』錦南漂海錄을 구해 읽으며 또 여러 나라 지리책을 연구하고서 "서양 사람의 커다란 종려선棕櫚船을 얻어 타고 사해를 두루 다니며 천지간 빼어난 경치를 보려는 소원"을 품었던 인물이다.

그는 폭풍우에 휩쓸려 저 멀리 류큐 왕국까지 밀려 다녀오며 "푸르고 가없는 바다" 제주해협에서 "사나운 바람, 성난 파도, 외로운 배는 솟았다 가라앉았다 하는데 높이 솟을 때는 마치 하늘 위에 오른 듯하고, 내려갈 때는 밑도 끝도 없는 물속으로 빠져들어가는 듯한 바다"를 경험했다. 그에게 이 바다는 이승과 저승의 경계이기도 했겠으나 또한 소망하는 바를 향해 반드시 넘어야 하는 벽이기도 했다. 끝내 바다를 건너 한양에서 과거를 치른 그는 마침내 급제하여 제주 대정현감이며 강원도 흡곡歙谷현령까지 지냈다. 그런 그에게 이 바다는 어쩌면 출세의 길이었을지도 모른다.

김남길이 그린 〈호연금서〉浩然琴書의 화폭에 펼쳐진 제주해협은 출렁대는 물결 하나 없이 참으로 평온한 바다 그대로다. 〈호연금서〉는 《탐라순력도》의 제일 마지막 장에 붙어 있는 그림으로 화첩이 다 만들어진 뒤 따로 그려 붙였다. 제주해협에 떠 있는 배를 타고 있는 건 제주를 떠나는 이형상 목사 일행이고 화북포 해안선에 불을 피우고 웅성대며 모여 있는 이들은 떠나는 이형상 목사를 배웅하는 사람들이다.

화폭의 중앙에는 해안선이 가로지르고 최상단에는 한라산이 병풍처럼 어깨

제주는 섬이라네, 바다로 둘러싸였다네

김남길, 〈호연금서〉 부분, 《탐라순력도》, 제주특별자치도 세계유산본부

를 활짝 펴고 이 모습을 내려다보고 있다. 깃발을 휘날리며 내달리는 수령선을 중심으로 바다 한복판에 떠 있는 여러 척의 군함은 해협을 장악한 듯 장엄하다. 그림 맨 아래 왼쪽 구석에 보길도, 오른쪽 구석에 추자도를 배치했다.

추자도는 그림에서 비록 다소 볼품없이 그려 넣긴 했지만 육지와 제주를 연결하는 섬으로 무척 중요한 교통요지다. 제주에 속한 섬으로 윗섬과 아랫섬으로 나뉘어 있다. 원래는 후풍도候風島라 불렀다. 1374년 제주도에 머물던 몽고 세력 목호牧胡의 저항을 진압하고 귀환하던 고려의 최영 장군이 풍랑으로 추자도에 머물러야 했다. 그곳에서 장군은 섬사람들에게 어로법, 영농법을 가르쳤다. 이로 인해 섬사람의 칭송이 자자했다. 산중턱에는 최영 장군 사당을 지어 기리고 있다. 또 이곳에는 제주 유배길에 풍랑으로 일시 상륙했던 송시열宋時烈, 1607~1689이 써준 글씨를 새긴 바위도 있다.

'서장'에서 살펴본 국립민속박물관에서 소장하고 있는 《탐라십경도》의 〈탐라도총〉에 등장하는 제주해협은 김남길이 〈호연금서〉에 그린 제주해협 풍경과 달리 섬으로 가득하다. 실제 그런 것이 아니라 육지의 해안선에 있는 섬을 바다에 쭉 펼쳐 놓은 것인데 항해를 위한 실용 목적이기도 하지만 그 아기자기한 형상이 귀엽고 어여쁘다.


## 저 바다를 건너면 만나는 류큐

제주도는 섬이다. 바다가 둘러싼 곳이다. 그러니 육지와 경계를 이루는 제주해협 말고도 또 다른 바다가 있다. 오랜 옛날 탐라와 류큐 사이에 펼쳐진 바다다. 서귀포 남쪽으로 수평선 너머 끝없이 펼쳐진 남해 저 끝에 류큐 왕국이 있었다. 오늘날에는 그곳을 오키나와라고 부른다. 고려가 탐라를 복속시킨 뒤 제주로 그 이름을 바꿨듯이 일본도 류큐 왕국을 지배하면서 이름을 그렇게 바꿨다. 1872년 무력으로 병합하고서 청나라로부터 독립시켰다거나 류큐 왕실로부터 민중을 해방시켰다고 주장한다.

　일본은 태평양전쟁이 끝나가던 1945년 제주와 함께 오키나와를 결전지로 삼아 본토 방어를 위한 희생양으로 삼으려 했다. 실제로 일본은 그해 4월부터 9월까지 오키나와 주민 15만여 명을 죽게 했다. 전투가 제주까지 번지기 전에 일본이 항복하면서 제주 주민은 더 지독한 참화를 겪지는 않았지만 그 당시 오키나와는 주민 이외에도 일본군 10만여 명, 미군 1만여 명이 전사한 지옥의 섬이었다.

　제주와 오키나와 사이 바다는 검푸른 물결이다. 이 바다를 흔히 동중국해라고 부른다. 지도에도 대부분 이렇게 표기한다. 중국 동쪽 바다라는 뜻이다. 하지만 우리 시선으로 보면 이 바다는 남해다.

　국립민속박물관 소장《제주십경도》중 하나인〈백록담〉상단은 온통 푸른 물결로 출렁인다. 바로 이 바다가 류큐까지 펼쳐진 남해다. 그림 맨 위 오른쪽에 류큐琉球라는 글씨를 써놓았지만 정작 섬 모습은 그리지 않았다. 너무 아득한 곳이어서 보이지 않더라도 알고 있다는 뜻이었을 게다. 또 서울대학교 규장각 소장《해동지도》의〈제주삼현 사적도〉에는 류큐를 제주도 성산 일출봉에 딸린 조그만 섬처럼 그려 놓았다. 대마도도 마찬가지다. 거리나 위치를 따지기보다는 방향 표시를 중시한 것이다. 그런가 하면〈천하대총일람〉처럼 류큐를 아주 거대한 섬으로 그려둔 경우도 있었다. 제주도와 비슷한 크기인데도 제주도보다 몇 배나 크게 그렸으니까 류큐를 왕래하는 그 누군가의 필요를 충족시키려 했던 것임은 의심의 여지가 없다. 아마도 류큐와의 무역을 중시했던 시대에 그린 지도였을 것이다.

　이 그림과 지도에는 서로 다른 점이 있다. 똑같은 제주를 그린 것인데 위와 아래의 방향이 반대다.〈백록담〉과〈제주삼현 사적도〉에서 제주와 류큐 사이 바다는 상단에 그려져 있다. 오늘날 우리가 보는 방향과 정반대다. 반면에〈천하대총

　　　　　　　　　　　　　　　　　제주는 섬이라네, 바다로 둘러싸였다네

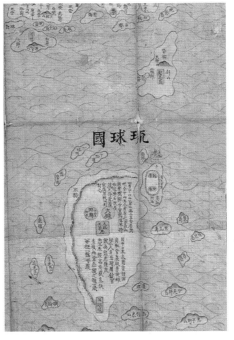

위_〈백록담〉 부분, 《제주십경도》, 국립민속박물관
아래 왼쪽_〈제주삼현 사적도〉 부분, 《해동지도》, 서울대학교 규장각
아래 오른쪽_〈천하대총일람〉, 국립중앙도서관

일람〉은 지금 보기에도 위와 아래가 어색하지 않다. 왜 이렇게 다른 걸까. 이유는 간단하다. 제주도는 한양에서 바라보는 방향으로 그려지는 경우가 많았다. 한양을 그린 '도성도'가 간혹 오늘날과 위 아래가 정반대인 경우도 같은 이유다. 임금님이 계신 궁궐에서 바라보는 방향으로 그렸기 때문이다. 제주를 그린 옛 지도나 그림을 볼 때는 위 아래가 다른 점을 기억하고 보아야 길을 잃지 않는다.

그림과 지도에서 류큐의 위치가 다른 것은 어디에서 바다를 바라보느냐에 따라 풍경이 달리 보였기 때문이다.

오키나와의 나하那霸 남쪽 끝 해안선에는 평화공원이 있다. 1960년대에 조성한 이 거대한 국립묘지는 원래 철의 폭풍이라고 부르는 최후의 결전지였고, 옥쇄 작전을 펼친 일본군이 모두 괴멸당한 비극의 땅이었다. 이곳 한구석에 조선인 묘역이 있다. 그곳에서 언젠가 제주4·3평화공원을 떠올렸고, 탐라와 류큐의 오랜 인연을 생각했다.

나하에서 남서쪽으로 약 410킬로미터 떨어진 곳에 있는 이시가키石垣 섬 박물관에서는 홍길동의 농기구 및 화폐를 볼 수 있다. 천재작가 허균許筠, 1569~1618의 소설 주인공 홍길동은 봉기에 실패하자 율도국栗島國 다시 말해 류큐 왕국으로 이주하여 홍가와라洪家王가 되었다. 홍가와라는 1500년 아에야마八重山 섬의 민중봉기를 지도한 영웅이자 민권운동의 선각이다. 또한 고려를 침략한 몽고에 저항하다가 몽고에 항복한 고려 정부의 공격을 받아 밀려나 후퇴를 거듭한 끝에 제주에서 장렬한 최후를 맞이했다고 알려진 삼별초가 다시 이곳 류큐 왕국으로 이주했다는 이야기는 이곳에서 고려의 기와를 다수 발견할 때마다 나오는 주장이다.

류큐 왕국의 마지막 왕은 젊고 씩씩했다. 백성의 사랑을 한몸에 받았던 그는 저녁이면 슈리성首里城을 나와 시장을 찾아다니며 민생을 살피다가 사랑하는 여인을 찾아 춤과 노래도 즐겼다. 일본 정부는 그를 제거하기 위해 부패혐의를 씌

제주는 섬이라네, 바다로 둘러싸였다네

위 불법으로 체포, 도쿄로 압송해 감옥에 가두고 독살했다. 대한제국의 고종高宗, 1852~1919, 재위 1863~1907 황제를 독살한 수법 그대로다. 왕을 사랑한 아름다운 여인이 도쿄까지 뒤따라가 수발을 들었고, 어렵사리 시신을 수습해 류큐까지 모셔와 슈리성 밑 언덕에 묻었다. 물론 비밀이었으니 봉분은 없다. 그 여인은 자신이 경영하던 집의 어린 게이샤藝子들에게 모든 재산을 나눠주고 왕을 따라가버렸다. 이 사연은 일본 전역으로 퍼져 사람들의 마음을 울렸고, 마침내 그녀는 모든 게이샤의 여신으로 모셔졌다고 한다.

정교하고 세련된 궁궐, 류큐 왕국의 슈리성이 최초의 모습을 갖춘 때는 15세기 무렵이다. 중국과 일본 건축 양식의 융합이 아름다웠던 이 궁궐은 왕과 그 가족이 거주하는 왕궁이자 왕국을 통치하는 본부이며 왕국 각지에 배치된 신녀들을 통해 왕국의 제사를 지휘하는 종교의 거점이었다. 하지만 1879년 봄 일본 메이지정부는 슈리성에서 왕을 추방하고, 류큐 왕국을 '오키나와 현'으로 편입시켰다. 이후 슈리성의 역사는 참으로 다사다난하다. 왕궁의 지위를 빼앗긴 채 한동안 일본군의 주둔지나 학교 등으로 사용되었고, 1930년대에는 대규모 수리가 이루어지기도 했지만, 1945년 미군의 폭격으로 잿더미가 되어버렸다. 전쟁이 끝난 뒤 류큐 대학 캠퍼스로 사용되다가 대학이 다른 곳으로 이전한 뒤 복원 사업이 이어지고 2000년 12월에는 '류큐 국 유적'이라는 이름으로 유네스코 세계유산으로 등록되면서 이제 평화를 되찾는가 싶더니 2019년 10월 화재로 주요 건물 대부분이 소실되었다. 성의 복원을 위해 나하 시가 모금을 시작했는데 단 사흘 만에 1억 엔의 모금액을 돌파했다는 소식이 그나마 위안이 된다. 불타버린 슈리성에서 일부 타지 않은 유물은 반출해 보존처리를 진행하고 있고, 화재 이전부터 시작한 복원 사업도 여전히 진행 중이다. 언젠가 18세기, 류큐 왕국의 왕성이었던 그 시절 그 모습이 모두 다 복원되어 온전한 제 모습을 볼 수 있기 바란다.

# 천년왕국 수도, 제주에 도착한 발걸음이 먼저 향하는 곳

## 탐라도성, 사라진 천년왕국의 꿈

비행기를 타고 제주에 오는 이들이 처음 마주하는 곳은 제주국제공항이다. 이곳에 내리면 제주시다. 처음 제주에 들어서는 사람의 눈에는 제주시가 한적한 여느 지역의 도시처럼 보일 것이다. 과연 그럴까. 제주시는 천년왕국의 수도였다. 백제의 공주나 신라의 경주처럼 말이다. 이곳에 이르러 조금만 귀를 기울이면 여전히 숨쉬고 있는 오랜 역사의 소리가 들린다.

제주에 도착한 발걸음은 우선 관덕정으로 향할 일이다. 대로변에 건물 하나 외롭게 서 있을 때가 있었으나 21세기 들어 관덕정 일대 제주목 관아터를 재건하기 시작해 지금은 중심부 일대가 제법 모습을 갖추었다. 동백꽃 아름다운 날 홀로 거니노라면 문득 고대 탐라의 궁궐이 꿈결처럼 펼쳐지는 착각에 빠지곤 한다.

그저 꿈이 아니다. 관덕정을 비롯한 조선 시대 제주목 관아 일대는 오래전 독립국가였던 탐라 왕국 시절 섬나라를 호령하는 궁궐이었다. 이곳에는 탐라 왕국부터 조선 왕국을 거쳐 제주를 통치해온 사람들의 숨결과 그 땅에 아로새긴 무늬가

진하게 남아 있다. 통치의 중심이었던 만큼 유적이 즐비하다. 세심하게 살피면 감춰진 역사, 숨은 사실을 숱하게 접할 수 있다. 누구라도 이곳을 거닐다 문득 사라진 천년왕국의 꿈을 느낄 수도 있다.

탐라 왕국의 태조 을나는 천년왕국을 다스릴 왕성을 꿈꾸었다. 그는 탐라 왕국의 도성, 탐라도성을 건설했다. 사방에서 신하들이 몰려들어 왕국을 지지하고 또 행정과 군사는 물론 정치와 문화의 중심 도시로 기능할 수 있도록 전심을 다해 설계했을 것이다. 그런데 『당회요』唐會要 「탐라국」 조의 661년 기록에는 이런 문장이 남았다.

성황城隍은 없으며, 다섯 부락으로 나뉘어 있다.

성城은 성벽이고, 황隍은 성벽 둘레에 물길을 만들어 두는 방어 시설인 해자다. 661년까지도 도성 하나 없는 왕국이었다는 뜻이다. 그런데 성황이란 낱말을 합쳐 읽으면 그 뜻이 바뀐다. '성벽에 해자가 없다'고 해석할 수 있다. 곧 '해자 없는 도성이 있다'는 의미로도 읽을 수 있다.

뒤의 뜻이 그럴 듯하다. 제아무리 평화로운 나라라고 해도 왕국을 창건할 때인 기원전 300년 무렵부터 육지에 복속될 때까지 무려 1천 년 넘게 도성조차 없이 나라를 통치했을 리 없다. 성벽에 해자가 없던 까닭도 짐작이 간다. 성 밖에 산지내와 한내, 병문천兵門川이 동서로 흐르는 물길이어서 자연 해자가 이미 형성되어 있던 때문일 게다. 해자는 지형을 이용하여 이미 있는 것과 마찬가지였으니 오히려 성벽에 더욱 심혈을 기울였던 듯하다. 탐라도성은 성곽 위쪽에 두 개의 바퀴二軌가 굴러갈 만한 도로를 내서 기마대가 자유로이 다닐 수 있게 하였고, 성 아래로는 군사도로를 내서 보병대가 순찰하도록 하였다는 사실에 주목할 필요가 있다.

다산茶山 정약용丁若鏞, 1762~1836의 제자인 이강회李綱會, 1789~1836?는 제주의

인문지리를 담은 저술 『탐라직방설』耽羅職方說에서 우리나라 여러 주에는 아직껏 성 위에 군사도로를 설치한 적이 없다면서 "이게 어찌 제주의 부끄러운 바가 아니겠는가"라고 하였다. 하지만 그런 멋진 시설이 있다는 게 나로서는 자랑스러울 뿐, 부끄러운 줄은 모르겠다. 오히려 성곽 위에 도로를 낼 만큼 철저한 방어 시설을 갖출 필요가 있었음을 알겠다.

1105년 고려 왕조는 탐라 왕국을 복속시킨 뒤 탐라 왕족의 정변이나 민인의 봉기를 두려워하여 이미 있던 탐라도성의 높이를 11척으로 높이고 또 둘레도 4,700척으로 확장했다. 이때도 해자를 만들지 않았다. 다만 성곽 위 기마대 도로는 이때 새로 만들었는지 아니면 그 이전 것을 계승했는지 알 수 없다. 성곽 자체를 계승한 것이라는 점을 생각하면 처음부터 그렇게 만든 것일 게다.

그로부터 몇 세기가 지난 16세기에 두 차례 성곽을 보강했다. 1510년 부산 일대에서 일어난 삼포왜란을 겪은 직후 1512년 둘레를 5,486척으로 늘렸다. 왜적의 침략을 미리 대비하기 위해서였다. 1555년 5월 일본 군대가 전라도를 침략하다 패퇴하고서 6월에 40여 척의 군선을 이끌고 화북포禾北浦에 정박하여 1천 명의 군사로 제주도성을 포위하는 을묘왜변을 일으켰다. 이때 민관이 하나되어 격퇴하고 승리한 직후 또 다시 도성의 높이를 13척, 둘레를 7,340척으로 확장했다. 이렇게 계속 동쪽으로 넓혀 나감으로써 성곽의 위엄은 더해 갔고 인구도 늘어만 갔다. 제주도성은 오늘날의 제주시 일도, 이도, 삼도동 일대를 감싸고 있었으며 동서로 길고 남북으로 짧아 계란형같이 둥글되 단단한 바위 담벼락으로 겹겹이 쌓아 그 위세가 매우 삼엄했다.

그렇게도 크고 장엄하던 제주도성은 오늘날 볼 수 없다. 사라졌다. 성곽을 볼 수 있는 곳은 오직 남쪽 산지내山底川 근처에 약간 남은 제주성터뿐이다. 1928년 일본제국주의에 의해 고스란히 파괴당한 탓이다.

그나마 제주도성의 옛 모습을 떠올려볼 수 있는 그림이 있어 다행스럽다. 그 가운데《제주십이경도》의 〈제주목 도성지도〉와 김남길이 그린《탐라순력도》의 〈제주조점〉을 들 수 있다.

〈제주목 도성지도〉는 제주목을 소재로 삼은 그림들 중에서도 민가와 관가 그리고 산과 강, 나무와 같은 지형지물을 조화롭게 묘사하고 있다는 점에서 매우 뛰어나다.

김남길의 그림 〈제주조점〉은 한라산이 시원스럽게 보이는 제주 관아의 모습을 그린 것이다. 제주목사 이형상이 성 안으로 들어오고 있다. 그림의 방향은 한양에서 제주도를 바라보는 시선을 기준으로 삼았다. 지리학에 일가를 이룬 이형상의 의지에 따라 제작한 작품이기에 기록과 설명에 충실한 도해양식圖解樣式을 취했지만 화가의 시선과 해석에 따라 사물의 배치, 형태의 구성, 선묘의 운용을 꾀하여 특별한 조형미를 뿜어낸다. 화폭을 크게 3등분하여 상단 전체는 지붕처럼 한라산으로 꽉 채웠고 하단은 양쪽으로 나눠 제주성곽과 군사행렬로 채워 동세와 안정감을 동시에 확보했다. 또한 화폭 중단을 텅 비워 뜻밖에 공간감도 갖추었다. 세부를 보면 한라산에 거대한 절벽이 폭포처럼 수직으로 내리꽂는 구성이며 하단의 장대한 행렬과 성곽의 배치가 모두 조화를 이루어 실용성과 심미성을 획득하고 있다. 지금껏 어디에서도 볼 수 없는 걸작이라고 할 수밖에 없다.

제주읍성은 궁궐이었던 탐라도성을 터전으로 삼고 있다. 하지만 〈제주조점〉에 나타난 성곽의 모습은 이미 제주읍성으로 격하당한 시절의 배치이므로 한 나라의 수도인 궁궐의 규모와는 비교할 수 없다. 그러나 눈에 보이는 외형이 아니라 이 장소의 의미와 그 안에 담긴 바를 살핀다면 궁궐의 기운을 느낄 수 있다. 안타까운 것은 〈제주조점〉의 성곽 모습 역시 오늘날 그 모습을 찾기 어렵다는 점이다. 그림 하단의 왼쪽 둥근 계란형 성곽의 담장은 허물어진 지 오래다. 그 담장은 모두 도로가 되어 동문로東門路, 서문로西門路, 남성로南城路, 북성로北城路라는 이름으로 불리고 있다. 앞서 말했듯 그림의 방향이 한양에서 제주도를 바라보는 시선을 기준으

01— 제주를 돌아보고 바람을 따라 우도까지

〈제주목 도성지도〉 부분 《제주십이경도》 개인

김남길, 〈제주조점〉 부분,《탐라순력도》, 제주특별자치도 세계유산본부

로 삼은 것이라 오늘날의 시선으로 보자면 그림을 뒤집어 봐야 한다. 성곽의 성문은 모두 네 개다. 남쪽은 남성로에서 남성사거리, 성지로城址路를 이어 가다 제주성터를 지나 산지내를 건너는 오현교를 넘어 성굽에 이르는 길이다. 동쪽은 동문사거리에서 시작하는 동문로를 따라가다 북쪽으로 꺾어지는 만덕로를 만난다. 북쪽은 만덕로에서 서쪽으로 꺾어 산지내를 건너는 북성교를 넘어뛰자 나타나는 북성로다. 서쪽은 북성로의 서쪽 끝에서 남쪽으로 꺾어 무근성로와 탑동로를 지나면 서문사거리를 만나고 계속 이어지는 서문로와 서문시장길 및 서사로로 뒤섞여 있다. 여기서 서쪽으로 향교를 지나가면 커다란 물길인 한내漢奈·漢川가 용연龍淵으로 바뀌어 바다로 나아간다. 한내의 끝에 용두암이 우뚝 솟아 울부짖는다.

제주도성을 그린 여러 그림을 바라보면 등장하는 각각의 건물의 기능과 성격에 따라 크게 세 구역으로 나눌 수 있다.

영청營廳과 향청鄕廳은 이른바 행정 공간이다. 말하자면 탐라의 정궁 및 관아다. 왕의 생활과 통치가 조화를 이루는 장소로서 비교하자면 한양의 경복궁, 창덕궁 및 한성부 관아를 아우르는 대궐과 같은 영역이다.

중앙에는 서원書院과 문묘文廟, 감옥獄舍, 객관客舍·瀛住館 등이 모여 있는데 한양으로 치면 명륜당, 모화관을 비롯한 여러 관청과 시장 그리고 민가가 밀집한 영역과 유사하다.

마지막으로 동쪽에는 삼성묘와 운주당運籌堂 등이 있어 성역 공간이라 할 수 있겠다. 역시 한양으로 보자면 종묘와 사직 등과 같은 신성한 공간과 비슷하다.

이를 보면 19세기까지 이곳은 왕국의 수도이던 때의 전통을 계승하였음을 알 수 있다. 말하자면 한양처럼 개천은 물론 관청 및 민가와 과수원이 어울려 번영을 구가하는 이른바 경성京城이었다.

제주 이도동에 이제는 거의 흔적만 남은 제주성터는 외부 세계의 침략으로부터 스스로를 보호하기 위한 방어 장치였다. 외부 세계의 대표적인 침략자는 일본이었다.

일본이 이 땅을 침략해온 역사는 아주 오래되었다. 왜구는 1555년 70여 척의 대규모 선단을 이끌고 와 전라남도 연안 일대를 약탈했다. 을묘왜변이다. 1592년부터 1598년 사이 두 차례나 침입해와 온 나라를 쑥대밭으로 만들었다. 임진왜란과 정유재란이다. 그뿐만이 아니다. 일본은 이 땅을 향한 크고 작은 침략을 쉬지 않고 거듭해왔다. 그리고 마침내 임진왜란으로부터 약 400여 년이 흐른 뒤인 1910년 일본제국주의자들은 한일강제병합을 통해 아예 조선을 통째로 강제점거했다.

일제는 1906년 대한제국 황실의 안녕과 평화를 지켜준다는 명분을 내세워 통감부를 설치한 이래 조선 전역의 도시를 자신들의 필요에 맞춰 멋대로 개조해 나갔다. 군사 방어와 행정 통제, 경제 수탈과 같은 목적을 달성하기 위해서였다.

제주도 역시 예외일 리 없었다. 초기인 1913년에는 북문, 1914년에는 동문과 서문, 그리고 1918년에는 남문을 헐었다. 차곡차곡 헐었지만 그때만 해도 문루만 없앴을 뿐 성곽은 대부분 남겨두었다. 그러나 대규모 파괴는 곧이어 시작되었다. 1916년부터 3년 동안 확장공사를 해서 제법 규모가 생긴 산지항山地港, 제주항을 1928년에 다시 확장키로 했을 즈음이다. 이때 동쪽의 동부두 약 4만 4,630제곱미터약 1만 3,500평 매립과 서쪽의 서부두 500미터 방파제 건설에 착수한 일제는 해안에서 채굴한 돌만으로 부족했는지 멀쩡한 성벽을 헐어 그 돌을 바다에 쏟아부었다. 그렇게 헐어버리고 남은 터는 모두 평지의 도로가 되었다. 사전에 어떤 논의도 없이 왕국의 도성이 거칠고 폭력적인 방식으로 순식간에 파괴되고 말았다.

일본제국이 파견한 관리인 도사島司가 이런 일을 저질렀다. 한낱 일본인 관리가 천년왕국의 성채를 그토록 쉽고 허망하게 파괴했다는 사실을 어떻게 받아들여야 하는가. 일제강점기 당시 일제의 이런 행위를 '근대화'나 '개발'로 미화하려는 시도가 끊이지 않고 있으나 그것이 그렇게 그럴듯한 용어로 포장할 만큼 우리의 발전에 도움이 되었을까? 도로를 만들고 항구를 넓히기 위해 도시를 파괴하는 일이 이곳을 위한 참된 발전이었다고 말할 수 있을까?

1928년 9월호 『조선』에는 일본인이 쓴 「제주도 기행」이 실렸다. 그 글에 의하면 당시 제2대 제주도사였던 일본인 마에다 젠지前田善次는 제주 개발에 대해 "나라를 위해 이 미개의 보고를 개척해야만 하는 넘치는 애정을 보여주는" 사업이라고 선전하고 있었다. 이 글을 쓴 이가 그런 선전을 방송에서 들었다는 증언을 기록해놓은 것이다. 일본제국주의자들은 진정으로 성곽과 궁궐을 파괴해야만 근대화가 이루어진다고 여긴 걸까? 또한 근대로 나아가기 위하여 봉건왕조의 흔적을 없애는 일은 당연하다 여긴 걸까?

한 번 무너지고 나면 그 이전 모습을 되찾기란 거의 불가능하다. 탐라도성의 복구는 천지개벽이 일어나지 않는 한 일어날 수 없는 일이다. 성터 위에 지은 건물과 뚫린 도로를 어찌 할 수 없는 일이니 그러하다. 그러니 탐라도성을 다시 보는 일은, 상상하는 것조차 불가능하다는 걸 우리 모두가 이미 다 안다.

## 옛 도성을 가득 채운 문명의 요소

제주도성 안팎에는 제주를 다스리기 위해 필요한 문명의 요소가 갖춰져 있었다. 첫째 사람의 출현과 문명의 기원 그리고 탐라 왕국 지배 세력의 출현을 상징하는 삼성혈, 둘째 한라의 호국신 사당인 광양사, 셋째 산천에 제사 지내는 산천단과 바다의 신에게 제사를 지내는 해신사 및 풍운뇌우단 그리고 내왓당과 같은 숱한 신당, 넷째 불교의 전래를 증명하는 절집인 원당사터 7층 석탑 및 미륵부처인 동자복과 서자복, 다섯째 섬을 통치하는 관청인 제주목 관아와 관덕정 및 향사당, 여섯째 유학 사상을 연찬하는 향교, 일곱째 외래의 철학자가 이 땅에 머물렀음을 상징하는 문묘와 오현사, 여덟째 외국과의 교류를 상징하는 죽서루, 아홉째 사람의 향기 짙은 탑과 비가 서 있는 모충사가 그 모든 것이다.

누구라도 제주에 머물며 삼성혈부터 죽서루와 모충사까지 산책하는 즐거움을 누리는 건 큰 행운이다. 그 모두 오래전 옛사람이 남긴 무늬, 다시 오지 않을 고대 세계가 그려 놓은 인문의 흔적이기 때문이다. 차례대로 살피면 대강 이러하다.

첫째, 삼성혈은 오늘날 이도동에 있다. 여기에서 양을나·고을나·부을나 세 신인이 솟아나 들판을 사냥하며 살아갔는데 동쪽 바닷가에서 나무 상자를 발견, 그 안에 돌함을 열고 보니 푸른 옷의 세 처녀와 망아지·송아지·오곡 씨앗이 있었다. 세 처녀는 일본국 또는 벽랑국 왕이 배필로 보낸 세 공주였다. 화살을 쏴서 양을나가 일도, 고을나가 이도, 부을나가 삼도를 차지하고 농사를 지어 정착했다. 그 후손이 삼성혈을 소중히 여겨 제사를 지냈을 터, 김남길이 그린 〈제주조점〉에 '삼성묘'三姓廟가 도성 안에 있다. 여러 채의 전각으로 제 모습을 갖춰놓은 것은 물론 바로 곁에는 별과원別果園과 우뚝 솟은 언덕배기도 보이니 풍광까지도 아름답게 가꾸던 곳이었음을 알 수 있다. 1785년 정조正祖, 1752~1800, 재위 1776~1800 임금이 삼성묘에 '삼성일사'三姓一祠라는 글씨를 몸소 써 아로새긴 어필사액을 내렸고 1849년엔 숭보당崇報堂을 지었으니 그 소중함은 세월이 흐를수록 더욱 커갔고, 오늘날에는 더욱 울창한 숲으로 둘러싸여 아름답고 또 아름답다.

둘째, 삼성혈 가까이 있던 광양당은 한라산 산신의 아우인 광양왕을 제사 지내던 신당이었다. 12세기 초 중국 송나라에서 고려의 산천기세를 억제하고자 술사術士 호종단胡宗旦, 고종달을 고려에 귀화시켰다. 호종단은 명산을 다니며 혈穴을 잘라놓고서 뜻한 바를 모두 마치고 배를 타고 귀국길에 올랐다. 이를 본 산신의 아우가 매로 변신하여 배 위를 날면서 별안간 폭풍을 불러 파도를 일으켰다. 그러고는 호종단이 탄 배를 해안가 바위 사이로 몰아 마침내 침몰시켜버렸다. 이에 고려 정부는 그 신을 광양왕으로 봉하고 해마다 제사를 지내게 하였다. 그런데 이를 제주

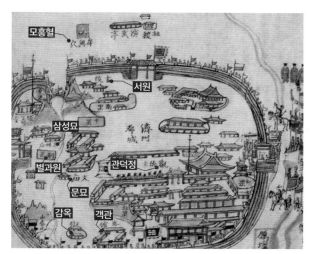

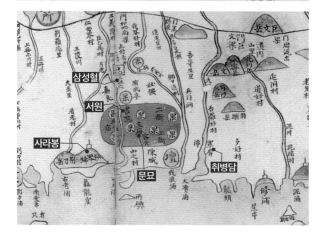

위_ 김남길, 〈제주조점〉 부분, 《탐라순력도》, 제주특별자치도 세계유산본부
가운데_ 〈제주삼현 사적도〉, 《해동 지도》, 서울대학교 규장각
아래_ 〈제주삼현 오름도〉, 《해동지도》, 서울대학교 규장각

목사로 부임한 이형상이 파괴해버렸다. 따라서 김남길은 〈제주조점〉에 모흥혈과 삼성단만 그렸을 뿐 그 옆 광양당은 그리지 않았다. 다만 18세기 중엽의 〈제주삼현 사적도〉에는 광양사가 나오는 것으로 보아 이형상이 떠난 뒤 곧바로 사당으로 재건한 것 같다.

셋째, 산천단은 한라산신제를 올리는 곳이다. 제주에 새로 부임한 목사들은 한라산 백록담에 올라가 제사를 지냈다. 그런데 산꼭대기에서 제사를 지낸 까닭에 이를 준비하는 이들의 고충이 매우 컸다. 1470년 제주목사 이약동李約東, 1416~1493이 이런 사정을 살펴 오늘날 제주대학교 근처 아라동으로 제단을 옮겨 천제를 지내게 했다. 아름드리 나무들이 울창하여 아름다운 곳인데 해송인 곰솔나무가 있다. 해신사는 원래 오늘날의 화북포 해변에 있었다. 비교적 근래라 할 수 있는 1820년에 세웠다. 바다와 바람의 신 영등할망을 제사하는 사당인데 바다로 둘러싸인 섬에 바다를 모시는 마음을 그제야 일으켜 세웠으니 다소 늦은 감이 있다. 게다가 1975년 다른 곳으로 옮겨 그나마 제 모습마저 잃어버렸다. 풍운뇌우단은 삼도동에 있던 것인데 1702년 제주목사 이형상이 시골에 있어서는 안 될 제단이라며 그만 헐어버려 지금은 터만 남았다. 이뿐만 아니라 용담동 한천의 내왓당 같은 신당이 숱했지만 지금은 흔적조차 없다.

넷째, 원당사는 고려 시대 때인 1300년 원나라 기황후의 발원으로 창건한 절집이다. 기황후는 고려 출신으로 원나라로 끌려갔다가 그 나라 황제 순제順帝, 혜종惠宗의 총애를 받아 황후가 된 인물이다. 왕자를 얻기 위해 고심하던 중 한 스님으로부터 북두칠성의 명맥이 비치는 봉우리에 탑을 세우면 원하는 바를 얻을 수 있다는 말을 듣고 지금의 삼양동 원당봉에 현무암으로 7층 석탑을 세우면서 원당사를 함께 지었다. 이 절 역시 당시 모습은 남아 있지 않다. 이형상이 불태워버린 탓이다. 날렵한 탑만 남아 있던 이 터에 1914년 한 스님이 불탑사를 창건하고 교세를 확장해 갔으나 이번에는 1948년 11월 4·3항쟁 토벌대가 파괴해버렸다. 지금 있는 절은 한국전쟁 이후 또 다시 중건한 것이다.

미륵부처인 동자복은 건입동 만수사萬壽寺, 동자복사 터에, 서자복은 용담동 해륜사海輪寺, 서자복사에 있는데 두 절 모두 고려 시대 때 창건하였다. 이 역시 조선 시대 이형상이 파괴했는데 그뒤 〈제주삼현 사적도〉에 절 이름이 나온 걸 보니 누군가 복구를 한 듯하다. 동자복인 복신미륵福神彌勒은 집안의 액운이나 육아에 효험이 있다고 하고 서자복인 미륵은 바다로 나갈 때 안전과 풍어에, 또한 정성을 들이면 아들을 얻는 데 효험이 있다고 한다. 서자복은 오늘날 용화사 안에 있다.

다섯째, 제주목 관아와 관덕정은 제주를 통치하는 심장부였다. 일제강점기를 거치며 오직 관덕정만 남아 있었다. 그렇게 스러지나 싶더니 1991년부터 발굴을 시작해 2002년 1단계 복원 사업을 마쳤다. 그 10여 년의 세월은 설렘으로 두근대던 나날이었다. 탐라 왕국의 멸망 이후 고려·조선 왕조로부터 일제강점기까지 오랜 세월에 걸쳐 잃어버린 제주 통치의 본산, 권력의 핵심이 선연한 모습으로 우리 앞에 다시 등장하는 과정은 참으로 감격스러웠다. 영영 사라질 것 같던 풍경들이 눈앞에 다시 살아나는 과정이었을 뿐 아니라 그 역사 속에 숨쉬던 온갖 기억을 회복하는 나날이기도 했다.

그 풍경과 기억의 첫머리에 관덕정이 있다. 1447년 제주목사로 부임한 신숙청辛俶晴이 1448년 7월 창건하여 주로 병사의 훈련 장소로 사용했다. 제주목사의 집무 공간은 연희각과 홍화각이었으므로 관덕정은 평소 군사훈련장이었겠지만 통치의 위엄으로 호령하고 제압하는 주요 행사가 있을 적이면 이곳 관덕정도 더불어 사용했다. 오늘날 제주에서 가장 오래된 건물이기도 하다. 관덕정은 건물 안 들보 등에 그려진 벽화로도 유명하다. 〈상산사호〉, 〈적벽대첩도〉, 〈홍문연〉과 같은 중국 고사, 〈호렵도〉와 같은 사냥 그림, 사슴과 영지, 학과 소나무 같은 불로장생을 주제로 삼은 그림들이다. 조선 초기에 그려진 것으로 알려진 이 벽화는 누가 그린 것인지는 알 수 없지만 격조 높은 작품으로 평가를 받고 있다. 훼손이 심해 알아보

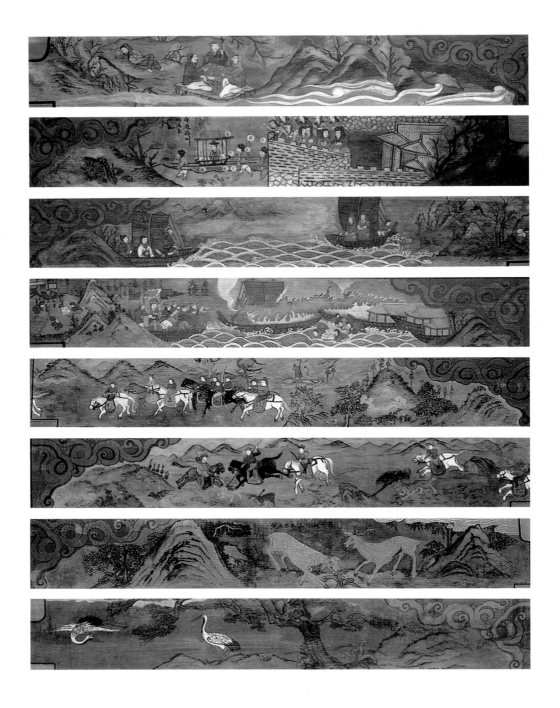

위에서부터 〈상산사호〉, 〈취과양주귤만헌〉, 〈홍문연〉, 〈적벽대첩도〉, 〈제주삼읍삼도총지도〉, 〈대수렵도〉, 〈월공산수도〉, 〈십장생도〉, 제주민속자연사박물관

기 어려웠으나 1990년대 들어 복원을 했다.

제주 향청은 가락천 서쪽에 있었는데 1691년 지금의 삼도동 자리로 옮겼고 1797년에 향사당이라는 이름을 붙였다. 향사당은 봄 가을 활쏘기를 겨루는 행사장이기도 했고, 1909년에는 신성여학교터로 활용하였으며 유치원으로 사용하기도 했다. 그러나 무엇보다 외지인의 통치 관아인 영청과 달리 제주 사람으로 임명하는 좌수座首, 별감別監이 근무하는 향청으로, 주민의 숨결이 느껴질 만큼 밀착된 장소였다.

여섯째, 제주 향교는 지금 용담동에 있지만 1392년 처음 창건 당시에는 관덕정 정면인 동쪽에 지었다. 그뒤로 몇 차례 옮겨다니다가 1827년에야 지금 터에 자리를 잡았다. 김남길의 〈제주조점〉과 〈제주삼현 사적도〉, 〈제주삼현 오름도〉 등을 보면 문묘 또는 서원이 제주도성 안에 그려져 있는데 이때는 향교가 여기 있었던 듯하다. 공자와 네 성인, 열 명의 철인과 송나라 여섯 현인을 모셨으며, 조선의 현인까지 아울러 향사하는 곳으로 젊은 학사들이 학술을 연찬하는 학문의 전당이었다.

일곱째, 오현사는 오늘날의 관덕정 동쪽, 이도동 제주성터 옆에 있다. 본래 기묘사림으로 유배를 온 김정이 머물던 적거지였다. 1578년에 사당을 짓고 제사를 지냈는데 1665년에 지금의 터로 옮기고 귤림서원이라 했다. 역시 김남길의 〈제주조점〉을 보면 도성 남문 가까이 그려 놓은 서원이 이곳인데 처음에는 김정을 배향하였으나 1682년에 송인수宋麟壽, 1499~1547, 정온, 청음淸陰 김상헌金尙憲, 1570~1652을 추가로 배향했고 1695년에 송시열을 추배하여 제단의 이름은 오현단, 사당의 이름은 오현사라고 하였다.

김정은 1519년 유배를 와서 다시는 나가지 못했고, 송인수는 1534년 제주목사를 지냈으며, 정온은 1614년부터 1623년 인조정변 때까지 유배당해 이곳에 머물렀다. 김상헌은 1601년 제주 안무어사按撫御使로 제주를 찾았고, 송시열은

1689년 유배당해 왔다. 김정을 빼고는 모두 다시 육지로 나갔다.

비슷한 사당으로 1669년에 창건한 영혜사가 오라동에 있는데 이약동과 이회李禬, 1607~1666를 배향하였으며, 1819년에는 이형상과 김정을, 1831년엔 김진용金晉鎔, 1605~1663을, 1850년에는 이예연李禮延, 1767~1843을 추배하였다. 김정을 빼고는 모두 제주목사를 지낸 인물들인데 1871년 서원철폐 때 폐사하였다.

귤림서원과 영혜사는 중앙 정부의 의지와 그 권능을 추종하는 제주 사람의 지향이 결합하여 이룬 결과물이다. 그런데 외지인들이 여기 제향되어 매년 존중받는 까닭이 무엇인지 한 번쯤 되물을 필요가 있다. 이들은 과연 제주의 민인들에게 진심에서 우러나는 존경을 받았던가? 이곳에서 보낸 그들의 생의 한자락은 과연 세세만년 추앙 받아 마땅한 의미가 있는가. 그리고 보면 인조정변으로 왕좌에서 쫓겨나 제주에서 생애를 마쳐야 했던 광해 왕에게 사당 하나 마련해주지 않은 사실은 또 어떻게 보아야 할까.

여덟째, 죽서루는 건입동에 있었는데 외교 사절이 머무는 장소였다. 1611년 9월 류큐 왕국 세자가 일본에 포로가 된 왕을 구하기 위해 국보인 주천석酒泉石과 만산장漫山帳을 가지고 오다가 태풍으로 표류하였다. 제주목사 이현은 보물을 욕심내 빼앗으려 했고, 세자는 빼앗기느니 차라리 바다에 버리는 걸 택했다. 격분한 목사는 이들 일행을 몰살시켜버렸으니 참으로 참담하다. 이에 제주 사람이 류큐에 닿으면 스스로 제주 사람이 아니라고 해야 할 만큼 서로 사이가 나빠지고 말았다. 외국인을 잘 보살펴야 했건만, 한 관료의 어리석은 탐욕이 어처구니 없는 결과를 낳은 셈이다.

아홉째, 모충사는 건입동 동쪽 사라봉공원 사라오름에 자리하고 있다. 정재민의《영주십경도》중 하나인 〈사봉낙조〉는 해질녘 바로 이 사라봉에 올라 제주시를 바라보며 그린 그림이다. 그의 눈에는 섬과 바다를 물들이는 붉은 저녁 노을이 그렇게도 아름다웠나보다. 이 노을을 보며 "그릴 수도 없이 펼쳐져 아득하다"

김정희, 〈은광연세〉, 31×98, 김만덕기념관

정재민, 〈사봉낙조〉, 《영주십경도》, 제주대학교박물관

고 했으니 말이다. 모충사에 가면 의병항쟁기념탑과 일제에 항거하다 옥중 순국한 조봉호趙鳳鎬, 1884~1920 지사를 기리는 기념비도 볼 수 있다. 육지에서의 활동에 비해 덜 알려져 있으나 제주의 항일운동 역사는 존중 받아 마땅하다. 1905년 을사늑약으로 조선 강점을 시작한 일본제국주의는 1907년 가을, 제주로 건너와 무기고를 파괴했다. 친일단체인 일진회 제주지회가 이들에 협력했다. 그러자 1908년 12월 제주군수 윤원구尹元求가 사직하고 떠나버렸다. 이에 1909년 2월 고사훈高仕訓, 1871~1909, 이중심李中心을 비롯한 인물들이 의병을 조직하기 시작했다. 그러나 대정군에서 출병을 준비하던 고사훈이 그만 체포, 총살당했다. 1918년 9월부터 1919년 2월까지는 무오법정사戊午法井寺 항일운동이 일어났다. 제주에서 일어난 항일운동의 효시이며 1919년 3·1운동 이전에 일본제국주의에 항거했던 단일투쟁으로는 최대 규모였다. 곧이어 5월에는 4,500명으로부터 상해임시정부 지원 군자금을 모은 독립희생회의 활동이 또한 이어졌다.

또한 여기에는 의녀반수醫女班首 김만덕金萬德, 1739~1812을 기리는 인묘탑이 같이 서 있다. 김만덕은 조선 시대 제주에서 크게 사업을 했던 인물로, 1795년 흉년으로 굶주림에 시달리는 제주 사람들에게 사재를 털어 곡식을 사서 나눠주었다. 이 소식이 중앙 정부에까지 알려졌고, 정조 임금은 그녀를 한양의 궁궐로 불러 치하했다. 의녀반수는 평민의 신분으로 궁궐에 들어갈 수 없자 제수한 내의원의 직급이다. 이후 그녀는 조선의 명산 금강산을 유람한 뒤 제주로 돌아왔다. 그런 그녀의 공덕을 기리는 김만덕기념관이 모충사에서 그리 멀지 않은 곳에 있다. 그녀는 추사 김정희와도 인연이 있다. 제주에 유배 와 있던 김정희에게 김만덕의 손자가 글씨를 청했다. 김만덕의 이야기를 들은 김정희가 친히 써서 준 글씨가 바로 〈은광연세〉恩光衍世다. 그 뜻은 '은혜로운 빛이 온 세상에 넘치는구나'로 인묘탑 근처에 가면 돌에 새긴 이 글씨를 볼 수 있다.

## 눈앞에 드러난 탐라의 궁성

탐라 왕국은 오랫동안 상상의 영역이었다. 누군가의 기록 또는 기억 속에만 존재하는, 옛이야기처럼 전해 내려오는 구전의 세계였다. 모든 문명이 그러하듯 땅 속에 숨어 있다 제 모습을 드러내는 순간 탐라 왕국은 갇혀 있던 기억과 말의 세계에서 걸어나와 실체가 되었다.

1991년부터 1998년까지 이어진 제주 관아 발굴 조사는 놀라움의 연속이었다. 8세기 탐라 왕국 문화층, 고려와 조선 문화층의 유적과 유물이 쏟아져 나왔다. 어둠이 걷히고 빛을 받으니 전설은 역사가 되었다.

제주시는 이 터에 제주목사의 집무처인 영청을 복원하기로 하면서, 홍화각·연희각·영주협당·우련당과 연못, 귤림당과 중대문, 외대문과 회랑을 함께 복원하고 비석이며 동자석을 모아 2002년 12월 제주목 관아 1단계 복원 사업을 완료했다.

제주목 관아라고 이름 붙인 영청은 사라진 역사 속 탐라의 궁실이었다. 제주목 관아 아니, 탐라 왕국의 궁궐이 사라지기 시작한 것은 1924년부터다. 영청 최대 규모 건물인 연희각을 파괴하고 관덕정 좌우 날개를 꺾으면서 지붕 처마마저 깎아 내리더니 1940년에는 홍화각마저 파괴하였다.

누구의 소행일까. 시기를 보면 짐작하겠으나 모두 일본제국주의의 소행이다. 아무리 제국주의자들이라고 해도 제나라였다면 천년왕국의 수도에서 통치의 심장으로 군림하던 궁궐을 이렇게 흔적조차 남기지 않고 파괴할 엄두를 내기나 했을까. 하기야 심혈을 기울여 세웠다는 오사카성도 1868년 사쓰마薩摩, 조슈長州 군대가 공격하면서 단숨에 불태워버렸으니 이들의 성정이야 두말해 무엇 하랴.

탐라의 궁궐을 뿌리채 파괴한 일제는 그 터에 살벌한 경찰서와 부속 식당, 구치소, 세무서, 법원 따위를 설치하였다. 해방 뒤에도 그런 용도로 계속 사용했는데 1991년 제주시청은 이곳을 주차장으로 사용하기 위해 법에 따라 지표 및 발굴 조사를 시작했고, 그 결과는 앞에서 이야기한 그대로다.

그전까지만 해도 도성 안에 궁궐이 있을 거라고는 누구도 상상하지 못했다. 그래서였을까. 탐라 지도에 나타난 도성이나 건물을 보면서도 몰랐고 『신증동국여지승람』에 홍화각을 궁실이라고 표현한 것을 보면서도 별 생각이 없었다. 발굴 조사 덕분에 궁궐을 뜻하는 '궁실'의 의미를 새기며 경이로운 깨우침을 얻었다. 궁이란 왕이 머무는 곳인데 왜 이곳을 궁실이라고 했을까. 한갓 목사가 집무하는 곳을 궁실이라고 한 까닭은 이곳이 곧 탐라궁, 즉 탐라 왕국의 정궁正宮이었기 때문이다.

탐라궁이야 사라졌지만 그 흔적은 여전하다. 탐라도성의 심장인 정궁 탐라궁이 남쪽을 향하고 있음은 매우 특별하다. 태조太祖 이성계李成桂, 1335~1408, 재위 1392~1398의 정궁 경복궁이나 창덕궁도 남쪽을 향하고 있으니 이상할 것은 없지만, 흔히 배산임수背山臨水를 하는 터에 바다를 뒤로 하고 산을 앞에 두는 배해임산背海臨山하는 배치는 무엇인지 모르겠다. 다만 도선道詵, 827~898이 남긴 『비기』秘記의 「입해지산」入海之山 조에서는 '산이 끝나고 바닷속으로 들어가면 세력을 잃어 바다를 상대할 수 없으므로 옆으로 가로지르는 해문海門과 청룡백호를 만들라'고 하였고, 또 '집안 마당 물길로 아침저녁 왕래하면 산과 물의 세력이 서로 대적상등對敵相等하여 음양균형陰陽均衡으로 생생조화生生造化를 이룰 수 있다'고도 하였다.

그러나 이런 사실을 알았을 리 없는 탐라 왕 을나는 처음에는 남쪽 한라산을 등 뒤 병풍으로 삼고 북쪽 바다를 앞마당으로 삼으려 했을 게다. 그러나 이렇게 하면 북향이고 또 결코 바다를 이길 수 없으니 방향을 바꾸기로 결심했을 것이다. 실제로 산이 끝나고 바다로 들어가는 용연 가까이에 탐라궁을 창건하면서 용연을 등에 두고 해 뜨는 동쪽을 앞마당 삼아 계속 뻗어나갈 수 있게 하였다.

김남길의 〈제주사회〉에는 여러 건물이 비교적 자세히 그려져 있다. 그런데 김남길이 그린 〈제주사회〉와 〈제주전최〉는 그 그림과 제목이 바뀌어 혼란을 주고 있다. 전최殿最는 조선 시대 관찰사나 절제사가 관원들의 근무 상태를 점검하여 성적을 매기고, 이를 왕에게 보고하는 일이고, 사회射會는 활쏘기 모임을 뜻한다. 그런데 김남길의 《탐라순력도》에 연이어 수록한 〈제주사회〉와 〈제주전최〉가 제목과 그림이 잘못 연결되어 있는 것이다. 즉, 〈제주전최〉라는 제목이 붙어 있는 작품을 보면 실제 활을 쏘는 장면이 그려져 있고, 〈제주사회〉라는 제목 아래 전최 장면이 그려져 있다. 그러니 제목은 '전최'이지만 이 그림을 〈제주사회〉로 보아야 한다.

이 그림 맨 아래 오른쪽 구석에 망경루望京樓, 상아上衙, 애매헌愛梅軒, 영청 그리고 우련당과 협문, 내대문, 중대문, 외대문이라는 글씨가 보인다. 이 영역이 바로 영청이요, 탐라 왕국의 궁궐터였다. 또 협문 밖으로는 마방馬房, 과원果園이며 군관청軍官廳, 군기軍器 그리고 외대문 밖으로 관덕정觀德亭이란 글씨가 보이는데 이들 여러 건물은 궁궐 담과 바짝 붙어 있어 비좁은 영청을 보강하는 부속건물 기능도 아울렀던 듯하다.

영청이나 상아란 낱말은 지방 관아로 전락하면서 붙인 이름인데《해동지도》의 〈제주삼현 사적도〉에도 영청, 상아라는 낱말로 표기해 두었으니 지방 수령의 집무처인 동헌과 같은 낱말로 쓰인 듯하다.

한양의 도성과 제주의 도성을 그린 그림을 나란히 살피는 것도 흥미롭다. 영남대학교 박물관에서 소장하고 있는 〈수선총도〉는 19세기 중엽에 제작한 목판 지도로 글씨는 물론 산이나 도로, 시내를 모두 날카롭게 칼질을 하여 전체적으로 단호해 보인다. 궁궐마다 나무를 배치했는데 나무의 잎새들이 모두 바람을 맞아 마치 화살처럼 날아가는 듯해 궁궐에 생동감을 부여한다. 이런 표현법은 도성을 둘러싼 산악과 성벽의 묘사에서도 나타나는데 성벽의 위와 산악의 아래에 요철을 두어 마치 톱니바퀴 같다. 이로써 멀리서 보면 부드럽고 가까이에서 보면 잔잔한 재미가 있다.

국립제주박물관에서 소장하고 있는 〈제주도〉 역시 같은 목판 지도지만 느낌은 사뭇 다르다. 상단의 구름과 산악, 하단의 바다의 파도가 현란하여 회화성과 장

천년왕국 수도, 제주에 도착한 발걸음이 먼저 향하는 곳

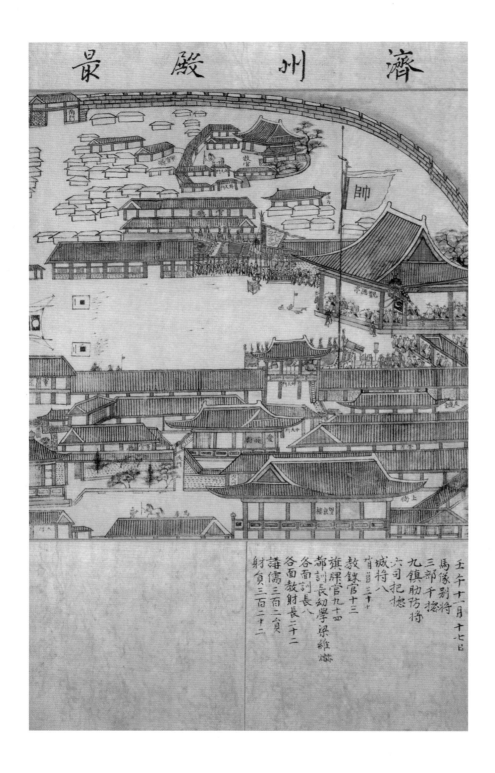

김남길, 〈제주전최〉 부분, 《탐라순력도》, 제주특별자치도 세계유산본부 / 내용에 비추어 〈제주사회〉임.

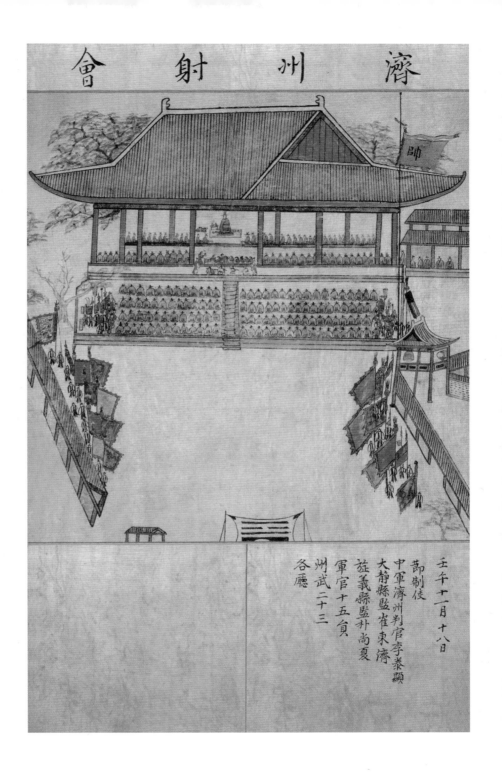

김남길, 〈제주사회〉 부분, 《탐라순력도》, 제주특별자치도 세계유산본부 / 내용에 비추어 〈제주전최〉임.

식성이 매우 강하다. 제주성곽 또한 여러 겹으로 묘사하여 화려하다. 이 지도의 핵심은 관청 건물보다도 성 안에 대성전, 삼성묘, 성 밖에 삼신인이 활을 쏜 사라봉 활터의 사석射石 및 모홍혈毛興穴과 세 그루의 소나무인 삼송三松을 크게 묘사한 대목이다. 제주 문명의 뿌리를 장엄하는 지도로 그 성격이 뚜렷한 작품이다.

두 도성의 배치를 비교해보면 매우 흥미롭다. 둘 다 탐라궁이나 경복궁 같은 왕국의 궁궐이 도성의 서북쪽 모서리에 모여 있고, 그 가운데 규모가 큰 주요 건물들은 남향을 하고 있다. 다만 〈제주도〉는 한양에서 바라보는 관점에서 그린 것이라 위 아래가 〈수선총도〉와는 반대다.

물론 탐라궁이 경복궁보다 훨씬 오래전에 창건한 대궐이고 또 무학대사無學大師, 1327~1405나 정도전鄭道傳, 1342~1398이 이곳 탐라궁을 모범으로 삼았을 리 없으니 서로의 관련 여부를 살피는 일은 의미 없지만 우연의 일치라고 해도 놀랍다. 탐라궁을 창건한 탐라 개국시조 을나의 꿈과 저 조선 개국시조 이성계의 꿈이 같았던 걸까. 이성계가 경복궁에 근정전과 온갖 전각이며 누정樓亭과 헌당軒堂을 지었듯, 을나 또한 갖은 건물을 지었을 것이다.


복원한 제주목 관아를 거닐면 연희각이 중심 같기도 하고 홍화각이 그런 것 같기도 하다. 연희각은 앞 30미터, 옆 18미터에 약 540제곱미터약 163평나 되는 규모로 건물 중 가장 크다. 그러니 경복궁의 근정전과 같은 정전이었나 싶기도 하지만 한편으로는 왕의 살림집인 내전이 아니었을까 싶기도 하다. 을나 시대에는 왕의 건물이었기에 건물 이름에 전殿을 사용하였을 테지만 망국 이후 각閣으로 불렸을 것으로 여겨진다.

홍화각은 고려 때 만경루萬景樓라고 불렸다. 각도 아닌 루樓로 격하된 셈이다. 이에 비해 연희각은 그나마 각으로 남아 제주를 호령하는 본산의 위엄을 간직했던 것으로 여겨진다. 1434년 제주 절제사로 간 최해산崔海山, 1380~1443이 1435년에 다시 지으면서 만경루는 홍화각이 되었다. 최해산은 세종世宗, 1397~1450, 재위 1418~1450 재위시 불에 타버린 제주목 관아를 다시 지으면서 원래 이름인 만경루 대신 '왕의 덕화德化를 넓힌다弘'는 뜻의 홍화각이라는 이름을 이 건물에 지어 올렸다. 최해산은 최무선崔武宣, 1325~1395의 아들인데 부자가 나란히 화포火砲 분야에 업적을 세운 무장이었다. 이름을 그렇게 지은 까닭은 아무래도 왕을 향한 충성심이 깊은 탓이었던 듯하다. 홍화각은 앞 21미터, 옆 16미터에 약 333제곱미터약 101평로 연희각에 이어 두 번째 규모다. 『신증동국여지승람』에서 궁실이라고 지칭하였고 또한 1940년 일제에 의해 파괴당할 때까지 탐라고각耽羅高閣으로 불릴 만큼 관아 건물 중에서 가장 웅장하였다.

한편 〈제주사회〉와 이름이 뒤바뀐 〈제주전최〉는 이형상이 관원들의 공적을 심사하는 장면을 그린 것이다. 요즘으로 보면 업무 평가를 하는 셈이다. 목사가 건물 중앙에 정좌하고 있고 계단식으로 모든 관료들이 줄지어 앉아 있다. 기록에 따르면 이날 군 관련 인사는 물론 각 면의 훈장과 사원들까지 총 800여 명이 참여했다고 하는데 빼곡하게 들어선 사람들이며 마당 좌우에 세워둔 깃발까지 세밀하게 그려져 그날의 분위기가 오롯이 전해진다.

천년왕국 수도, 제주에 도착한 발걸음이 먼저 향하는 곳

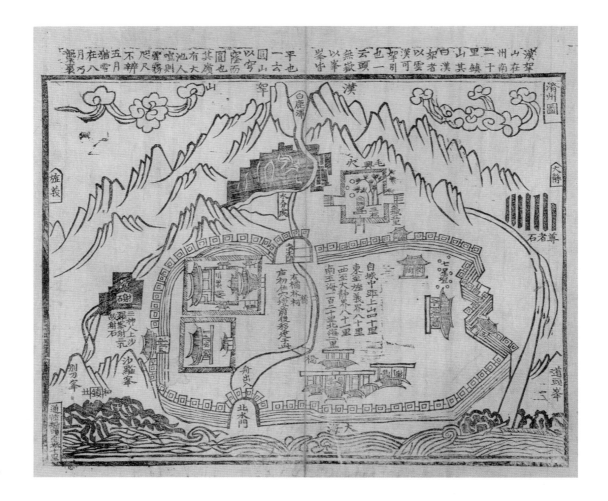

〈제주도〉, 42×35.7, 목판, 18세기, 국립제주박물관

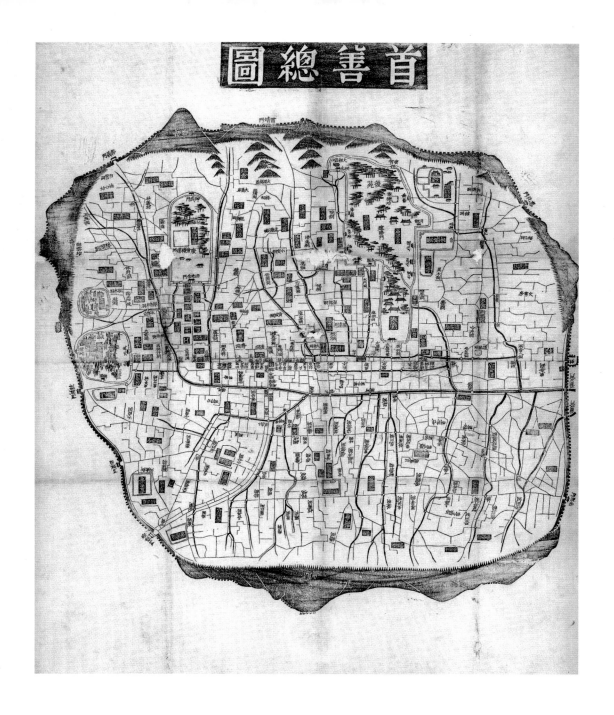

〈수선총도〉, 74×83, 목판, 19세기 중엽, 영남대학교박물관

# 제주, 천지개벽과 문명진화를
주재하는 신들의 나라

## 조선 정부의 수령, 제주의 신당을 없애다

병와 이형상은 18세기 문예부흥기를 선두에서 이끌어 나간 위대한 화가 공재恭齋 윤두서尹斗緖 1668-1715의 장인이다. 젊은 시절 충청도 금산군수 시절 덕유산에 출몰하던 도적을 토벌하는 업적을 세우기도 한 그는 평생 여러 지역의 수령을 맡았다. 성리학자이면서 인문지리학과 음악 전반에 걸쳐 매우 박학다식한 지식을 가진 인물로 알려져 있기도 하다.

제주 수령으로 내려온 그는 육지의 권력을 배경 삼았을 뿐 아니라 제주의 모든 권력을 한 손아귀에 쥐고 있었다. 그런 그가 1702년 12월 20일 제주의 유생儒生, 무사武士, 이서吏胥 및 모든 면, 리의 관리 300여 명을 한자리에 불러모았다. 그 자리에서 그는 '음사'陰祀의 폐해를 낱낱이 설파하였다. 이는 곧 심방을 비롯한 제주 고유의 민간 신앙을 쓸어버리겠다는 선언이었다.

수령의 호령을 듣고서 마을의 모든 관리는 "공의 명령이 있는데 어찌 감히 따르지 않겠습니까"라고 하고서 곧장 각자의 마을로 달려갔다. 이들은 12월 21일에 각지의 신당 129개소는 물론, 심방의 신의神衣, 신철神鐵, 민가에서 제향하는 신물神物을 모두 없앴다. 심지어 당산나무 뿌리가 뻗은 길가나 숲까지 파헤쳐버렸다. 다음날인 22일 관청 기록인 「무안」巫案에 이름을 올린 심방 수백 명은 목사 앞에 나아가 변명하고 이렇게 청원했다.

이름을 지워주면 영원히 무명巫名을 폐하여 범민凡民이 되겠습니다.

이어 노인과 선비가 나아가 이렇게 호소하였다.

음사는 없어졌으나 의약醫藥에 힘써 주십시오.

1980년대만 해도 흔히 제주도를 가리켜 무당도巫堂島라고 했다. 신당 250곳, 무당 400명에 심방의 노래인 무가巫歌 500편, 심방이 모시는 신격神格이 1만 8천 위에 이르렀기 때문이다.

신격은 해신海神으로 도깨비, 토신土神으로 여신女神, 산신山神으로 남신男神이다. 이를 모시는 곳을 신당이라 했다. 당집을 짓고 그 안에 글자로 이름을 써넣은 위패나 그림으로 모습을 새긴 신상神像 그림 및 조각을 안치하였다. 당집 곁에는 으레 오래된 나무인 신목神木과 돌을 쌓은 석축이 있다.

산촌에서는 산신제를, 농촌에서는 고사를, 어촌에서는 용왕제를 지내고 또 모든 마을과 주민이 함께 당제堂祭 지내는 것을 결코 잊지 않는다. 이 모두 민간의 불행을 막고, 안녕과 풍년을 기원하는 제도와 행위였다. 또한 위로는 질서의 유지를, 아래로는 복리의 증진을 꾀하는 간절한 마음이었으며 공동체의 평화와 번영을 염원하는 진지한 의례였다.

섬 사람이 아닌 뭍사람으로 어쩌면 제주도에 단 한 번도 와본 적 없을지도 모

제주, 천지개벽과 문명진화를 주재하는 신들의 나라

르는 『택리지』擇里志의 저자 이중환李重煥, 1690~1756은 제주를 '신비로움으로 가득차 가서 노닐고 싶은 동경의 섬나라'라고 했다. 원나라 사람들이 제주를 신선이 항상 노니는 곳으로 생각하고는 28개의 별자리 가운데 동쪽 넷째인 방성房星이라고 규정해 자신들에게 가장 소중한 말과 소를 산에 풀어놓았다는 사실을 소개한 이중환은 제주의 "두 고을 수령이 예로부터 본토에서 왕래하였으나 풍파에 표류하거나 빠져 죽은 일이 없고, 또 조정에서 벼슬하던 사람이 여기에 많이 귀양 왔으나 또한 풍파에 떠밀리거나 빠진 일이 없었다"고 하고서 다음처럼 짐작하였다.

이것은 왕의 덕화德化가 멀리 미쳐서, 온갖 신이 받들어 순응하였음인 줄을 알 수 있다.

1천 년 전 몽고 사람이나 300년 전 조선 사람 이중환에게 제주는 별과 신과 왕의 나라였고 말과 소가 뛰노는 신선의 나라였던 셈이다.


## 신화의 나라가 남긴 빛나는 걸작, 《내왓당 무신도》

제주는 신화의 고장이며 신의 나라였다. 하늘도 땅도 없는 어둠이었다. 갑자기 하늘과 땅이 갈라졌다. 하늘에서 아침 이슬이 내리고 땅에서 물 이슬이 솟아나 음과 양이 부딪쳐 개벽이 시작되었다. 하늘은 자방子方으로, 땅은 축방丑方으로, 사람은 다시 자방으로 열렸다.

점점 하늘이 맑아 푸른색을 드리우더니 하늘 위에 세 하늘, 땅 위에 세 하늘, 땅 속에도 세 하늘, 이렇게 삼십삼천으로 갈라지고, 땅은 첫 백사지에 산이 솟아오르면서 그 산에 물이 흘러나와 풀과 나무가 움트기 시작했다. 그 신비로움이 저토록 아름다울 수가 없었다.

그러던 언젠가 남방의 일월궁에서 앞뒤 이마에 눈이 두 개씩 달린 청의동자가 불쑥 솟아나자 천상의 옥황이 청의동자의 눈으로 두 개씩의 해와 달을 만들었다. 두 개씩이나 되어 낮에는 햇빛이, 밤에는 달빛이 너무 세서 사람들이 살 수 없는 지경에 이르렀을 무렵 천지왕이 바지왕과 혼인하여 두 아들 대별왕, 소별왕을 잉태케 하고 천상에 올라갔다. 두 아들이 열다섯 살이 되자 박씨 줄기를 타고 천상으로 올라가 세상의 어려움을 하소연하자 천지왕은 두 아들에게 무쇠 활을 주었는데 이 활로 해와 달을 하나씩 쏴서 별들을 만들었으므로 하나의 해, 하나의 달에 28숙宿의 별자리가 생겨났다. 별들이 잘게 깨져 흐르는 은하수가 이토록 눈부실 수가 없었다. 또한 어느 날엔가 신농씨, 복희씨 같은 성인들이 나와 문물제도를 마련해 세상이 번성하므로 나라, 고을, 마을로 나뉘어 살았다. 그뒤 하늘은 천지왕, 땅은 바지왕, 저승은 대별왕, 이승은 소별왕, 옥황은 옥황상제가 다스리고, 인간 세상은 인왕상제가, 산은 산신백관이, 물은 사해용왕신이 다스렸으며 사람을 태어나게 하는 삼신은 천왕불도, 지왕불도, 인왕불도였다. 이것은 제주의 심방이 초감제 때 부르는 무가인 〈천지왕 본풀이〉 첫 부분으로 천지개벽과 문명진화의 사정을 신들에게 아뢰는 노래다. 노래는 더 있다.

우주와 천지는 이루어졌지만 인간 세상은 아직 혼란스러웠다. 극악무도한 수명장자가 나타나 사나운 말, 소, 개 아홉 마리를 부리며 인간 세상을 괴롭히더니 기고만장하여 하늘의 천지왕을 향해 '나를 잡아갈 자 누가 있겠느냐'고 외쳐댔다. 이에 천지왕은 1만 군사를 거느리고 수명장자 집에 이르러 징벌하고서 되돌아가는 길에 백주할멈 집에 머무르며 옥빗으로 머리칼 빗는 딸과 혼인하고 천상으로 올라갔다. 그때 그는 부인에게 바지왕이 되어 인간 세상을 다스릴 것과 두 아들을 낳으면 대별왕과 소별왕이라 이름 지을 것, 두 아들이 자라 일곱 살이 되면 박씨를 심을 것, 줄기가 자라면 아들들로 하여금 나무 줄기를 타고 천상으로 올라가게 할

　　　　　　　　제주, 천지개벽과 문명진화를 주재하는 신들의 나라

것 등을 당부하고 떠났다. 이윽고 일곱 살이 된 두 아이는 나무 줄기를 타고 천상으로 올라가 아버지 천지왕을 만났다. 천지왕은 대별왕에게 저승인 지옥을, 소별왕에게 이승인 인간 세상을 다스릴 신의 직책을 주었고, 소별왕은 인간 세상에 내려와 수명장자를 아예 능지처참에 처한 뒤 선악분별의 풍속을 계몽하여 문명사회를 이룩했다. 이것은 사회진화를 밝히는 노래다.

그 노래는 너무도 아득하여 언제부터 불러온 것인지 알 수 없지만 탐라 섬이 천지개벽으로 말미암아 우주를 탄생시킨 신들의 땅이고 또 이곳이 하늘로부터 문명을 내려 받아 사회를 형성시킨 인간의 땅임을 알려준다. 이런 내용을 심방이 간직해 전하고 있으니 심방이야말로 탐라의 주인일지 모른다. 물론 1만 년 전에 탐라는 섬이 아니었고 육지였다고 하니 알 수 없는 말이기는 하다.

무가, 신화, 전설, 민요, 민담과 같은 제주 이야기를 숱하게 저술한 진성기의 책 『남국의 신화』나 『남국의 무가』에 등장하는 신을 보면 제주에는 신들의 수가 참으로 많기도 하다. 한라산에서 솟아난 일문관, 고산국과 지산국 신화며, 남선비, 삼신할망, 왕장군, 용녀에 이르기까지 참으로 즐비하다. 그 신들은 인간 사회를 다스릴 뿐 아니라 그 신들이 곧 제주 사람이 아닌가 싶다.

제주성 서문 밖 용담동 한천의 신당 내왓당에는 《내왓당 무신도》라고 하는 '내왓당川外堂 열두시위전十二神位前'이 봉안되어 있었다. 미술사 전체를 놓고 보아도 그 우아한 기품을 최고로 꼽을 만한 《내왓당 무신도》는 본래 〈내왓당 본풀이〉에 나오는 12신위전을 그린 것인데 오늘날에는 열 폭만 남아 전해진다. 남신상은 천자위天子位, 상사위相思位, 제석위帝釋位, 원망위寃望位, 수령위水靈位, 감찰위監察位 등 모두 여섯 폭이고, 여신상은 본궁위本宮位, 중전위中殿位, 상군위相軍位, 홍아위紅兒位 등 모두 네 폭이다.

이들 신상에는 알고 보면 두 가족이 등장한다. 먼저 천자위 가족이다. 〈천자위〉는 대국천자의 아들인데 불효하여 쫓겨나 용왕의 딸과 혼인한 뒤 강남천자국

〈천자위〉, 《내왓당 무신도》, 제주대학교박물관

〈상사위〉

〈제석위〉

〈원망위〉

〈수령위〉

《내왓당 무신도》, 제주대학교박물관

〈본궁위〉,《내왓당 무신도》, 제주대학교박물관

〈감찰위〉 〈중전위〉

〈상군위〉 〈홍아위〉

《내왓당 무신도》, 제주대학교박물관

의 난을 진압하고 제주 내왓당에 봉안되었다고 한다. 〈본궁위〉는 〈천자위〉의 부인으로 설문대할망의 모습으로도 알려져 있다.

다음 상사위 가족이다. 〈상사위〉는 서천서역국에서 옮겨왔다고 하고, 그 큰 부인은 〈중전위〉, 작은 부인은 〈상군위〉다. 〈상군위〉가 일곱 아기를 임신했을 때 돼지고기를 먹으려고 돼지털 세 개를 뽑아 청동화로에 태웠다. 이를 본 남편이 부정 탄다며 쫓아냈는데 뒷날 〈상군위〉와 함께 내왓당에 봉안되었다고 한다. 〈홍아위〉는 〈상군위〉의 딸이라고 한다.

〈내왓당 무신도〉의 신상들은 모두 빨강·노랑·초록의 화려한 옷을 입고 자세와 손놀림이 독특하며 각각의 신물을 들고 있다. 이 그림을 그린 이는 비록 알 수 없으나 강렬한 표정과 눈빛으로 신들의 권능과 영력을 생생하게 드러내려 했음은 충분히 알겠다. 이러한 형상은 물론 색채나 동세, 구성 그리고 그 화폭이 내뿜는 기운 모두가 놀랍도록 일관성을 유지하고 있으니 제주 심방 세계를 드러내는 최고의 예술품임에 틀림없다. 제주가 차원 높은 신의 나라임을 증거하는 작품이자 육지까지 아울러 19세기 종교 회화의 최고 걸작을 탄생시킨 힘을 그 자체로 증거한다.

《내왓당 무신도》는 누가 언제 그렸는지 알 수 없다. 다만 1882년 중앙 정부에서 내왓당을 허물 때도 있었으니 그 이전에 그려진 것으로 보아야 한다. 내왓당은 제주 섬 전체에 네 군데가 있었다. 제주읍에는 천외당과 함께 광양당이 있었고, 대정에는 광정당이, 정의에는 성황당이 있었다. 모두 국가가 관리, 운영하는 국당國堂이었다.

나라에서 국당을 철폐하자 제주읍 심방으로 내왓당 사제무司祭巫였던 고임생高壬生이 신상을 수습하고 제사하는 사제祀祭를 올려 왔다. 고임생이 세상을 떠나면서 사제는 중단되었지만 부인이 신상을 보관해 왔다. 부인마저 별세하자 1966년 후손들이 제주대학교박물관으로 옮겨 봉안하도록 했다. 이름으로 보아 열두 폭이었겠지만 고임생의 부인이 나머지 두 폭을 광양당에 봉안, 열 폭만 전해졌다고 한

제주, 천지개벽과 문명진화를 주재하는 신들의 나라

다. 국가가 관리하는 국당이었으니 내왓당의 신상은 당연히 관청에 소속된 화원이 맡아 심혈을 기울였을 것인데 누가 그렸는지 그 이름이 남아 있지 않아 안타깝다.

　1446년 세조는 제주읍의 내왓당, 다시 말해 천외당의 신상이 불에 타버렸다는 보고를 받았다. 이에 그 전후 상황을 파악하여 관련자를 처벌하도록 한 뒤 7월 27일 제주목사 이유의李由義에게 "옛날과 다름없이 제사를 지내게 하라"고 지시하였다. 이 사건으로 미루어 보면 내왓당은 아주 오래전부터 국가가 제사를 지내는 국사당國祠堂이었음은 분명하고, 신상도 역시 처음부터 있었으며 화재가 나면 국가에서 복구해 지속케 했음을 알 수 있다. 그리고 보면 오늘날 우리가 보는 이 그림은 뒷날 그려진 것이기는 하나 예전 그림의 모사일 듯도 하다.


## 신당을 태우는 그림 속 검은 연기


　제주는 이처럼 천지개벽과 문명진화를 주재하는 신의 나라이며, 두려울 만큼 아름답고 억센 힘으로 가득 찬 신의 땅이다. 그러나 유가사상을 통치 이념으로 삼고 있는 중앙집권 국가의 관료이자 완강하기 그지 없는 성리학자 이형상 목사에게 이 모든 것은 그저 타파해야 할 무엇일 뿐이었다.

　《탐라순력도》가운데 하나인 〈건포배은〉은 1702년 12월 20일 300여 명의 관리가 하단 해안선 건들개健入浦에 나아가 북쪽 한양을 향해 네 번 절하는 장면을 그린 것이다. 관덕정 앞마당에서도 마을의 향리들이 엎드려 수령의 교시를 받들고 있다.

　그림 속 사방에는 검은 연기가 솟구치고 있다. 미술사에서 불이 난 모습을 담은 그림으로는 거의 유일하다. 성 밖 마을마다 불에 타고 있는 것은 다름아닌 신당이다. 어떤 신당은 기와집으로 번듯하고 또 어떤 신당은 지붕도 없는 허술한 구조

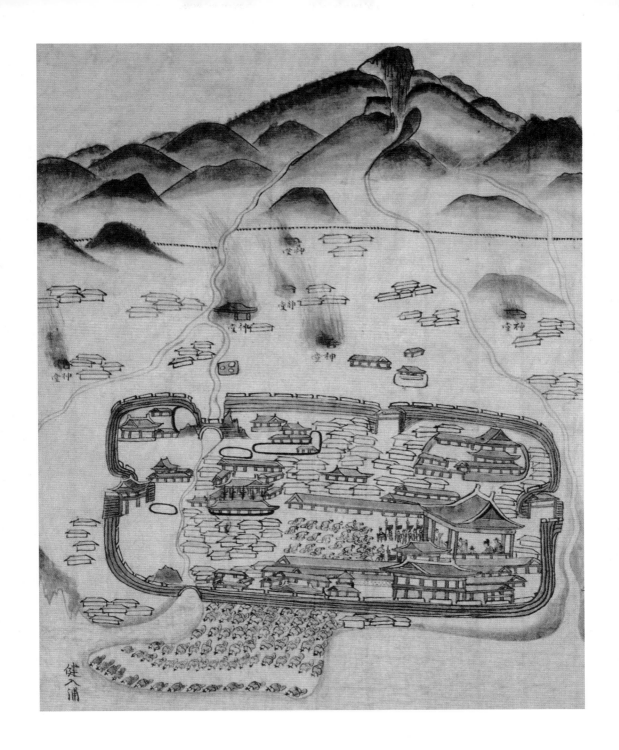

김남길, 〈건포배은〉 부분, 《탐라순력도》, 제주특별자치도 세계유산본부

물이다. 그저 심방과 관련 있는 곳이면 어디나 가리지 않고 방화한 것을 짐작할 수 있다. 붉은 불꽃은 없고 검은 연기만 빗겨 치솟는데 그 검은 기운이 모두 한라산 오름으로 날아든다.

유가 사상이 아닌 민간 사상을 사악한 이단으로 여겨 단죄하는 이 독단은 중세 서양에서 자행한 마녀사냥을 떠올리게 한다. 사람은 태우지 않았으나 신들에게 화형을 가한 것이니 그러하다. 이형상 목사는 이런 사실을 자신이 쓴 제주박물지인 『남환박물』「풍속」조에 "관청에서 금지한 것도 없었는데 수천 년 나쁜 습관이 하루아침에 싹 쓸려 없어졌다"고 기록했다. 강제로 한 일이 아니었다는 변명이다. 또 "소각하고 없앤 지 반 년이 되었지만 이익이 있고 폐해가 없으니 전에 속았음을 알아 분하게 여기며 남녀노소가 만나 서로 축하하고, 무당을 원수 보듯하며, 어울렸던 일을 부끄러워 한다"고 자랑을 늘어놓았다.

그런데 이형상 목사가 파직당한 뒤 후임으로 온 목사 이희태李喜泰, 1669~1715 는 부임한 바로 다음 날 아주 커다란 규모로 신을 기리는 제사를 올린다. 나아가 그는 심방으로 하여금 빠르게 신당을 설치하게 하고 폐기한 「무안」도 복구하였다. 이형상은 이 소식을 듣고 "가히 한심스럽다"고 탄식하였다.

한 나라는 물론이고 조그만 고을이라고 해도 다스리는 일은 무척 복잡하고 고려할 것이 매우 많다. 지도자는 대중에게 자신의 이념과 사상을 제시하고 설득하여 추종토록 하지만, 때로 그들의 요구와 이해를 수용하여 실행하기도 한다. 이를테면 혁명이나 정변을 일으켜 권력을 쟁취한 지도자가 무조건 힘으로 밀어붙이기보다 세금을 줄이고 대중의 불만사항을 해결해 나가면서 한편으로 자신의 이상을 받아들이도록 설득해 나가는 것 역시 원활한 통치를 위한 노력이다.

탐라 왕국을 멸망, 복속시킨 고려는 관료를 파견하여 행정과 사법을 장악하고 군대로 하여금 경찰권을 행사하였지만 이것만으로는 탐라 왕국의 유민을 제대로 다스릴 수 없었다. 그리하여 국가 종교인 불교를 전파해가면서도 한편으로는 탐라 왕국의 사상, 신앙을 인정하는 모습을 보였다.

조선은 유가 사상을 국가 이념으로 채택한 나라였다. 조선에서 제주목사로 부임하는 관리라면 누구나 유학으로 도민을 교화시키려 애를 썼을 것이다. 제주, 대정, 정의 등 제주의 세 읍에 향교를 보수하고 유생의 학문을 독려하는 것까지는 그럴 수 있는 일이다. 그러나 이형상 목사는 유난했다. 그는 완고한 성리학자들이 자신과 다른 사상에 대해 인정하지 않았던 17세기 끝 무렵의 인물이었다. 권력의 중심으로 나아가지는 못했다고는 해도 성리학 사상계의 주류에 속한 선비임은 틀림없었다. 그는 삼성혈마저 "굴에서 어찌 가히 사람이 나올 수 있을 것이냐"며 "이치에 어긋나고 선조를 욕되이 하는 것"이라고 하고 거기에 제사 지내는 일을 "해괴하고 경악스럽다"고 비난할 만큼 강경했다.

이형상의 제주 시절은 그러나 파직으로 끝나고 말았다. 기세등등했던 그는 어떤 연유로 파직을 당했을까. 이형상이 목사로 재직하던 중 오시복吳始復, 1637~1716이란 인물이 저 무고巫蠱의 옥사에 연루되어 제주로 귀양을 왔다. 1701년 10월 숙종肅宗, 1661~1720, 재위 1674~1720의 계비 장희빈張禧嬪, 1659~1701은 한양 궁궐 취선당 서쪽에 신당을 설치하고 왕비를 저주하는 무고를 일삼았다. 결국 이 일이 발각되어 장희빈은 처형당했고, 11월에는 장희빈과 가까운 동평군東平君, ?~1701도 처형당했다. 이 과정에서 노론당을 탄핵하던 소론당의 오시복이 유배형을 받은 것이다. 오시복과 같은 소론당 가문 출신 이형상은 그를 옹호했고 이로 말미암아 자신도 파직을 당했다.

한양의 옥사에 휘말린 오시복이 제주로 내려온 것은 우연이었을까. 어쩌면 오시복을 끝내 제주로 불러와 이형상으로 하여금 그를 옹호케 하여 목사직에서 파직당하게 한 것은 제주의 신들이 아니었을까. 자신을 섬기는 신당을 불태운 목사였으니 말이다. 제주도에 가한 통치자의 폭력이라는 업보가 어쩌면 스스로를 그렇게 만들고 만 것은 아니었을까. 그의 파직을 이렇게 연결하는 것은 한낱 과한 억측

제주, 천지개벽과 문명진화를 주재하는 신들의 나라

이기만 한 걸까.


## 조선 왕조, 왕의 다스림이 온 나라에 물들기를 바라다


왕의 다스림이 온 나라 전역에 물들기를 바란 조선 왕조는 지방 수령이나 관원 모두에게 백성의 수고로움을 덜어 편안하게 다스리라는 사명을 부여했다. 그 가운데 시정 전반을 점검하는 조점操點, 관리 공적 심사 전최殿最, 유생의 소과초시 小科初試를 감독하는 시사試士, 여든 살 이상 노인을 위한 잔치를 주재하는 양로養老 등을 주최하는 것도 빼놓을 수 없었다. 빼어난 통치의 기술 가운데 이러한 행사는 곧 백성들을 회유하는 방편이었고 조선 전역 그 어느 곳에서나 수령이 행해야 하는 의무였다.

제주의 통치자 제주목사에게도 예외는 아니었다. 〈제주조점〉, 〈제주전최〉, 〈승보시사〉, 〈제주양로〉는 바로 이러한 행사를 제주에서 치른 기록을 담은 그림이다.

조점은 군대인 성정군城丁軍 점검만이 아니라 가옥, 창고를 비롯한 관청의 모든 물품을 대상으로 실시하는 점검의식이었다. 앞에서 살펴본 〈제주조점〉의 구도는 위아래로 나누어 상단에는 한라산의 우람한 위용을, 하단에는 왼쪽에 제주도성, 오른쪽에 성정군대를 배치해 균형을 잡았다. 또한 색채는 상단을 어두운 색으로 무겁게 하고, 하단은 사물 하나하나를 섬세하게 묘사하여 정교하게 하였는데, 색채는 붉은색을 적절히 사용하여 화려함을 드러냈다. 특히 중단을 텅 비워서 가로띠처럼 보이는데 상단과 하단의 거리와 깊이를 살리는 신비한 효과를 거두었다. 산악과 궁성, 군대 셋이 조화롭기 그지없는, 참으로 빼어난 작품이다. 또한 군사 행렬 중앙 하단에는 여섯 명이 줄 지어 나발, 태평소, 징과 같은 악기를 연주하고 있다. 이를 통해 제주군대의 취타대 모습도 엿볼 수 있다.

역시 앞에서 살폈던 〈제주전최〉는 관덕정에서 제주의 관청에 속한 800여 명의 대규모 인원을 대상으로 그 공적을 점검하는 의식을 그린 것인데 제주목사의 기세가 자못 삼엄하다.

〈승보시사〉는 1702년 6월 17일 치른 승보시陞補試라고 하는 문과의 초시 장면을 그린 것이다. 제주에서는 1638년 처음으로 과거시험을 실시하였다. 이날 시관試官은 세 명으로 정正시관은 목사 이형상, 부副시관은 제주판관, 참參시관은 대정현감이 맡았고 열두 명의 유생이 응시하였다. 시험은 사흘 동안 계속 이어졌고, 그 결과 시詩와 부賦 부문에 각 한 명씩 합격자를 선발했다. 합격자는 한양으로 올라가 과거에 응시할 자격을 획득하는데 이형상이 저술한 제주풍물지 『남환박물』에 따르면 당시 교생이라 부르는 학생은 제주향교에 350명, 정의향교에 180명, 대정향교에 60명이었다. 무과 분야에서도 별과別科라는 시험을 시행하곤 했다.

조선 왕조는 '노인을 공경하고 어진 이를 존경함은 나라의 근본'이라 여겨 이를 군왕부터 적극 실천하는 모범을 보였다. 따라서 왕의 위임을 받아 지방 수령으로 나간 관료들 역시 양로잔치를 사명으로 삼았고 지역의 존경 받는 원로를 받드는 일에 게으르지 않았다. 〈제주양로〉는 다른 행사와 달리 둥근 원형으로 좌석을 마련했다. 제주목사도 건물 안에 앉지 않고, 마당으로 내려와 함께 어울림으로써 노인을 공경하는 뜻을 드러냈다. 특히 행사장을 관덕정이 아니라 제주목사의 집무 공간인 동헌 앞마당에 거대한 차일을 쳐 마련한 걸로 보아 이 잔치가 얼마나 중요한 의미를 갖는지 알 수 있다. 이 잔치에는 신분의 차이를 막론하고 여든 살 이상 183명, 아흔 살 이상 23명, 백 살 이상 세 명의 노인이 모두 참가하였는데 뇌물 받은 죄를 저지른 전력의 노인은 배제했다. 말하자면 깨끗함, 청렴함을 소중한 가치로 삼고 있음을 드러낸 셈이다.

왼쪽에서 오른쪽으로 향하는 사선으로 속도감을 연출하고 있는 차일이며, 동헌 마루의 귤나무를 장식한 부분은 이 그림이 독창성 짙은 이 시대 회화의 걸작

제주, 천지개벽과 문명진화를 주재하는 신들의 나라

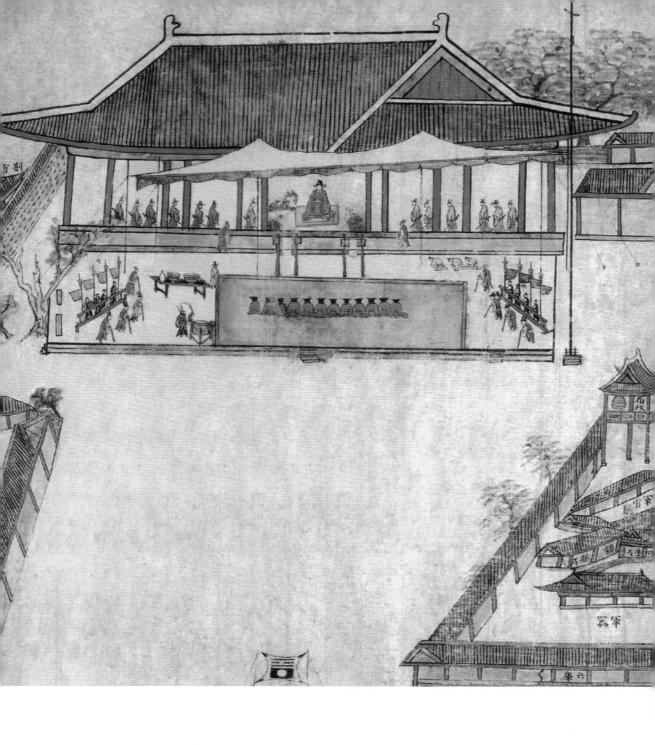

김남길, 〈승보시사〉 부분, 《탐라순력도》, 제주특별자치도 세계유산본부

김남길, 〈제주양로〉 부분, 《탐라순력도》, 제주특별자치도 세계유산본부

임을 보여주는 요소라 하겠다.

잔치는 수령이 몸을 굽혀 절하는 예의를 갖추는 것으로 시작하여, 모두 다섯 번의 술잔을 올리는 과정으로 진행했다. 또한 연주하는 곡조에도 순서가 있었다. 식탁이 올라가면 〈휴안〉休安을 연주한다. 꽃을 올릴 때는 잠시 연주를 중단했다가 음식이 올라가면 〈수보록〉受寶籙을 연주한다.

첫째 술잔에는 〈문명〉文明이라는 노래에 맞춰 문관 관리가 춤을 추고 음식에는 기악 〈근천정〉覲天庭 연주, 둘째 술잔에는 〈무열〉武烈이라는 노래에 맞춰 이번에는 무관 관리가 춤을 추고 음식에는 기악 〈수명명〉受明命 연주, 셋째 술잔에는 〈오양선〉五羊仙과 기악 〈황하청〉黃河淸 연주, 넷째 술잔에는 〈아박〉牙拍과 기악 〈만년환〉萬年懽 연주, 다섯째 술잔에는 〈무고〉舞鼓에 이어 짐승을 통째로 올리면 노래 〈정동방〉靖東方을 부른다. 끝으로 왕이 물품을 하사하였으며 수령은 기름종이를 나눠 주어 음식을 싸서 가져가도록 하였다.

그림의 중앙에 보이듯 높은 장식을 갖춘 포구문抛毬門을 세우고 가야금과 거문고, 젓대橫笛, 종적縱笛, 장구, 북을 비롯한 여러 악기와 무희까지 무려 스물아홉 명의 연주자가 출연한다. 다른 행사에 비해 많은 숫자다. 예를 들어 〈제주전최〉에도 북을 다루는 고수와 악기 주자들이 등장하지만 모두 합해 열다섯 명에 불과하다.


## "집 안에 귤나무가 자라면 끓는 물을 부어 죽이는 형국"

조선 시대 제주성 안에는 감귤을 재배하는 과원이 여러 곳 있었다. 지금은 시가지로 다 변했지만 산지천이 흐르는 동쪽 일대와 한내가 흐르는 서쪽 일대에도 여러 곳이 흩어져 있었다. 바로 이러한 감귤농장의 황금빛 아름다움과 그 향기로움을 마음껏 담은 〈귤림풍악〉은 그 화폭이 지극히 눈부시다. 조선 미술사에 다시 볼 수 없는 걸작이다. 그 까닭은 미술사상 오직 이 작품만이 지니고 있는 몇 가지 특징 때문이다. 균등한 크기의 귤나무가 화폭 복판에서 사방팔방으로 퍼져나가듯 전개됨으로써 화면 전체가 환하다. 또한 화폭 가장자리 몇 곳에 배치한 붉은 기둥의 전각이 작품에 생기를 불어넣고 있는 것 또한 빼어나다. 아울러 귤나무 밭에서 지역의 목사가 잔치를 즐기는 풍경을 그린 것 역시 경이롭다. 소재와 배치 등에서 오직 이 작품만의 특징을 지니고 있으니 걸작이라 말하지 않을 수 없다.

화폭 전면에 아롱진 귤나무, 그 복판에 자리잡은 제주목사 이형상을 중심으로 일군의 인물들이 둘러앉아 풍악을 즐기는 모습이 더없이 아름답다. 화폭 상단에는 검은색 울타리가 부드러운데 키 큰 대나무가 복판 귤나무숲을 곱게 감싸고 있다. 아래쪽으로는 조선 통치의 심장부인 한양을 향한 건물인 망경루望京樓와 바로 이곳 귤 내음 가득한 땅을 지키는 건물인 귤림당橘林堂이 울긋불긋 자리잡아 호위하는 위엄을 드러낸다. 오른쪽에 그려 넣은 병고兵庫와 교방敎房은 자칫 딱딱한 분위기에 활력을 불어넣는 추임새 역할을 하는데 무기창고인 병고는 화살로 쓰이는 대나무 울타리를 보조하고 기생의 교실이자 근무처인 교방은 숲을 살짝 파고들어 그림에 생기를 불어넣는다. 이형상은 망경루 뒤켠의 이곳 귤나무숲에서 잔치를 벌였는데 '겨울이 오고 있음을 깨닫지 못할 만큼' 즐거움에 빠져 스스로 그 과수원에서의 풍악을 『남환박물』에 다음처럼 써놓았다.

가을과 겨울에 낙엽 질 때 유독 과수원은 봄철 녹음으로 단장하여 하늘을 가린다. 누런 열매가 햇빛에 비치니 나무마다 영롱하고 잎마다 찬란하다.

이렇게 무르익는 귤나무숲속 풍악이야 제주목사와 수행원만이 누리는 특권일 터, 부럽다면 부러울 뿐이다.

그러나 그렇게 농익은 귤은 제주 사람 몫이 아니었다. 고르고 골라 저 육지

김남길, 〈귤림풍악〉 부분, 《탐라순력도》, 제주특별자치도 세계유산본부

한양으로 바치는 봉진封進용 귤이었으니 열매는 가고 향기만 남았을 게다. 한양으로 귤을 보내는 제주 사람의 수고는 〈감귤봉진〉柑橘封進에 상세하게 담겨 있다.

망경루 마당에서 여성들이 귤을 고른다. 당금귤, 금귤, 동정귤, 유감, 감자, 청귤, 산귤, 유자며 귤껍질까지 나누어 올리면 화폭 왼쪽 연희각 높은 자리에 앉은 제주목사가 합격과 불합격으로 판정한 뒤 마당으로 다시 내려 보낸다. 합격 판정을 받은 최상품 귤은 나무상자와 짚단을 준비하고 있던 남성들이 짓눌리지 않도록 짚으로 감싸 상자에 포장한다. 이를 엄격히 하기 위해 마당 한쪽에는 위엄을 갖춘 군사들이 도열해 있다. 화폭 오른쪽으로 〈귤림풍악〉의 귤림 입구에 서 있던 귤림당이 얼핏 보이고, 아래쪽에는 애매헌愛梅軒이 받쳐주어 구도 또한 안정적이다.

한양으로 진상한 귤은 어떻게 되는 걸까. 한양에 도착하면 제사용은 예조로, 진상용은 왕실로 들어간다. 처음에는 진상하는 양이 그리 많지 않았다. 그러나 점차 국가의 규모가 정비되고 활력이 넘치면서 세종 임금 시절에 이르러는 그 양이 늘어났다.

한양으로 보내야 하는 수량이 늘어나고 보니 민가 과원의 감귤마저 징수하기 시작했다. 물량과 품질을 맞추기 위해 관리들은 민가의 감귤 나무 숫자를 세어 장부에 기록하고 열매가 맺기 시작하면 다시 그 숫자를 세어 기록했다. 얼마나 엄격했는지 심지어 주인이 열매를 따도 절도죄로 내몰았다. 제 것을 훔치는 국가 범죄라니 어이없는 일이었다. 폐해가 극도에 이르자 중종 때인 1521년 별방, 수산, 서귀, 동해, 명월의 방호소에 관립 과원 서른 곳을 설치하기도 했지만 이러한 조치는 임시방편일 뿐이었다.

해마다 7~8월이면 제주목사가 민가 과원을 순시한다. 그때마다 관리들은 감귤 나무에 붉은색 물감 붓으로 일일이 표시하고 기록했다가 귤이 익는 날이면 모두 헤아려 가져갔다. 까마귀나 까치가 쪼아버리기라도 하면 주인이 대신 채워넣도록 하였다.

그러다 보니 오히려 민가에서는 귤나무가 독약나무와도 같아졌고 혹 자기 땅에서 귤나무가 자라면 잘라버리고 말았다. 『영조실록』 1748년 1월 10일에 보면 영조英祖, 1694~1776, 재위 1724~1776가 "듣건대 감귤의 진공進貢 또한 폐단이 있어 여항閻巷 사이에 이 나무가 나면 반드시 끓는 물을 부어 죽인다고 하니, 사실이 그런가" 라고 물었다는 내용이 나온다. 폐해가 그 정도로 심했다.

그보다도 150여 년 전 무렵에도 사정은 마찬가지였다. 『광해군일기』 1608년 11월 3일자를 보면 진공 감귤 1운運에 대개 4~5통을 채우는데 1운에 무려 20통이나 채워 왔다. 그해 진공 감귤의 분량은 24운이었다. 그러니까 약 480통을 보낸 셈이다. 최대로 처도 감귤 120통을 진상하면 되는 것을 360통이나 추가로 보낸 셈이다.

이는 모두 특권층의 탐욕이 빚은 일이었다. 국가 몰래 추가로 물량을 더 보내게 한 뒤 빼돌려 자신들의 주머니를 채우고 있었던 게다. 명백한 범죄였다. 하긴 이들이 빼돌린 게 어디 귤만이었겠는가.

육지의 특권층에게 제주는 아름다운 섬이면서 진귀한 음식과 물품을 조달하는 생산기지였다. 제주에서 보내오는 전복 같은 진상품 대부분을 그렇게 빼돌리고 있었고, 그 시절 바다 밖으로 나가는 걸 엄히 금했던 암말을 육지로 유출하기도 했다. 특권계급의 부패와 타락, 탐욕이 이처럼 하늘을 찔렀고 그들의 탐욕으로 인한 피해는 고스란히 제주의 민인들이 떠안았다.

개혁군주인 광해 왕은 즉위한 바로 그해 제주 사람들의 호소를 들었다. 1608년 11월 3일자 『광해군일기』에는 "관가官家에서 심고 재배한 나무는 많지 않아 민간 소유의 과실을 찾아 거두어야만 수량을 채워 봉진할 수 있습니다"로 시작하는 가슴 아린 '제주 백성의 호소'가 실려 있다.

그런데 근래에 들어 관리들이 공용公用을 핑계대고 마구잡이로 징수하는 바

제주, 천지개벽과 문명진화를 주재하는 신들의 나라

김남길, 〈감귤봉진〉 부분, 《탐라순력도》, 제주특별자치도 세계유산본부

람에, 백성들이 고초를 견디어내지 못하다 몰래 나무의 밑둥에 불을 질러 관가의 징수 독촉을 피하기까지 하고 있습니다. 그리하여 온 섬의 감귤나무가 거의 모두 말라죽어 앞으로는 수량대로 봉진하지 못할 듯하니, 몇 년 동안 적당히 수량을 줄여주었으면 합니다.

이를 들은 광해 왕은 진공해오는 24운의 감귤 수량에서 4운을 줄여주었다. 광해 왕은 뒷날 인조정변으로 쫓겨나 몇 군데의 유배지를 전전하다 결국 제주로 유배를 왔는데 제주 사람들은 그 4운의 은덕이나마 기억을 했을까. 유배지 제주에서 광해 왕은 세상을 떠나고 말았으니 그 인연은 또 무엇인가.

조선 사림의 종장 김종직金宗直, 1431~1492도 귤맛을 보았던 듯하다. 가본 적도 없는 제주에서 한양으로 올려보내는 제주의 감귤이 그의 입에도 좋았는지 문득 「탁라가」乇羅歌를 남겼다. 그의 시문집인 『점필재집』佔畢齋集에 실린 그 노래는 다음과 같다.

집집마다 귤과 유자 가을 서리에 잘 익어 萬家橘柚飽秋霜
상자마다 가득 따 담아 바다를 건너오는데 採著筠籠渡海洋
고관이 이를 받들어 대궐에 진상하면 大官擎同彤墀進
빛과 맛과 향기가 완연 그대로라네 宛宛猶全色味香

육지에서 나지 않은 진귀한 귤맛이 오죽이나 좋았으면 이런 시를 남겼을까 알 것도 같으나 그저 곱고 아름다운 제주의 감귤을 노래할 뿐, 그것을 거둬 진상하는 제주 사람들의 힘겨움은 안중에도 없다. 제주 사람들의 노고를 돌아보지 않으니 시를 읽는 내내 마음 한편이 그저 섭섭하다.

제주에서 한양으로 보낸 것이 귤만은 아니다. 〈공마봉진〉은 역시 한양으로 진상하는 말을 고르는 장면이다. 1702년 6월 7일 관덕정 안에 정좌한 제주목사의 눈앞에 펼쳐지는 광경은 그림으로만 봐도 진기하다. 여러 목장에서 미리 골라 끌고 온 433필의 말이 마당에 가득하고, 목자牧子 한 사람이 각각 두 필의 말을 이끌고 차례를 기다렸다가 한 마리씩 목사 앞으로 끌고 나가 점검을 받는다. 무사히 점검에 통과한 말들은 조천포나 화북포에서 출발하는 진상선進上船을 타고 저 멀리 육지로, 한양으로 향한다.

제주, 천지개벽과 문명진화를 주재하는 신들의 나라

김남길, 〈공마봉진〉 부분, 《탐라순력도》, 제주특별자치도 세계유산본부

# 취병담에서 듣는 용두암 전설,
# 사라진 포구에서 떠올리는 옛 모습

## 용두암이 제주 앞바다에 머문 사연

제주 하면 떠오르는 바위는 역시 용의 머리를 닮은 용두암이다. 그 형상이 워낙 강렬해서 나란히 등장하곤 하는, 그 이웃 바위병풍 같은 아름다운 취병담翠屛潭 계곡은 눈에 썩 들어오지 않는다. 그 깊은 맛은 나이 좀 들어 기행과 유람으로 산천과 승경을 두루 만난 연후에야 온전히 느낄 수 있는 게 아닐까 싶기도 하다.

삼도동을 거쳐 용담동으로 흘러드는 모르내한내가 바다와 만나는 곳에 있는, 길이 200미터 폭 20미터나 되는 길고 넓고 깊은 호수를 취병담 또는 용연龍淵, 용추龍湫라고 한다. 용두암의 용이 머무는 집인 이곳의 양쪽은 높이 7미터 바위가 병풍처럼 늘어섰다. 현무암이 기둥처럼 마디진 주상절리柱狀節理 층이라, 그림처럼 신기하다. 계곡 양쪽 어깨마루에는 푸른 나무와 잎사귀가 사시사철 덮고 있어 장관이다. 신룡神龍이 맑고 깊은 물에서 노닐어 그 이름을 용연이라 하였다. 가뭄에 이곳에서 기우제를 지내면 꼭 비가 내렸다고 전해진다.

김남길이 그린 〈병담범주〉는 바로 이 취병담에서 배 타는 그림이다. 화폭 왼쪽의 취병담 바위기둥은 항아리처럼 둥근 호숫가에 늘어섰다. 마치 덩굴과 나무, 뾰족한 바위기둥이 항아리 안쪽으로 매달린 듯하다. 차일을 친 돛단배를 중심으로 그림 속에는 세 척의 배가 이형상 목사 일행의 연회를 위해 이곳저곳 옮겨다닌다.

취병담에서 배를 타는 그림은 또 있다. 개인 소장인 《제주십이경도》의 〈취병담〉과 국립민속박물관에서 소장하고 있는 《제주십경도》의 〈취병담〉 그리고 일본 고려미술관에서 소장하고 있는 《영주십경도》의 〈취병담〉이 그것이다. 세 폭 모두 화폭 왼쪽에 배를 띄웠는데 누각을 세운 한 척의 범선이 화려하고, 그 옆의 긴 배에서는 선비와 무희가 어울려 춤을 추고 있다.

호수 상단으로부터 상류로 거슬러 휘돌며 길고 긴 바위기둥이 가로수처럼 양쪽으로 도열하도록 그린 것은 볼수록 놀랍다. 모두 반듯하게 선 사람의 형상을 갖춘 바위기둥이 금세라도 움직일 듯 힘이 넘친다. 화폭 상단 왼쪽에는 제주도성을 병문천兵門川이 빙 돌아 감싸고 있어 어여쁘다. 무엇보다 노란 색칠을 한 집들이며 바위들 사이사이 온갖 나무숲과 크게 자란 활엽수가 실감을 드높인다. 세 폭의 그림 모두 상단의 화제에는 이런 내용이 있다.

물색이 매우 깊고 검어 끝이 없다. 양쪽 언덕은 푸르고 높은 절벽이 병풍을 두르며, 좌우의 언덕 바위는 기괴하여 누워 있기도 하고 서 있기도 하다.

배를 타고 오르내리면 마치 그림 속에 있는 듯하다.

용두암에 대해서도 빼놓지 않았다.

못 서쪽의 잠두(누에머리처럼 생긴 산봉우리)는 평평하고 둥글어 대를 이루며, 그 아래 산 바위는 연속해서 층을 이루어 바다로 들어가고, 거대한 바

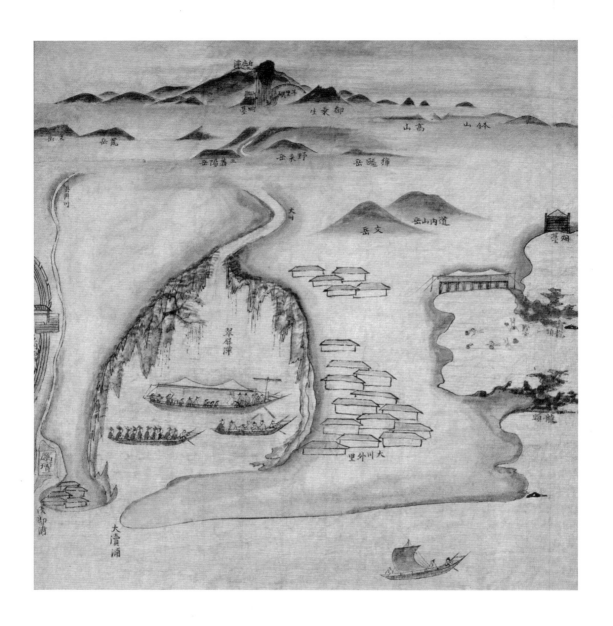

김남길, 〈병담범주〉 부분, 《탐라순력도》, 제주특별자치도 세계유산본부

〈취병담〉,《제주십이경도》, 개인

〈취병담〉,《제주십경도》, 국립민속박물관

〈취병담〉,《영주십경도》, 일본 고려미술관

위는 머리를 들고 입을 벌리며 어지러이 널려 있는 돌들 가운데 홀로 서 있다. 장대하기가 용의 머리와 같아 이름을 용두암이라 하였다.

취병담에서 서쪽으로 200미터 남짓 가면 높이가 10미터나 되고 바다를 향해 구불구불 30미터 가량이나 뻗어나가는 용이 장엄하다. 이 용은 왜 여기 이런 모습으로 제주해협을 바라보고 서 있는 것일까. 세 가지 이야기가 있다.

하나는 용이 되어 승천하려는 바닷속 백마를 잡으려는 힘센 장사와 얽힌 이야기다. 꾀를 낸 장사가 몰래 허수아비를 세워두자 백마가 허수아비와 친해졌다. 장사가 그 허수아비로 변장, 용으로 변해 승천하려는 백마와 격투를 벌였고 용은 끝내 하늘로 오르지 못한 채 바위로 굳어버리고 말았다.

또 하나는 용왕이 한라산의 불로장생 약초를 캐러 사신을 보냈는데 백록담 산신이 활을 쏴 사신의 시체가 굴러떨어져 물에 잠기던 중 더 가라앉지 못하고 바위로 굳어버렸다는 이야기다.

또 다른 하나는 용이 승천할 때 한라산 산신의 옥구슬을 훔쳐가려 하자 분노한 산신이 활을 쐈다. 용이 그 화살에 맞아 바닷가로 떨어져 물에 잠기던 중 바위로 굳어버렸다는 이야기다.

이야기에는 공통점이 있다. 우선 바다에서 하늘로 올라가려는 백마, 불로장생 약초를 구하려는 용왕, 한라산 산신의 옥구슬을 탐낸 용의 욕망이 나타난다. 이러한 어리석은 욕망은 하나같이 허수아비에 속거나 활에 맞아 좌절된다. 즉 욕망을 품은 존재들은 제주 사람이나 한라산 산신과 다툰 끝에 패배하고 결국 하늘로도 바다로도 가지 못하고 그 경계인 해안선에 머물고 만다. 200만 년 전 용암이 굳은 모습일 뿐이지만 용을 잡아두고 싶은 제주 사람, 산신의 위력이 더 높다고 믿는 제주 사람, 두려운 바다로부터 보호 받고 싶은 제주 사람이 만들어낸 이야기이니 그 안에는 숨은 뜻이 있어 보인다. 이를테면 욕망의 한계 또는 섬을 벗어나고 싶지

김남길, 〈병담범주〉 세부, 《탐라순력도》, 제주특별자치도 세계유산본부

만 어떻게 해도 벗어날 수 없는 섬사람의 안타까움 같은 것.

《제주십이경도》의 〈취병담〉, 《제주십경도》의 〈취병담〉, 《영주십경도》의 〈취병담〉 세 폭에 등장하는 용두암은 삐쭉하기만 한데 김남길이 그린 〈병담범주〉의 용두는 실제와 닮았다. 또한 〈병담범주〉에는 잠녀의 모습이 놀라울 만큼 생생하다. 제주에서는 해녀를 잠녀라고 부르는데 그 소리가 바다와 잘 어울린다. 김남길은 다섯 명의 잠녀가 태왁, 망사리낫 같은 도구를 갖춰 일하는 모습을 배치한 뒤 양쪽 두 개의 용두암으로 하여금 이들을 호위하는 형세를 만들어 놓았다. 그렇게 설정한 상상력도 빼어나지만 잠녀를 감싸는 화가의 마음 씀씀이가 더욱 뭉클하다. 여기에 잠녀들이 물에 들어가기 전 준비하는 공간으로 사용한 천막 친 시설물까지 세심하게 그려 넣었다. 그 덕분에 그 시절 잠녀 노동이 어찌 이루어졌는지 깨닫는다.

고려 시대 때인 1105년부터 잠녀가 벌거벗은 채로 조업한다는 말이 있었다. 그로부터 500여 년이 지난 조선 인조仁祖, 1595~1649, 재위 1623~1649 때인 1629년에도 발가벗고 잠수하는 뜻으로 잠녀들이 나잠裸潛한다는 기록이 있었다. 그런 탓에 잠녀들이 옷 하나 걸치지 않고 바다로 들어가는 줄 아는 이들이 오래도록 많았다.


## 삼별초의 기억 화북포구, 제주의 옛 관문 조천포구

제주 지도를 정면으로 바라보고, 제주국제공항을 기점으로 동쪽으로 나아가면 머지않아 화북동 화북천의 하류에 베린내라고 부르는 별도천別刀川 앞바다인 화북포구가 나타난다. 1270년 삼별초 이문경李文京 부대가 명월포로 들어와 이곳 베린내 냇가 비석거리 남쪽 동제원東濟院에 진을 쳤다. 삼별초는 이곳을 공격하던 관군을 전멸시켰다. 이 전투로 화북포는 해상요새란 명성을 얻었고 전쟁이 끝나자 고려 정부는 이곳에 군부대인 화북소진禾北所鎭을 설치하고 대규모 군대를 주둔시

컸다. 그 규모는 판옥전선板屋戰船 두 척, 격군格軍 180명, 사수 87명에 이르렀는데 다시는 당하고 싶지 않은 패배의 기억 때문이었을 것이다.

화북소진은 지금은 흔적조차 없이 사라졌지만 김남길의 〈화북성조〉와《제주십이경도》의 〈화북진〉에 보이는 것처럼 둘레가 660자나 되는 성벽을 과시하는 공간이었다. 〈화북성조〉에서는 성을 수비하는 성정군 172명에 대한 훈련 점검을 수행하고 있는데, 제주목사를 중앙에 두고 좌우 양쪽으로 이들이 갈라선 채 군기를 시험하는 모습이 장엄하다.

〈화북성조〉 화폭 중단 오른쪽에 보이는 기와를 얹은 건물 비각이 있는 곳은 오늘날 화북 비석거리다. 이곳 비석거리에 있는 13기의 비석은 대부분 제주목사를 기리고 있다. 그렇지만 이 거리에 비석만 있는 건 아니다.

바다의 신을 제사하는 사당인 해신사, 제주를 찾은 사신이나 관리 등을 환송하거나 접대하던 환풍정喚風亭, 불교 사찰인 제석사帝釋寺가 있고, 제주의 세 신인이 터를 나누려고 쏜 화살이 꽂혔던 돌멩이인 삼사석三射石이 있다. 또한 근처 삼양동 불탑사는 원래 원나라 기황후가 세운 원당사였으며, 제주에서 유일하게 오층석탑을 가진 것으로 널리 알려졌다.

이익태 목사가 1694년부터 1696년까지 제주를 다니며 고른 '탐라십경'은 '조천관', '별방소', '성산', '서귀진', '백록담', '영곡', '천제담', '산방', '명월진', '취병담' 순이다. 여기에 '화북진'을 덧붙였다.


조천관朝天館은 조천성朝天城이 자리한 곳이다. 둘레 4,287자, 높이 9자의 조천성곽은 석성으로 둘레에 해자를 파서 바닷물이 흐르게 하였다. 일제강점기에 헐어버려 오늘날에는 그 흔적조차 없다.

탐라 왕국 이래 조천포구는 제주의 관문 항구였다. 오늘날에야 대부분 제주 국제공항을 통해 이 섬을 드나들고 있으나 조선 시대까지만 해도 모두가 조천포를

취병담에서 듣는 용두암 전설, 사라진 포구에서 떠올리는 옛 모습

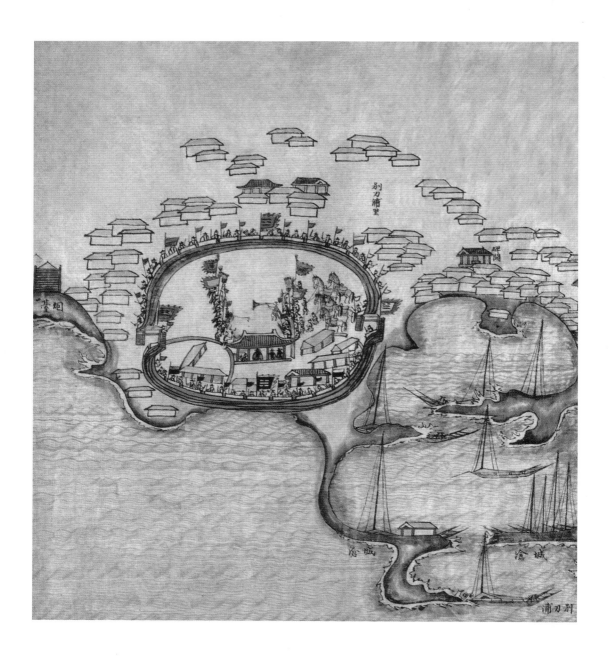

김남길, 〈화북성조〉 부분, 《탐라순력도》, 제주특별자치도 세계유산본부

〈화북진〉 부분, 《제주십이경도》, 개인

통해 육지로 드나들었다.

이를테면 1601년 왕의 명령을 받들어 임무를 수행하러 온 안무어사 청음 김상헌 역시 순방 임무를 마친 뒤 이곳을 통해 제주를 떠났다. 당시 약관 서른두 살이었던 청년 김상헌은 넘치는 혈기로 약 반년여 동안 제주에 머물며 곳곳을 꼼꼼히 살폈다. 그런 그가 제주를 떠나는 것은 그리 쉽지 않았다. 조천관에서 무려 한 달을 기다린 끝에야 출항선에 오를 수 있었다. 그는 조천포 출항 순간을 다음과 같이 아주 실감나게 묘사했다.

잇달아 돛을 걸으니 눈 깜짝할 사이에 벌써 포구를 나왔는데 바람발이 아주
세고, 배는 몹시 빠르게 간다. 멀리 언덕 위의 여러 사람을 바라보니 벌써
기러기의 무리처럼 보인다. 한라산은 하나로 이어져 하늘 높이 솟았고, 사
방을 돌아보니 푸른 바다인데 멀리 보아도 끝이 없다. 오직 겹겹이 일어나
는 물결이 하늘을 뒤집고 뜬구름이 가는 모습만을 볼 뿐이다.

그가 저술한 제주 풍물지 『남사록』南槎錄을 보면 그가 얼마나 세심하게 이 섬을 관찰했는지 알 수 있다. 1669년 간행된 『남사록』은 김상헌이 조정을 출발하여 제주에 이르기까지의 여정으로부터 제주도의 전체적인 현황은 물론, 일정을 마친 뒤 왕에게 보고하는 내용까지 상세히 담았다. 제주에 올 때부터 저술을 계획했다기보다 제주를 다닐수록 감탄을 금치 못할 풍경과 풍속에 마주치면서 차차 기록해 볼 결심을 한 것으로 보인다. 조천관에서 육지로 떠날 배를 기다리며 쓴 시 「조천관 벽에 쓰다」에서 얼핏 그의 결심을 엿볼 수 있으니 말이다.

신인神人은 가버리고 빈 혈穴만 남았는데 백성 살림 가난하여 척박한 밭뿐이
라, 언젠가 지리기록에 쓸 터이니, 반드시 유의하여 올해 일을 기억하리.

김상헌이 다녀갈 때보다 훨씬 이전, 고려 관군을 격파한 삼별초 부대장 이문경이 대장 김통정金通精, ?~1273을 맞이해 들인 곳도 여기였다. 그래서였을까. 고려 정부는 삼별초를 평정한 뒤 제주의 관문인 이곳을 크게 중시하여 무기창고인 군기고를 설치하고 판옥전선 1척, 격군 128명, 포사수 21명을 배치하였다.

김남길이 그린 〈조천조점〉의 성곽 안에는 연북정戀北亭이 보인다. 지금까지 남아 있는 이곳은 별도의 휴식 시설인 셈인데, 육지로 나가는 이들이 바닷바람 고르기를 기다리거나 유배객이 한양에서 보내오는 기쁜 소식을 기다리는 공간으로 사용하곤 했다. 1374년 이옥李沃, ?~1409 목사가 처음 세워 쌍벽정雙碧亭이라 하던 것을 1599년 임진왜란 때 장수로 활약한 무관 성윤문成允文 목사가 북쪽 한양에 계신 왕을 그리워한다는 뜻으로 연戀 자를 넣어 연북정이라 고쳤다. 기약 없이 쫓겨온 유배객이야 두말할 것도 없겠고, 2년을 임기로 내려온 제주목사는 물론 다른 관료들에게는 하루라도 빨리 한양으로 복귀하고 싶은 마음과 괴로움, 시름을 달래는 장소였겠다. 그렇기는 하더라도 연북정은 제주도성의 망경루와 더불어 육지, 즉 한양을 향한 간절한 마음을 지나치게 드러내는 이름이다.

〈조천조점〉 화폭의 왼쪽 마을 사이로 기와집이 보이는데, 오늘날로 보자면 이 근처는 조천 비석거리로 보인다. 화북 비석거리와 마찬가지로 이곳에도 거의 대부분 제주목사를 기리는 일곱 기의 비석이 남아 있다. 모두 선정善政이나 거사去思라는 글자를 파두었는데 여기에 이름자를 올려두어야 존경을 받을 수 있다고 여긴 걸까. 줄지어 서 있는 그 돌덩어리들이 오히려 어리석고 괴이해 보인다.

오히려 미밋동산이라고 부르는 만세동산에 서 있는 삼일정三─亭에 눈길이 쏠린다. 1919년 3·1운동의 불길이 육지로부터 거세게 몰아치자 김시범을 비롯한 열네 명이 미밋동산에 모였다. 며칠 뒤인 3월 23일 조천장날 이들은 함께 만세를 불렀다. 육지의 일을 따라 했다고 쉽게 치부할 일이 아니다. 일본 제국은 제주에서도 예외없이 갖은 패악을 저지르고 있었다. 3월 23일의 만세는 고통받던 제주 사

김남길, 〈조천조점〉 부분, 《탐라순력도》, 제주특별자치도 세계유산본부

람들이 스스로 폭발하여 외친 것이다. 그러니 엉뚱한 외지인의 '선정'을 기리는 비석 따위보다는 조천 사람들이 장날 '해방'을 소리쳐 외쳤음을 기억하는 게 수천, 수만 배 더 아름답고 더 귀하다.

〈조천조점〉 상단 중간을 보면 둥글게 만들어 놓은 원장圓場 입구로 들어가려는 말들이 긴 행렬을 짓고 있다. 원장 한쪽에 철망처럼 만들어 놓은 사장蛇場은 말이 한 마리씩 통과하는 시설이다. 말 한 마리 한 마리 건강 상태를 좀 더 정확하게 판별하기 위해서 만든 것이다. 사장 아래쪽으로는 차일과 퇴막退幕을 설치하여 활터도 만들어 두었다. 이 그림에서 가장 멋진 장관은 성정군 423명이 해안선을 따라 구비구비 조천성 안으로 대열을 지어 행군하는 모습이다.

〈조천조점〉 외에도 이곳을 그린 그림은 더 있다. 《제주십이경도》의 〈조천관〉, 국립민속박물관에서 소장하고 있는 《제주십경도》의 〈조천관〉이다. 두 폭 모두 화폭의 깊이가 눈여겨볼 만하다. 화폭을 상중하 셋으로 나누어 보면 상단은 아주 먼 원경이고 하단은 아주 가까운 근경이다. 이렇게 해서 평면화를 피하고 입체감을 살려내는데 무엇보다도 뛰어난 점은 화폭의 중앙 성곽과 건물의 묘사를 원근법에 따라 했다는 사실이다. 《제주십이경도》의 〈화북진〉 역시 비슷하다.

김남길의 〈화북성조〉와 〈조천조점〉은 올망졸망한 노란색 지붕으로 채색한 민가의 모습도 아름답지만, 해안선의 어여쁨은 이를 훨씬 뛰어넘는다. 구불구불 끝도 없는 불규칙한 곡선을 살펴보면 바다와 육지의 경계선이 두드러진다. 뭍에는 회색, 물에는 청색을 칠하고 그 사이에 흰색으로 파도를 그려 마치 살아 움직이는 듯 꿈틀거려 생동감이 절로 일어난다. 그 사이 사이 듬성듬성 자리잡은 돛단배들과 왼쪽 끝에 자리잡은 연대煙臺가 그 풍경을 완성한다. 연대는 해안에서 적의 침입을 감시하는 곳이다.

〈조천관〉 부분, 《제주십이경도》, 개인

# 제주의 땅끝, 그곳에서
# 기억해야 할 역사의 순간


## 용암동굴, 아득하여 넋마저 빼앗길 황홀한 지옥

제주에는 용암동굴이 많다. 무려 약 80여 개에 이르는 용암동굴은 주로 섬의 북서쪽과 북동쪽에 많은데, 제주시에서 동쪽으로 향해 가다보면 나타나는 구좌읍 덕천리에도 동굴이 있다. 베염굴이라 부르는 사굴蛇窟이 그것인데, 행정 지명에 따라 김녕굴金寧窟 또는 김녕사굴이라고도 한다.

650미터 길이의 베염굴에는 거대한 구렁이가 살고 있었다. 뱀은 무려 굴의 절반에 이르는 300미터 길이에다 커다란 귀를 가진 기이한 모습이었다. 비바람을 일으켜 농사를 망치는가 하면 주민에게 재앙을 퍼붓는 까닭에 해마다 꽃다운 열다섯 살 처녀를 제물로 바쳐야 했다.

1515년 봄 어느 날이다. 열아홉 살 젊은 제주판관 서린徐燐, 1494~1515이 부임해 와서 저 요사한 뱀을 처치하고자 창검, 염초, 신탄으로 무장한 군교 수십 명을 거느리고 굴 앞으로 나아가 제사를 지냈다. 처녀를 삼키려고 뱀이 모습을 드러내는 순간, 서린이 뱀의 허리를 찔렀다. 이어 군교들이 죽을 힘을 다해 공격한 끝에 비로소 뱀이 숨을 거두었다. 죽은 뱀을 불에 태우고 관아로 향하던 중, 등 뒤에서 노인의 목소리가 들려 돌아보니, 구름을 헤치고 죽은 뱀이 추격해 오고 있었다. 가까스로 귀가한 서린은 의식불명 상태로 두 해나 앓다가 겨우 스물두 살에 세상을 떠났고, 요사한 뱀은 다시는 사람들 사이에 나타나지 않았다. 베염굴에 얽힌 전설이다.

베염굴에서 남쪽으로 380미터 가면 거멀굴 또는 만쟁이굴이 있는데 행정지명으로는 만장굴이라고 부른다. 만쟁이굴은 그 길이가 13.422킬로미터에 이르는 긴 동굴이다. 제주말로 '아주 길다'고 해서 '만쟁이거머리굴', 거대한 거북이가 살고 있어 거멀굴이란 이름도 얻었다.

베염굴과 거멀굴은 원래 하나로 이어져 있었다. 심지어는 제법 멀리 떨어진 조천읍 와흘리 하동의 와흘굴과도, 해안의 당처물굴과도 이어져 있었다는 이야기도 은밀히 흘러 다닌다. 만약 이 네 개의 굴이 이어져 있다면 어떨까? 모두 이어져 있는 걸 상상해본다. 그것은 어쩌면 끝도 가도 없이 길고 긴, 아득하여 넋마저 빼앗길 황홀한 지옥이 아닐까.

1702년 10월 30일 이형상 목사는 조천에서 별방으로 가는 도중 이곳에 들러 굴 안을 살폈다. 그날의 모습을 담은 김남길의 〈김녕관굴〉은 매우 특별한 그림이다. 그림 속 세 개의 굴은 입을 벌린 듯 눈을 뜬 듯 그 모습이 미묘하다. 땅을 찢어 벌린 듯, 화면 복판에 커다란 구멍을 그려두고, 이로부터 오른쪽 위로 또 하나 붕 떠오르듯 그려두더니, 그 오른쪽 위로 또 하나를 보일 듯 말 듯 멀리 사라져가도록 배치했다. 이런 식의 점층구도가 그저 놀라울 따름인데, 게다가 굴의 형상을 입술 모양으로 그린 것은 어디에도 뒤지지 않는 재기발랄한 상상력의 산물이라 할 수 있겠다. 그러니 특별하다고 말할 수밖에.

화폭 상단은 아름드리 소나무가 춤추듯 어울리고 굴마다 위쪽 입술에서 자란 소나무 뿌리가 동굴을 뚫고 들어온 모습이 신기하다. 그 왼쪽에는 푸른빛 바탕

제주의 땅끝, 그곳에서 기억해야 할 역사의 순간

김남길, 〈김녕관굴〉 부분, 《탐라순력도》, 제주특별자치도 세계유산본부

의 청도기淸道旗와 영기令旗를 든 이들이 휴식을 취하고 있다. 휴식을 취하는 이들은 화폭 하단 빈터에도 있다. 여기에는 제주목사를 상징하는 교룡기交龍旗가 호령하듯 울긋불긋 우뚝 섰고, 황금빛 바탕의 금고기金鼓旗, 청도기와 더불어 순시기巡視旗, 영기가 화려하다. 굴 바로 앞에는 햇빛 가리는 산개傘蓋 뒤로 쌍가마가 놓여 있다.

이형상 목사는 어디에 있을까. 맨 아래 굴 안에 가마꾼들이 어깨에 둘러멘 남여를 타고 앉아 붉은 모자인 주립朱笠을 쓰고 융복戎服을 입고 있다. 그 주변으로 횃불을 든 병졸들이 정찰하는 모습도 보인다.

오늘날 우리는 어느 때고 이 굴들을 들여다볼 수 있을까. 그건 아니다. 갈 때마다 사정이 다르다. 2021년 4월 현재 김녕굴은 공개 제한이다. 또한 만장굴은 가볼 수는 있으나 현재 일반인이 출입할 수 있는 입구는 제2입구로, 그것도 1킬로미터만 탐방이 가능하다. 그저 어느 때고 열어두면 사람들이 숨을 내뿜어 상처를 입히니 굴을 보호하기 위한 조치다. 닫아두면 당장 보지 못하니 섭섭하달 수 있다. 하지만 더 열어두고 개발하면 자칫 그 모습은 훼손되고 만다. 보존이냐, 개발이냐. 어려운 일이다.

제주도 곳곳에는 이밖에도 굴이 많다. 저 멀리 서쪽 해안도로 가까이 구좌읍, 한림읍, 애월읍 일대에는 용암동굴 지대가 걸쳐 있다. 소천굴2,489킬로미터, 황금굴172미터, 협재굴109미터, 쌍룡굴380미터이 이 지역에 있다.

협재굴은 셋굴, 섯굴, 서굴, 섭재굴이라고도 하고, 쌍룡굴은 징거머리굴이라고도 한다. 쌍룡굴 안으로 들어가면 동서 방향으로 갈리고, 서쪽으로 들어가면 다시 또 둘로 나뉘는데 이렇게 이어지는 굴이 황금굴, 소천굴이다. 여기에 더해 1974년 애월면 어음리의 빌레못동굴이 그 모습을 드러냈다. 무려 11.749킬로미터 길이로, 세상에서 가장 긴 굴로 꼽힌다. 게다가 곰의 뼈와 구석기 시대 인간의 생활터도 발견이 되어 세상을 떠들썩하게 했다.

용암동굴만 있는 것도 아니다. 산방산 남쪽 산방굴은 용암 속 가스가 폭발하면서 뚫린 구멍으로 생긴 석회동굴이다. 우도 주간명월의 어룡굴魚龍窟, 서귀포의 정방굴은 파도가 해변의 바위를 뚫어 생긴 구멍으로 이루어진 해식동굴이다.


## 아름다운 별방진, 그러나 경치에만 취할 수 없는 아픔


땅끝은 전라남도 해남에만 있는 게 아니다. 제주에도 있다. 동쪽 끝에는 땅끝이요, 서쪽 끝에는 내리가 있어 서로 짝을 이룬다. 동쪽 구좌읍 종달리가 땅끝, 서쪽 한경면 두모리가 내리다. 두모는 머리고 종달은 꼬리란 뜻인데 이곳 종달리는 그러니까 제주 섬의 꼬리였던 게다. 김남길의 그림 〈별방조점〉과 〈별방시사〉 그리고 《제주십경도》의 〈별방소〉와 《제주십이경도》의 〈별방진〉 왼쪽 중단 세모 봉우리 지미망指尾望 또는 지미봉이 바로 이 땅끝이다.

1510년 제주목사였던 장림張琳이 바로 이곳 땅끝과 인연이 있다. 지미봉 앞 바다 건너 소섬이라는 저 쉐섬 또는 우도 쪽으로 왜구의 침탈이 극심했다. 장림은 이들을 막기 위해 구좌읍 하도리 서문동과 신동 중간에 자리잡은, 벨방개 또는 한개창이라 부르는 포구에 군부대인 별방진別防鎭을 설치했다. 제주에 설치한 구진九鎭 가운데 한 곳으로, 김령리의 방위소를 옮겨온 것이다. 지금은 성벽 일부만 남아 있다. 구진은 해안선에 둔 군사 시설이다. 화북진, 조천진, 별방진, 애월진, 명월진, 차귀진, 모슬진, 서귀진, 수산진 등 모두 아홉 곳에 두었다.

또한 이곳에는 고려 시대 쌓은 환해장성 일부도 남아 있다. 면수동에서 동동까지 이어지는 약 3미터 높이의 돌담이 그것이다. 제주도 연안의 해안선을 따라 둘러쌓은 환해장성은 바다로부터 침입하는 적들을 막기 위해 쌓은 것인데, 여기 말고도 약 여섯 군데에 그 흔적이 조금씩 남아 있다. 그 시작은 1270년 삼별초를 막기 위해서였다. 그런데 오히려 제주에 들어온 삼별초는 이 성을 통해 자신들을

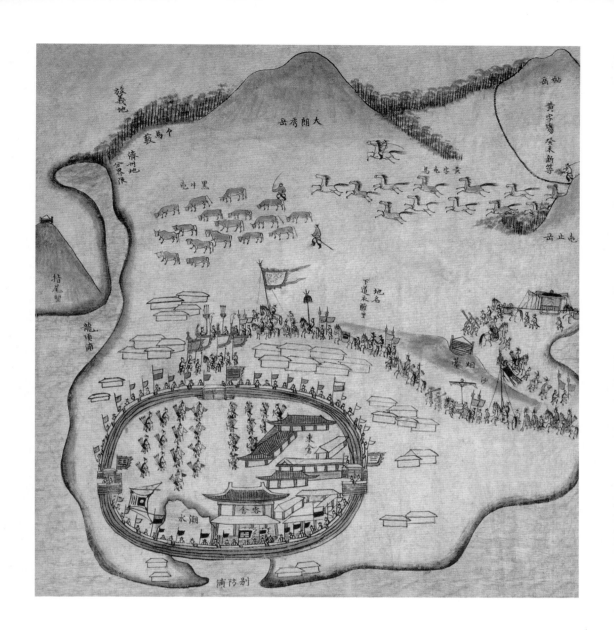

김남길, 〈별방조점〉 부분, 《탐라순력도》, 제주특별자치도 세계유산본부

김남길, 〈별방시사〉 부분, 《탐라순력도》, 제주특별자치도 세계유산본부

방어했다. 그렇게 쌓은 이 성벽은 고려 시대 이후 조선 시대까지 왜적의 침입을 막기 위한 방어벽이 되어주었다. 그러니까 땅끝 옆 벨방개는 고려 시대부터 이미 왜구가 범람했던 지역이었다.

장림 목사가 별방진 성을 쌓을 때는 흉년이 이어지고 있었다. 부역 나온 사람들은 굶주림에 시달려가며 혹독한 고통을 견디며 성곽을 완공했다. 그러나 워낙 왜구의 횡포가 극심했기에 원망의 대상이 어디로 향했는지는 알 수 없고, 다만 제주 민인의 피땀이 고여서인지 성 안 우물의 물맛이 무척 짰다고 한다.

그로부터 거의 200년 뒤인 1694년 제주목사로 부임한 이익태의 눈에는 이곳이 그저 아름답게만 보였던 모양이다. 그는 이곳을 탐라십경의 하나로 지목하고 그림까지 그리게 했다. 비록 그가 그리도록 한 그림은 전해지지 않지만, 그의 그림을 보지 않더라도 오늘날 허물어진 성터에 풀잎 무성한 것만으로도 그저 아름다울 뿐이니 아득한 바다와 더불어 빼어난 풍경임에는 틀림이 없다. 그렇다고 해도 가만히 앉아 하나하나 쌓아올린 바위를 보고 있자면 피와 땀 흘리던 옛사람 신음이 귓가에 들리는 듯하여 마냥 경치에 취하고 있을 수만은 없다.

〈별방시사〉를 보면 별방성의 규모가 상당한 걸 알 수 있다. 해안가에 그치지 않고, 바다까지 가로질러 성을 쌓았다. 게다가 바다를 가로지르는 성벽을 위해 거창한 철문을 제작해 달았으니 무척이나 힘든 공사였음을 짐작할 수 있다. 외적이 나타나면 이곳 별방진 사람들은 연을 날려 신호를 주고받았다. 적을 격퇴했다는 뜻의 연이 하늘로 솟구쳐 오를 때면 일대 주민들은 환호했을 것이다. 어쩌면 그 함성으로 이 성을 쌓고 지키느라 겪은 고통스런 상처를 잠시나마 잊고 지냈을지도 모르겠다.

이곳 해안에서 겨우 50미터 거리에 조그만 섬이 있다. 섬 이름은 난초가 뒤덮여 '난들여', 곧 난도蘭島였다. 이곳에서 자라는 난초는 특별히 구슬처럼 아름다워 문주란文珠蘭이라 불렀다. 즉, 난도는 문주란 자생지였다. 문주란이 언제부터 이 섬에서 자생했는지는 알 수 없다. 아주 오래전 언젠가 류큐 왕국, 다시 말해 오늘날 오키나와에서 온 배가 잘못 떠내려오면서 함께 실려온 것을 제주 사람들이 자연스레 심어 가꾸었다는 이야기가 전해질 뿐이다. 그 이야기에 따르면 그러니까 문주란은 이름만큼 아름답지만 또한 조난선을 타고 왔으니 고난을 견디는 행운의 꽃이기도 한 셈이다.

오늘날 사람들은 문주란 자생지인 이곳을 토끼섬이라고 부르면서 그 옆 섬을 난도라고 한다. 하지만 토끼섬은 백 년도 채 안 된 이름이다. 1927년 이곳 마을 사람이 토끼를 사육한 적이 있고, 그 무렵 일본인들이 토끼섬이라는 뜻으로 토도兎島라고 부른 것이 시작이다. 또는 매년 7~8월에 문주란이 피면 그 모습이 마치 하얀 토끼 같다고 해서 나온 이름이라는 설도 있다. 희귀하기 그지없는 문주란 자생지에 난데없는 토끼도 해괴한데 본시 이름이 없었다면 모를까 지극히 어여쁜 이름 난들여를 두고 토끼섬이라 부르는 건 아무리 생각해도 괴기하다.


〈별방시사〉와 〈별방조점〉 그리고 《제주십경도》의 〈별방소〉 상단에는 봉긋이 솟은 오름이 거대하다. 대랑수악大郎秀岳이라고 써두었다. 오늘날 월랑봉月郎峰이라고도 하는 다랑쉬오름이다. 월랑봉, 풀이하면 달빛낭군이다. 이 오름을 감싸고 이어지는 것은 비자나무숲이다. 이름부터 달밤에 몰래 스며드는 사내와 관련 있는 무슨 오래된 전설이라도 머금고 있는 듯하거니와 〈별방시사〉와 〈별방조점〉에서는 그 신비로움에 걸맞게도 오름을 감싸고 양쪽으로 팔벌려 쭉 뻗어나가는 비자나무 행렬이 은근해 보인다.

이에 비해 《제주십경도》의 〈별방소〉와 《제주십이경도》의 〈별방진〉에서는 커다란 나무를 화폭 안에 듬성듬성 배치하고 있다. 나열해둔 나무의 모습만으로도 〈별방시사〉나 〈별방조점〉과는 다른 시각 형상의 재미를 느끼게 하니 이 그림의 특

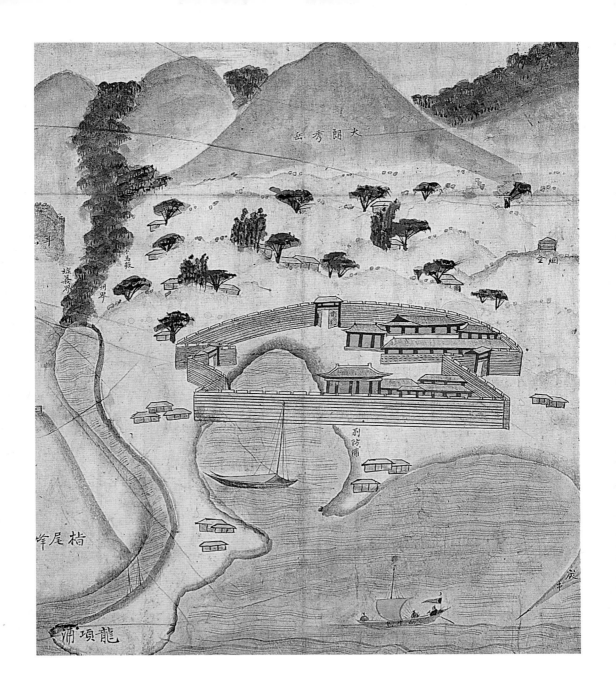

〈별방소〉 부분,《제주십경도》, 국립민속박물관

〈별방진〉 부분, 《제주십이경도》, 개인

별한 점이다.


## 잠녀의 투쟁, 기억하지 못한 여성 독립운동사

세화리에서 한라산 쪽으로 가다보면 다랑쉬오름이 환하게 보이는 곳이 있다. 평대리다. 이곳에는 2,800여 그루 비자나무가 울창하다. 숲 복판에는 800여 년 넘은 비자나무가 300~600여 년 된 나무들을 호령하고 있다. 세월 덕분에 키도 커서 무려 14미터가 훌쩍 넘는다. 비자나무가 이처럼 오랜 세월 안녕한 까닭은 그 열매가 약으로 쓰여 중앙 정부에 바치는 진상 물품이었기 때문이다. 어쩌면 귤나무처럼 나무마다 번호를 매겨 보호, 육성했을지도 모른다.

겨울에도 숲의 나무들 잎사귀가 싱싱하여 사시사철 푸르름을 유지하고 보니 사람들 또한 그 기운을 받기 위해 찾아와 숲 사이로 거닐기를 즐긴다. 숲에서 뿜어내는 피톤치드가 몸과 마음을 치유해준다는 것은 이미 널리 알려진 이야기다. 그러므로 제주에서 처음으로 산림욕장이 되었다.

세화리는 땅끝의 번화가였다. 시장이 서는 날이면 일대의 주민들이 모여들어 장관을 이루곤 했다. 일제강점기 무렵의 일이다. 제주도사 다구치 데이키田口禎熹란 자가 1932년 1월 12일 초도순시를 위해 교역의 중심지인 이곳 세화리에 도착하는 순간, 잠녀 1천여 명이 시위를 시작했다. 일제 경찰은 잠녀 부춘화夫春花, 김옥련金玉蓮을 비롯해 20명을 체포, 투옥했다. 1월 24일에는 500여 명의 잠녀가 동료의 석방을 요구하는 시위를 지서 앞에서 전개하였다. 또한 일제 경찰이 우도에 모인 800여 명의 잠녀를 체포하러 들어가자 오히려 이들을 포위하는 위력을 과시하였다. 연인원 1만 7,000여 명이 가담한 잠녀들의 투쟁은 그렇게 석 달여 줄기차게 이어졌다.

제주의 땅끝, 그곳에서 기억해야 할 역사의 순간

그러나 육지로부터 저 아득히 먼 섬나라에서 일어난 일이었다. 게다가 여성이었다. 당시는 물론 세월이 흘러서도 이들의 이 위대한 행동은 거의 알려지지 않았다. 항일운동사는 물론 여성운동사에서도 길이 기억해야 할 일인데 아는 이가 없었다. 1989년 소설가 현기영玄基榮, 1941~ 이 『바람 타는 섬』에 그 서글프고도 눈부신 잠녀의 생애, 영혼 이야기를 담아 그나마 세상에 알려질 수 있었다.

기억하지 못한 여성 독립운동가가 어디 제주 잠녀만일까. 오랜 세월 여성 독립운동가들은 그저 남성들을 돕는 존재처럼 여겨졌다. 그러나 21세기에 접어들면서 여성 역시 운동 일선에서 맹활약한 주체로 보는 인식이 점차 퍼져나가면서 재발견의 과정을 거치고 있다. 잠녀들의 항일투쟁 또한 그런 과정을 통해 제대로 드러나 오늘날 구좌읍 상도리에는 제주해녀항일운동기념공원을 조성, 이들을 기리는 기념탑도 어엿하게 세워졌다. 나아가 점차 사라지고 있다는 잠녀의 역사를 생생하게 보여주는 제주해녀박물관도 들어서 있어 제주에서의 그들의 존재 의미를 되새겨주고 있다.

# 우도, 땅끝 건너
# 바다에 누운 소 한 마리

### 우도에 가서 보아야 할 열 가지 풍경

제주도 동쪽 구좌읍 종달리 땅끝 건너 바다에는 소 한 마리가 누웠다. 섬의 형상이 그러하다. 해 뜨는 동쪽을 차지한 채 빼어난 생김을 자랑하는 이 섬 이름은 소섬 또는 쉐섬牛島이다.

이 섬에 사람이 살기 시작한 때는 1842년이고 소가 살기 시작한 때는 1698년의 일이다. 물론 선사시대 돌도끼며, 고인돌이 있으므로 오랜 옛날에는 이미 사람이 살았던 땅이다. 하지만 워낙 왜구의 침탈로 말미암아 사람이 더 이상 살 수 없었을 삼국 시대 때부터는 무인도가 되었을 터, 말을 지키는 목자만이 머무르던 섬 아닌가 한다.

소섬의 관문 역할을 한 포구는 한나리큰나루, 하늘나루였다. 그 뜻을 담아 천진天津이라는 한자를 사용했다. 한나리는 옛부터 구좌읍 종달리의 포구인 별방진의 벨방개와 뱃길을 트고 있었다. 한나리와 벨방개는 무척 가까워 소섬의 잠녀들이 남편의 학대에 못 이길 때면 깊은 밤 헤엄쳐 종달리로 빠져나갔다고 할 정도다. 그러

던 것이 1930년대 이후 성산포로 3.8킬로미터의 뱃길이 났고 지금은 이 뱃길로
도항선이 드나든다.

김남길이 그린 〈우도점마〉의 그림 속 섬은 앉아 있는 소의 모습 그대로다. 섬
오른쪽 동두東頭라고 써넣은 봉우리는 쇠머리오름이 있는 곳으로 오늘날에는 등대
가 자리잡고 있다. 그림 속 쇠머리오름에는 푸른 나무와 먹을 풀어 무겁게 칠해두
었다. 그 아래쪽에 어룡굴이라고 써놓은 곳은 주간명월이다. 소가 입을 벌려 바닷
물을 먹고 있는 형상으로 용이 노닐던 굴이었다. 무성한 나무와 파도가 찰랑거리
는 동두와 어룡굴은 〈우도점마〉의 가장 빛나는 부분이다. 섬 왼쪽 꼬리 쪽엔 죽도
竹島라고 표기한 대섬이 있고 멀리 위쪽으로는 동여아東餘兒라고 표기한 여우섬이
있다.

이 그림은 1702년 7월 13일 이형상 목사가 우도에 들어가 말의 숫자와 상
태, 목자의 현황 등을 살피는 모습을 담았다. 섬 전체를 넓은 운동장으로 설정하여
말과 목자를 펼쳐 두었는데 집 같은 것은 아예 없다. 사람이 살지 않았기 때문인 듯
도 하다. 섬 한중간에 차일을 치고 앉은 이형상 목사는 이날 말 262필, 목자 등 23
명을 살펴보았다고 한다.

우도는 남북 길이가 4킬로미터로 제법 큰 섬이다. 그림에서는 쇠머리오름과
주간명월만 특별히 그렸으니 우도에서 눈여겨볼 곳이 더 있을까 싶지만, 우도팔경
牛島八景이라 하여 여덟 가지를 꼽는다. 1983년 우도 연평중학교에 재직한 김찬흡
선생이 이름 지은 뒤 지금까지 전해 내려온다. 주간명월晝間明月, 야항어범夜航漁帆,
천진관산天津觀山, 지두청사指頭靑沙, 전포망도前浦望島, 후해석벽後海石壁, 동안경굴東岸
鯨窟, 서빈백사西濱白沙가 그것인데, 이 가운데 넷은 승경지이고 나머지 넷은 멀리서
바라보는 풍경을 이른다.

주간명월, 즉 그림 속 어룡굴 인근은 섬 남쪽 절벽 광대코지 아래 물 속 수중
동굴이 여럿인 해안이다. 주간명월이라는 말은 한낮에 달을 본다는 뜻인데 조그만

김남길, 〈우도점마〉 부분, 《탐라순력도》, 제주특별자치도 세계유산본부

배를 얻어 타고 동굴 속으로 들어가면 햇빛이 동굴 천장에 비쳐 마침내 달빛과도 같아지니 주간명월, 말 그대로 한낮에 뜬 달 같은 놀라운 광경을 볼 수 있다. 오전 10시에서 11시경 동굴 안으로 쏟아지는 햇빛이 천장의 동그란 무늬와 합쳐지면서 달 모양이 되는데 이를 제대로 보려면 시간을 잘 맞춰야 한다.

어룡굴에는 7~8월 사이에 용이 와서 살곤 하는데 그때 하필 고깃배가 들어가면 곧 폭풍과 천둥 번개가 내리쳐 나무가 뽑히고 농사를 망치고 만다는 전설이 있다. 그리고 보면 이곳은 신성한 장소이자 섬을 지키는 성소聖所였던 게다.

야항어범은 밤바다에 뜬 고기잡이 어선을 구경하는 것이다. 어두운 밤, 섬 북동쪽 하고수동 모래톱에 자리잡고서 집어등을 켠 채 수많은 어선이 멸치잡이하는 모습은 장관이다. 천진관산은 천진동에서 성산봉이며 수산봉과 지미봉을 비롯한 한라산을 한꺼번에 바라본다는 것이다. 〈우도점마〉에서도 섬 건너편 오른쪽 위에는 가파른 성산을, 오른쪽 하단 구석에는 지미망指尾望, 지미봉을 그려 놓았다. 지두청사는 쇠머리오름에서 섬 전체를 바라보는 것이며, 전포망도는 섬 밖에서 섬을 바라보는 것이다. 멀리서 우도를 바라보면 〈우도점마〉에서처럼 소의 모습을 고스란히 볼 수 있다.

후해석벽은 광대코지를 일컫는데 동천진동 포구에서 바라본 동쪽의 웅장한 수직절벽이다. 동안경굴은 동쪽 해안 고래굴을 뜻한다. 검멀레의 콧구멍이라는 두 개의 굴인데 이곳에 예전에 큰 고래가 살았다고 전해진다. 동굴음악회도 열리곤 했다. 끝으로 서빈백사는 모래밭이 무려 300미터에 이르는 서쪽의 해수욕장이다. 오늘날의 산호해변이다. 이 일대 해변은 앞바다 일대에서 자라는 식물인 홍조류가 굴러다니다가 돌처럼 굳어져 생겨난 이른바 홍조단괴紅藻團塊가 특징인데, 미국 플로리다를 비롯한 세계 여러 곳에 있긴 하지만 여기처럼 광범위하게 펼쳐진 곳은 매우 드물다.

제주 섬 어느 곳인들 예외가 있을 리 없지만 우도는 언젠가부터 매년 200만

명이 훨씬 넘는 관광객이 다녀가는 곳이 되었다. 사람이 모이면 여러 궁리도 더불어 생기는 모양이다. 2003년에 새로 세운 등대와 그 주변 일대 등대공원만 해도 충분해 보이는데 매년 수백 만 명 넘는 이들이 방문하고 보니 뭔가 새로운 볼거리를 설치해야 한다는 마음이 생긴 모양이다. 그렇게 해서 등장한 것이 하고수동 해안가의 3미터 높이 '해녀상'이다. 세계 최대라고 하는데, 여기에 더해 또다른 해녀상과 인어상까지 해변에 세워두었다. 우도의 잠녀를 기린다는 의미를 담았다고 하는데, 꼭 저렇게까지 크게 세워야만 제대로 기념할 수 있는 건지는 잘 모르겠다. 전 세계 많은 사람이 지구 반대편에서도 기꺼이 찾아가는 덴마크 코펜하겐 인어공주 동상은 기껏 80센티미터 높이니까 말이다.

## 충암 김정, 우도에 이르러 「우도가」를 부르다

충암 김정은 영민하고 강직한 선비였다. 과거에 장원급제한 그는 사림파의 질풍노도와 같은 성장 속에서 젊은 나이에 도승지, 대사헌, 형조판서에 이르는 영광을 누렸으나 그만큼 뭇 사람들의 시기와 질시의 표적일 수밖에 없었다. 신진 개혁정치가이자 기묘사학사인 정암靜菴 조광조趙光祖, 1482~1519, 학포學圃 양팽손梁彭孫, 1488~1545, 복재服齋 기준奇遵, 1492~1521, 신재新齋 최산두崔山斗, 1483~1536와 동지였으며, 다른 일곱 명의 사림과 더불어 기묘팔현己卯八賢 중 한 사람이었다.

그런 그가 1519년 기묘사화에 연루되어 제주로 유배를 왔다. 유배지에 머물며 언젠가 소섬에 이르렀던 모양이다. 그 절경을 발견하고, 죽음을 앞둔 어느 날엔가 저 꿈틀대는 붕새며 어룡을 부르는 노래를 간절하게 불러제쳤다. 바로 『충암집』에 실린 「우도가」다. 그 일부를 옮기면 다음과 같다.

우도, 땅끝 건너 바다에 누운 소 한 마리

무지개 바닷물 마시느라 긴 꼬리 드리우고    宛虹飮海垂長尾

대붕大鵬은 학과 놀며 나래 펼치는데    鸞鵬戲鶴飄翅翎

영롱한 샛별 밝은데 인간 세상은 어둡네    曉珠明定塵區黑

촉룡燭龍은 환하게 두 눈 뜨고 있지    燭龍爛燁雙眼靑

새와 용의 보살핌이었을까. 지금껏 김정이란 이름 잊히지 않았고 그가 부르던 노래「우도가」또한 지금껏 불리고 있다.

그가 유배지인 제주에서 남긴 글은 또 있다.『제주풍토록』이다. 유배객의 제주 생활을 생생하게 보여주는 글이다.『신정일의 새로 쓰는 택리지』에서도 인용한 구절들인데 그 가운데 일부를 골라 다시 구성하니 아래와 같다.

이웃도 없고 외로운 곳에 초가 두어 칸을 세웠는데 북쪽 산을 기대고 있어 자못 시원하구나. 집 안으로는 조그만 온돌방 하나가 있고 밖으로는 대청마루 반쪽이 있어 햇볕을 쪼이고 달 구경을 할 수 있어 기쁘다. 처마 아래 늙은 감나무 한 그루가 있는데 문 밖으로는 늙은 배나무가 서 있어 이 나무 아래 정자를 지었다.

성 남쪽에 있는 과수원은 귤나무숲으로 뒤덮여 매우 아름답다. 귤과 유자 열매도 참 고운 빛을 발하고 있다. 앞 냇가엔 민물고기가 있어 그물로도 잡고 낚시로도 잡곤 한다. 한걸음 나가면 바다가 펼쳐지는데 몇 가지 잔 고기들이 놀고 있어 언덕 위에 앉아 낚을 수 있으니 소일거리치고는 꽤 즐거운 일이다.

외로이 홀로 걷다보니 그저 적막한 회포가 더할 뿐이다. 골육의 정이 끊어지고 친지들 소식도 아득하구나. 아마도 옛날 함께 놀던 이들 가운데 죽은 이들도 이미 많으리라. 하늘가에 외로이 붙인 몸이 몇 번이나 세파를 겪었

왼쪽_ 김정, 〈산초백두도〉, 21.6×63.8, 종이, 개인
오른쪽_ 김정, 〈수조도〉, 개인

던가. 예사롭지 않은 마음 품을 땐 갖춘 것에 의연히 순응할 뿐이건만 문득
복잡한 생각이 날 땐 또한 아픈 감회 견딜 수 없네.

천천히 음미하며 읽노라면 그의 마음이 고스란히 전해져 읽는 이의 마음도
아프다. 그가 남긴 그림을 보며 안타까움을 달랜다. 〈산초백두도〉山椒白頭圖와 〈수
조도〉水鳥圖다.

두 폭 모두 새를 그린 작품으로 16세기를 빛내는 걸작이다. 붓놀림과 구도는
물론이고 새의 자세와 동세가 절정의 수준을 과시한다. 어쩐지 〈산초백두도〉에는
젊은 날의 기운이, 〈수조도〉에는 말년의 비애가 흐르는 듯하다. 제주 유배 시절 그
림이면 더 좋았겠지만, 언제 그린 것인지 알 수 없다.

그는 끝내 육지로 돌아가지 못했다. 제주에서 한 해를 살다 1521년 10월
30일 왕이 내린 사약을 받고 이승을 떠났다. 그의 자취는 제주 오현사에 남아 있
다. 오현사는 설립 당시 귤림서원이었다. 처음에는 김정을 배향했으나 1682년 송
인수, 정온, 김상헌을 배향하고, 1695년에 송시열을 추가로 배향하면서 오현사로
그 이름을 바꿨다.

# 《탐라순력도》,
# 제주 전역을 그린 순력의 기록화

《탐라순력도》마흔한 폭은 김남길의 작품이다. 1702년 3월 제주목사로 부임한 병와 이형상이 10월 29일부터 11월 20일까지 제주를 순회할 때 함께 다니면서 풍물과 사건을 그리도록 했는데 어느덧 마흔한 폭으로 늘어났다.

화가 김남길은 목사의 부름에 따라 함께 다니며 그림을 그렸으니 아마도 제주목 소속 장인이거나 또는 이형상이 별도로 부른 방외화사方外畫師일 것이다. 육지에서 초빙했을 리는 없으니 아무래도 김남길은 제주제일명가로 군림하던 화가인 듯하다. 석사학위 논문으로 「탐라순력도 연구」를 쓴 윤민용은 19세기에 제작한

《제주십경도》가《탐라순력도》양식과 비슷하다고 판단한다. 이 판단을 따르자면 《탐라순력도》를 그린 김남길은 역시 제주도 출신 인물로 그곳에서 후배, 제자를 기르며 활동한 토박이 화가였을 것이다.

《탐라순력도》는 육지 중앙 정부의 도화서 화원이 제작하는 기록화의 전형과는 전혀 다른 형식이다. 또한 문인화가를 포함하여 화원이 창작하는 여러 회화의 양식과도 아예 다르다. 당대 주류의 전형성과 무관한 상태다.

조선 시대 지방에서 활동하는 많은 화원 및 화가 들은 각자의 성장 경로를 갖춰 독자한 개성 양식에 도달하곤 했다. 《탐라

순력도》의 작가이자 화가인 김남길도 그런 인물의 한 사람이었을 것이다. 여러 가지 기존의 작품을 임모臨模하면서 기법을 수련하고 이를 토대로 자기 형식을 숙성시켜나갔던 듯하다.

기존의 기록화인 연향도宴享圖, 계회도契會圖, 행렬도行列圖 등을 그릴 때 사용해온 역원근법逆遠近法이나 주대종소법主大從小法, 등측도법等側圖法, 부감법俯瞰法을 구사하면서도 김남길은 담채를 대담하게 운용한 수채화풍, 선묘線描에서 기존 준법과 무관한 단순필선 및 구도에서 면 분할을 통해 화폭의 평면화平面化, 형상의 왜곡과 변형을 자유롭게 구사하였다. 그 결과 형태를 뒤틀고 굽히는 기술을 구사하여 험하고 위태로운 형상을 연출하는 것은 물론, 여기에 신기한 분위기를 감돌게 하는 것에도 성공을 거뒀다. 이렇게 함으로써 그는 기존의 기록화 또는 주류의 회화 양식이 지닌 전형성을 탈피하고 제주 지역 또는 김남길만의 양식화, 그 토박이 화풍을 기어코 성취해냈다.

20세기에 형성된 주류 양식의 전형에 익숙한 눈길로 보면 《탐라순력도》의 기법은 미숙하고 어리석은 변방의 속화俗畵로 보일 수밖에 없다. 나 역시 흔히 속화나 민화라 부르는 민간장식화에 대한 공부가 부족했을 때는 그저 흥미를 주는 미숙한 비전문인의 소인화素人畵로 여겼다. 미술사나 회화사의 범주 안에 넣어 그 가치나 예술성을 평가할 만한 작품이 아니라고 여긴 것이다. 숙련된 기술도, 고상한 정신성도 결여된 그저 아동화 같은 발상의 놀라움과 재미 정도를 주는 그림으로 치부했다는 의미다. 굳이 그 의미를 찾자면 제주에 관한 정보를 담고 있어 기록성은 높이 평가할 수 있는 자료라고 여길 뿐이었다.

그러나 나의 이런 관점이 결국 주류 중심주의에 불과하다는 사실을 깨우치는 데는 그리 오랜 시간이 필요하지 않았다. 속화니 민화니 하는 그 명칭부터가 변방, 하층을 연상케 하고 나아가 주변부임을 의미하고 있다. 또한 여기에는 이러한 그림들이 언제나 지배 권력의 중심, 주류에서 배제된 영역에 남아 있어야 한다는 전제가 깔려 있다. 예술 가치가 어떠하든 속화나 민화는 결코 명품의 테두리 안을 차지할 수 없는 주변적 양식임을 강제하는 명칭이다.

《탐라순력도》에 대한 미술사학자의 본격적인 연구가 드물고, 또 있다 해도 민화 또는 속화 양식임을 전제하고 있음을 보면 《탐라순력도》는 훨씬 오래전부터 이미 변방, 주변의 것으로 취급당해온 것으로 보인다. 그러나 사족의 품평 기준과 민간의 취향 기준이 서로 다르고 보니 중앙과 변방이 나뉘고, 정통과 이단이 갈라지는 것일 뿐, 어느 한쪽을 우월하다 다툴 일은 전혀 아니다.

《탐라순력도》는 탄생하자 곧바로 제주를 떠나 300여 년 동안 육지에 머물렀다. 오랜 세월 이형상의 종가宗家에서 보존해 오다가 1979년 국가가 보물 제652호로 지정했고 그해 한국정신문화연구원에서 이형상의 제주박물지인 『남환박물』까지 합쳐 영인본을 제작했다. 그러다 1992년 제주대학교박물관에서 전시한 뒤 도록 『제주문물전』에 그림 일부를 게재했고, 1994년 제주시가 온전하고 화질 좋은 영인본을 제작해 보급했다. 제주에 돌아온 건 1998년 말이다. 제주시가 구입, 소장한 뒤 국립제주박물관에 위탁함으로써 제주 땅으로 귀향했다.

2020년 국립제주박물관에서는 '그림에 담은 옛 제주의 기억'이라는 부제로 《탐라순력도》 전람회를 개최했다. 이 전람회를 통해 한국미술사 안에서 《탐라순력도》가 차지해야 마땅한 가치를 획득하고, 나아가 인문지리의 관점에서도 들여다볼 의미가 많다는 점을 세상에 널리 알렸다. 실제로 나라에서는 이미 그 가치를 인정하여 오래전에 보물로 지정했지만, 미술사 안팎의 여러 가치로 볼 때 이 작품이 보물에서 나아가 국보가 될 필요와 가능성은 더 커져만 가고 있다.

《탐라순력도》에는 각 화폭마다 제목과 날짜, 관련 내용이 적혀 있다. 여기에서는 그림 모두를 일별케 하고 아울러 원문과 풀이를 함께 적어두었다. 제주국립박물관에서 출간한 『그림에 담은 옛 제주의 기억, 탐라순력도』를 참고하였으되 다소 손을 보았다.

제주 전역을 그린 순력의 기록화

# 〈한라장촉〉으로 한눈에 보는 《탐라순력도》

성산관일
정의조점 정의양로 정의강사    정방탐승
천연사후
수산성조
우도점마
별방시사 별방조점
김녕관굴
교래대렵 산장구마    조천조점    화북성조    건포배은

한라장촉 승보시사 공마봉진
감귤봉진 귤림풍악 제주사회
제주조점 제주전최 제주양로

호연금서

고원방고

현폭사후

산방배작

대정조점　대정배전
대정양로　대정강사

모슬점부

차귀점부

비양방록

명월조점　명월시사

애월조점

병담범주

남
동　서
북

# 〈한라장촉〉 漢挐壯矚, 한라산에서 자세히 바라본 장대한 풍경

김남길, 《탐라순력도》, 36×56.7, 종이, 1703, 제주특별자치도 세계유산본부

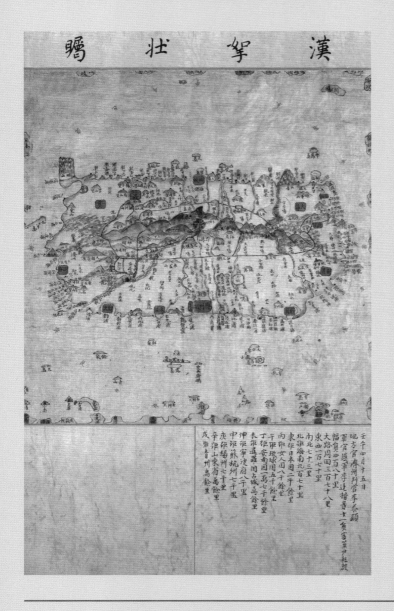

임오년(1702) 4월 15일.

지방관은 제주판관 이태현이다. 군관은 호군 이정개 등 열한 명이고, 심약˙은 윤기은이다. 넓이는 480리다. 큰 길의 둘레는 378리˙다. 동서의 길이는 170리다. 남북의 길이는 73리다. 북쪽으로 해남까지 거리는 970리다. 동쪽으로 일본국까지 거리는 2천여 리다. 정남동쪽으로 여인국까지 거리는 8천여 리다. 정남쪽으로 유구국까지 거리는 5천여 리다. 정남서쪽으로 안남국까지 거리는 1만 7천여 리다. 정남서쪽으로 섬라국과 점성까지 거리는 1만여 리다. 정서남쪽으로 영파부까지 거리는 8천여 리다. 정서남쪽으로 소주와 항주까지 거리는 7천여 리다. 정서남쪽으로 양주까지 거리는 7천여 리다. 정서북쪽으로 산동성까지 거리는 1만여 리다. 정서북쪽으로 청주까지 거리는 1만여 리다.

壬午四月十五日 地方官濟州判官李泰顯 軍官護軍李廷稽等十一員審藥尹起殷 幅員四百八十里 大路周回三百七十八里 東西一百七十里 南北七十三里 北距海南九百七十里 東距日本國二千餘里 丙距女人國八千餘里 午距琉球國五千餘里 丁距安南國一萬七千餘里 未距暹羅國占城萬餘里 坤距寧波府八千里 申距蘇杭州七千里 庚距楊州七千里 辛距山東省萬餘里 戌距靑州萬餘里

● 〈한라장촉〉은 1702년 4월 15일 이형상이 제주목사로 부임한 뒤 20여 일 만에 한라산에 오른 날 김남길이 그린 것이다.
● 심약 : 약재를 심사 감독하는 관원    ● 1리는 약 400미터다.

제주 전역을 그린 순력의 기록화

# 〈승보시사〉<sup>陞補試士</sup>, 과거를 치르는 제주의 선비들

김남길, 《탐라순력도》, 36×56.7, 종이, 1703, 제주특별자치도 세계유산본부

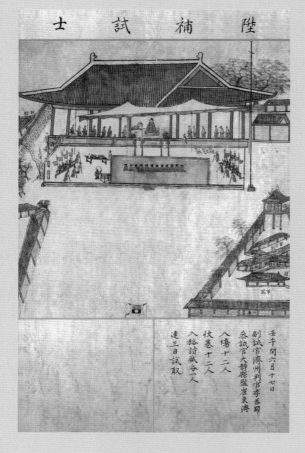

임오년 6월 17일.
부시관은 제주판관 이태현이다.
참시관은 대정현감 최동제다.
시험장에 들어온 사람은
12명이다. 제출한 답안지는
12명의 것이다. 시부<sup>詩賦</sup> 시험에
합격한 사람은 1명씩이다. 사흘
연달아 시험을 치르다.

壬午閏六月十七日
副試官濟州判官李泰顯
參試官大靜縣監崔東濟 入場十二人
收券十二人 入格詩賦各一人
連三日試取

● 〈승보시사〉는 제주목 관아 관덕정 앞에서 열린 승보시를 치르는 모습을 그린 것이다. 승보시는 조선 시대에 성균관 대사성<sup>大司成</sup>이 사학<sup>四學</sup>의 유생을 모아 12일 동안 시부<sup>詩賦</sup>를 시험 보게 하던 초시<sup>初試</sup>. 합격한 사람에게만 생원과<sup>生員科</sup>, 진사과<sup>進士科</sup>의 복시<sup>覆試</sup>에 응시할 자격을 주었으며, 개성과 제주는 따로 실시하였다.

## 〈공마봉진〉貢馬封進, 나라에 바칠 말을 점검하다

김남길, 《탐라순력도》, 36×56.7, 종이, 1703, 제주특별자치도 세계유산본부

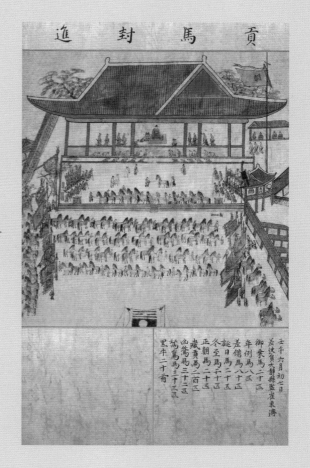

임오년 6월 초7일.
차사원은 대정현감 최동제다.
어승마˙는 20마리다. 연례마˙는
8마리다. 차비마˙는 80마리다.
탄일마˙는 20마리다. 동지마˙는
20마리다. 정조마˙는 20마리다.
세공마˙는 200마리다. 흉구마˙는
32마리다. 노태마˙는 33마리다.
검은 소는 20마리다.

壬午六月初七日
差使員大靜縣監崔東濟 御乘馬二十匹
年例馬八匹 差備馬八十匹
誕日馬二十匹 冬至馬二十匹
正朝馬二十匹 歲貢馬二百匹
凶咎馬三十二匹 駑駘馬三十三匹
黑牛二十首

• 〈공마봉진〉은 이형상 목사가 진상에 필요한 말을 점검하는 모습을 그린 것이다.   • 어승마 : 임금이 타는 말
• 연례마 : 매년 정기적으로 진상하는 말   • 차비마 : 특별한 용도를 위해 준비하는 말   • 탄일마 : 임금의 생일을
축하하기 위한 말   • 동지마 : 해마다 동짓달에 중국으로 사신과 함께 보내는 말   • 정조마 : 정월초하룻날을 위해
바치는 말   • 세공마 : 연말에 각 목장에서 바치는 말   • 흉구마 : 재난이 있을 때를 대비하여 바치는 말   • 노태마
: 짐을 싣는 말

# 〈감귤봉진〉 柑橘封進, 나라에 바칠 귤을 점검하다

김남길, 《탐라순력도》, 36×56.7, 종이, 1703, 제주특별자치도 세계유산본부

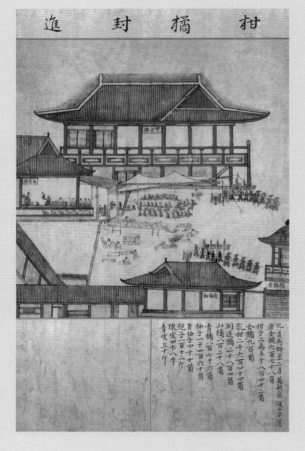

9월부터 이듬해 2월까지 두 차례의 천신*, 21운의 진상이 이루어지다. 당금귤 678개, 감자 2만 5,842개, 금귤 900개, 유감 2,644개, 동정귤 2,804개, 산귤 828개, 청귤 876개, 유자 1,460개, 당유자 4,010개, 치자 112근, 진피 48근, 청피 30근.

九月爲始至二月 薦新二次
進上二十一運 唐金橘六百七十八箇
柑子二萬五千八百四十二箇
金橘九百箇 乳柑二千六百四十四箇
洞庭橘二千八百四箇
山橘八百二十八箇
靑橘八百七十六箇
柚子一千四百六十箇
唐柚子四千十箇 梔子一百十二斤
陳皮四十八斤 靑皮三十斤

● 〈감귤봉진〉은 1702년 9월부터 이듬해 2월까지 이루어진, 진상할 감귤을 선별하고 포장하는 장면을 그린 것이다.
● 천신 : 철 따라 새로 난 과실이나 농산물을 먼저 신위神位에 올리는 일.

# 〈귤림풍악〉*橘林風樂, 귤나무숲에서 풍악을 울리다

김남길, 《탐라순력도》, 36×56.7, 종이, 1703, 제주특별자치도 세계유산본부

임오년 세 고을 결실 총수
당금귤 1,050개, 감자 4만
8,947개, 금귤 1만 831개, 유감
4,785개, 동정귤 3,364개, 산귤
18만 5,455개, 청귤 7만 438개,
유자 2만 2,041개, 당유자
9,533개, 등자귤 4,369개,
석금귤 1,021개, 치자 1만
7,900개, 기각 1만 6,034개,
지실 2,225개,

壬午年三邑結實摠數
唐金橘一千五十箇
柑子四萬八千九百四十七箇
金橘一萬八百三十一箇
乳柑四千七百八十五箇
洞庭橘三千三百六十四箇
山橘十八萬五千四百五十五箇
靑橘七萬四百三十八箇
柚子二萬二千四十一箇
唐柚子九千五百三十三箇
橙子橘四千三百六十九箇 石金橘一千二十一箇 梔子一萬七千九百箇 枳殼一萬六千三十四箇
枳實二千二百二十五箇

● 〈귤림풍악〉은 관덕정 망경루 후원에 있던 귤밭에서 이형상 목사가 연회를 열고 풍악을 즐기는 모습을 그린 것이다.

# 〈교래대렵〉*橋來大獵, 교래에서 큰 사냥을 하다

김남길,《탐라순력도》, 36×56.7, 종이, 1703, 제주특별자치도 세계유산본부

임오년 10월 11일 진상할
산짐승을 사냥하다. 세 고을의
수령과 감목관이 참여하다.
마군은 200명이다. 보졸은
400여 명이다. 포수는
120명이다. 사슴 177마리를
잡다. 멧돼지 11마리를 잡다.
노루 101마리를 잡다. 꿩
22마리를 잡다.

壬午十月十一日進上山獵
三邑守令監牧官 馬軍二百名
步卒四百餘名 砲手一百二十名
鹿一百七十七口 猪十一口
獐一百一口 雉二十二首

• 〈교래대렵〉은 교래 근처에서 진상을 위한 산짐승과 날짐승을 사냥하는 장면을 그린 것이다.

# 〈산장구마〉 山場驅馬, 한라산 목장의 말을 점검하다

김남길, 《탐라순력도》, 36×56.7, 종이, 1703, 제주특별자치도 세계유산본부

임오년 10월 15일.
중군은 제주판관이다. 감목관은
김진혁이다. 지방관은
정의현감 박상하다. 결책군˙은
2,602명이다. 구마군˙은
3,720명이다. 목자와 보인˙은
모두 214명이다. 말은
2,375마리다.

壬午十月十五日
中軍濟州判官 監牧官金振爀
地方官㫌義縣監朴尙夏
結柵軍二千六百二名
驅馬軍三千七百二十名
牧子保人幷二百十四名
馬二千三百七十五匹

● 〈산장구마〉는 산장에서 말을 몰아 일정한 장소에 모으고 몇 마리인지를 확인하는 장면을 그린 것이다.
● 결책군 : 목책을 만드는 군사    ● 구마군 : 말을 모는 임무를 맡은 군사    ● 목자와 보인 : 말 관리인

# 〈성산관일〉* 城山觀日, 성산에서 떠오르는 해를 바라보다

김남길, 《탐라순력도》, 36×56.7, 종이, 1703, 제주특별자치도 세계유산본부

임오년 7월 13일.
판관이 참여하다. 정의현감이
참여하다. 군관은 김진기와
도한필이다.

壬午七月十三日 判官 旌義縣監
軍官金振淇都漢弼

● 〈성산관일〉은 이형상 목사가 성산에 올라 해돋이를 보는 장면을 그린 것이다.

# 〈우도점마〉 牛島點馬, 우도에서 말을 점검하다

김남길,《탐라순력도》, 36×56.7, 종이, 1703, 제주특별자치도 세계유산본부

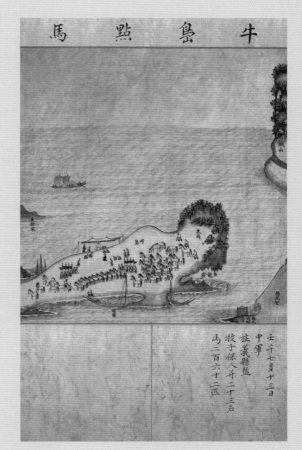

임오년 7월 13일. 중군이 참여하다.
정의현감이 참여하다. 목자와
보인은 모두 23명이다. 말은
262마리다.

壬午七月十三日 中軍 旌義縣監
牧子保人幷二十三名 馬二百六十二匹

● 〈우도점마〉는 이형상 목사가 우도에서 말을 점검하는 장면을 그린 것이다.

제주 전역을 그린 순력의 기록화

# 〈화북성조〉 禾北城操, 화북진의 군사 훈련

김남길, 《탐라순력도》, 36×56.7, 종이, 1703, 제주특별자치도 세계유산본부

임오년 10월 29일 점심을 먹다.
중군 제주판관이 제주영까지
따라오다. 군관 이정진 등
4명이 따라오다. 조방장은
이희지다. 성정군은 172명이다.
군기와 집물을 점검하다.

壬午十月二十九日中火
中軍濟州判官至還營陪行
軍官李鼎鎭等四人陪行 助防將李喜枝
城丁軍一百七十二名 軍器什物

• 〈화북성조〉는 화북진을 방문한 이형상 목사가 성을 지키는 성정군의 훈련을 지켜보는 장면을 그린 것이다. 공식적인 순력의 첫 장면이기도 하다.

## 〈조천조점〉\* 朝天操點, 조천진에서 군대와 물자를 점검하다

김남길, 《탐라순력도》, 36×56.7, 종이, 1703, 제주특별자치도 세계유산본부

임오년 10월 29일 (조천진)
숙소에 도착하다. 조방장은
김삼중이다. 성정군은
423명이다. 군기와 집물을
점검하다. 목자와 보인은 모두
87명이다. 말은 505마리다.

壬午十月二十九日宿所 助防將金三重
城丁軍四百二十三名 軍器什物
牧子保人幷八十七名 馬五百五匹

• 〈조천조점〉은 조천진의 군대와 물자를 점검하기 위해 방문하는 이형상 목사 일행의 모습을 그린 것이다.

제주 전역을 그린 순력의 기록화

# 〈김녕관굴〉 金寧觀窟, 김녕의 굴을 구경하다

김남길, 《탐라순력도》, 36×56.7, 종이, 1703, 제주특별자치도 세계유산본부

임오년 10월 30일 역참에 잠시
머물렀다 지나가다. 높이는
30자다. 폭은 20자다.
깊이는 5리다.

壬午十月三十日過站 高三十尺
廣二十尺 深五里

• 〈김녕관굴〉은 이형상 목사가 조천진에서 별방진으로 가던 중에 용암굴을 구경하는 장면을 그린 것이다. 그
당시에는 오늘날의 사굴과 만장굴을 모두 김녕굴이라고 했다.　• 참 : 길을 가다 쉬는 곳. 또는 중앙 관아의 공문을
지방 관아에 전달하며 외국 사신의 왕래, 벼슬아치의 여행과 부임 때 마필馬匹을 공급하던 곳이기도 하다.
• 1자는 약 30센티미터다.

## 〈별방조점〉 ˙別防操點, 별방진에서 군대와 물자를 점검하다

김남길,《탐라순력도》, 36×56.7, 종이, 1703, 제주특별자치도 세계유산본부

임오년 10월 30일 (별방진)
숙소에 도착하다. 조방장은
김여강이다. 성정군은
423명이다. 군기와 집물을
점검하다. 목자와 보인은 모두
187명이다. 말은 946마리다.
검은 소는 247마리다. 창고의
곡식은 2,860여 섬이다.

壬午十月三十日宿所 助防將金汝江
城丁軍四百二十三名 軍器什物
牧子保人并一百八十七名
馬九百四十六匹 黑牛二百四十七首
倉穀二千八百六十餘石

● 〈별방조점〉은 군대와 물자, 마소, 창고의 곡식 등을 점검하기 위해 별방진으로 들어가는 이형상 목사 일행을 그린
것이다.

제주 전역을 그린 순력의 기록화

# 〈별방시사〉*別防試射, 별방진에서 치른 활쏘기 시험

김남길,《탐라순력도》, 36×56.7, 종이, 1703, 제주특별자치도 세계유산본부

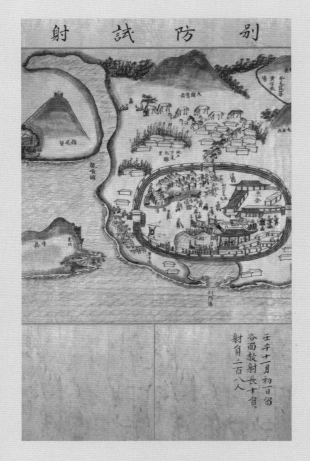

임오년 11월 초1일 (별방진에) 머물다. 각 면의 교사장*은 열 명이다. 사원*은 208명이다.

壬午十一月初一日留 各面敎射長十員
射員二百八人

---

● 〈별방시사〉는 이형상 목사가 별방진에 머물며 실시한 활쏘기 시험 장면을 그린 것이다.　● 교사장 : 활쏘기를 가르치는 사람이다.　● 사원 : 여기에서는 활쏘기에 참여한 사람을 뜻한다.

## 〈수산성조〉°首山城操, 수산성의 군사 훈련

김남길, 《탐라순력도》, 36×56.7, 종이, 1703, 제주특별자치도 세계유산본부

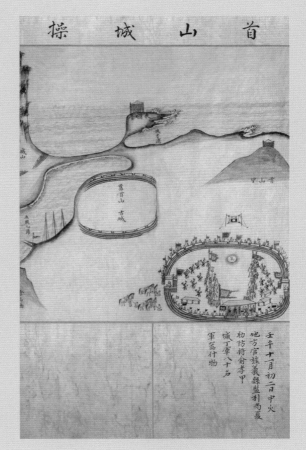

임오년 11월 초2일 점심을 먹다.
지방관은 정의현감인 박상하다.
수산성 조방장은 유효갑이다.
성정군은 80명이다. 군기와
집물을 점검하다.

壬午十一月初二日中火
地方官旌義縣監朴尙夏 助防長愉孝甲
城丁軍八十名 軍器什物

● 〈수산성조〉는 이형상 목사가 수산성에서 실시한 군사 훈련 장면을 그린 것이다.

제주 전역을 그린 순력의 기록화

# 〈정의조점〉 旌義操點, 정의현에서 군대와 물자를 점검하다

김남길, 《탐라순력도》, 36×56.7, 종이, 1703, 제주특별자치도 세계유산본부

임오년 11월 초2일 (정의현)
숙소에 도착하다. 현감이
참여하다. 성장*은 2명이다.
치총*은 4명이다. 민호는
1,436호. 논밭은 140결이다.
문묘와 제기, 제복, 서책 등을
점검하다. 성정군은 664명이다.
군기와 집물을 점검하다.
목자와 보인은 모두 190명이다.
말은 1,178마리다. 검은 소는
228마리다. 창고의 곡식은
4,250여 섬이다.

壬午十一月初二日宿所 縣監 城將二
雉摠四 民戶一千四百三十六戶
田畓一百四十結 文廟祭器祭服書冊
城丁軍六百六十四名 軍器什物
牧子保人幷一百九十名
馬一千一百七十八匹
黑牛二百二十八首
倉穀四千二百五十餘石

• 〈정의조점〉은 군대와 물자, 창고의 곡식 등을 점검하기 위해 정의현으로 들어가는 이형상 목사 일행을 그린 것이다.
• 성장 : 성을 지키는 장수    • 치총 : 성장 아래 계급. 성을 맡아 지키는 중간 간부

## 〈정의양로〉*旌義養老, 정의현에서 열린 양로 잔치

김남길,《탐라순력도》, 36×56.7, 종이, 1703, 제주특별자치도 세계유산본부

임오년 11월 초3일에
(정의현에) 머물다. 90세 이상
노인이 5명이다. 80세 이상
노인이 17명이다.


壬午十一月初三日留 九十歲以上五人
八十歲以上十七人


• 〈정의양로〉는 이형상 목사가 정의현에서 베푼 양로 잔치 장면을 그린 것이다.

# 〈정의강사〉旌義講射, 정의현에서 치른 글 외우기와 활쏘기 시험

김남길, 《탐라순력도》, 36×56.7, 종이, 1703, 제주특별자치도 세계유산본부

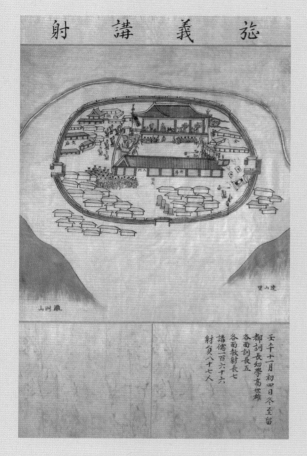

임오년 11월 초4일 동지에
(정의현에) 머물다. 도훈장은
유학 고세웅이다. 각 면의
훈장은 5명이다. 각 면의
교사장은 7명이다. 강유는
166명이다. 사원은 87명이다.

壬午十一月初四日冬至留
都訓長幼學高世雄 各面訓長五
各面敎射長七 講儒一百六十六
射員八十七人

● 〈정의강사〉는 이형상 목사가 정의현에서 치른 강講 받기와 활쏘기 시험 장면을 그린 것이다. 강 받기는 유생들이
글을 외워 말하는 시험이다.

## 〈정방탐승〉*正方探勝, 정방폭포의 경치를 감상하다

김남길, 《탐라순력도》, 36×56.7, 종이, 1703, 제주특별자치도 세계유산본부

임오년 11월 초 5일 역참에 잠시
머물렀다 지나가다. 폭포 길이는
80여 자다. 폭은 5자다.

壬午十一月初五日過站 瀑長八十餘尺
廣五尺

• 〈정방탐승〉은 이형상 목사가 정방폭포에 잠시 들러 경치를 감상하는 장면을 그린 것이다.

# 〈천연사후〉 *天淵射帿, 천지연에서 활을 쏘다

김남길, 《탐라순력도》, 36×56.7, 종이, 1703, 제주특별자치도 세계유산본부

임오년 11월 초6일 역참에 잠시 머물렀다 지나가다. 폭포의 길이는 50여 자다. 폭은 10여 자다.

壬午十一月初六日過站 瀑長五十餘尺 廣十餘尺

---

• 〈천연사후〉는 이형상 목사가 천지연폭포에서 활을 쏘는 장면을 그린 것이다.

---

# 〈서귀조점〉 西歸操點, 서귀진에서 군대와 물자를 점검하다

김남길, 《탐라순력도》, 36×56.7, 종이, 1703, 제주특별자치도 세계유산본부

임오년 11월 초5일 (서귀진)
숙소에 도착하다. 지방관
정의현감과 대정현감이
참여하다. 조방장은 원덕전이다.
성정군은 68명이다. 군기와
집물을 점검하다. 목자와
보인은 모두 39명이다. 말은
237마리다.

壬午十一月初五日宿所
地方官㫌義縣監大靜縣監
助防長元德全 城丁軍六十八名
軍器什物 牧子保人幷三十九名
馬二百三十七匹

● 〈서귀조점〉은 이형상 목사가 서귀진에 도착하여 군사를 점검하고 훈련 과정을 보고 있는 장면을 그린 것이다.

# 〈현폭사후〉[*]懸瀑射帿, 천제연에서 활을 쏘다

김남길, 《탐라순력도》, 36×56.7, 종이, 1703, 제주특별자치도 세계유산본부

임오년 11월 초6일 역참에 잠시 머물렀다 지나가다. 폭포 길이는 50여 자다. 폭은 다섯 자다.

壬午十一月初六日過站 瀑長五十餘尺 廣五尺

● 〈현폭사후〉는 이형상 목사가 천제연폭포에서 활을 쏘는 장면을 그린 것이다. 그림에는 천지연으로 썼는데, 18세기 후반 무렵부터 천제연으로 불러왔다.

## 〈고원방고〉*羔園訪古, 고둔과원의 유적을 방문하다

김남길,《탐라순력도》, 36×56.7, 종이, 1703, 제주특별자치도 세계유산본부

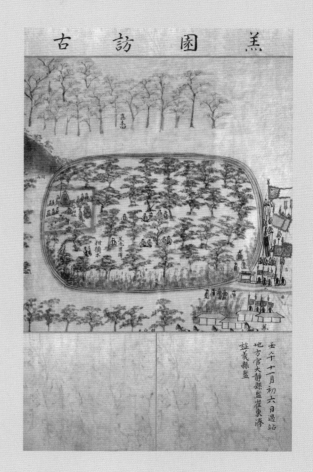

임오년 11월 초6일에 역참에
잠시 머물렀다 지나가다.
지방관인 대정현감 최동제와
정의현감이 참여하다.


壬午十一月初六日過站
地方官大靜縣監崔東濟 旌義縣監

● 〈고원방고〉는 이형상 목사가 고둔과원 안에 있는 탐라국 왕자의 옛 집터를 찾아 풍악을 즐기는 장면을 그린 것이다.
고둔과원은 조선 초 감귤 진상을 위해 대정현에서 조성한 과원이다.

제주 전역을 그린 순력의 기록화

# 〈산방배작〉*山房盃酌, 산방산에 올라 술잔을 들다

김남길, 《탐라순력도》, 36×56.7, 종이, 1703, 제주특별자치도 세계유산본부

임오년 11월 초10일 역참에
잠시 머물렀다 지나가다.

壬午十一月初十日過站

● 〈산방배작〉은 이형상 목사가 산방산의 산방굴 안에서 술잔을 들고 있는 모습을 그린 것이다.

## 〈대정조점〉 *大靜操點, 대정현에서 군대와 물자를 점검하다

김남길, 《탐라순력도》, 36×56.7, 종이, 1703, 제주특별자치도 세계유산본부

임오년 11월 초10일 (대정현)
숙소에 도착하다. 현감이
참여하다. 성장은 2명이다.
치총은 네 명이다. 인민은
797호였다. 논밭은 149결이다.
문묘와 제기, 제복, 서책을
점검하다. 성정군은 224명이다.
군기와 집물을 점검하다.
목자와 보인은 모두 123명이다.
말은 849마리다. 검은 소는
228마리다. 창고의 곡식은
1,950여 섬이다.

壬午十一月初十日宿所 縣監
城將二 雉摠四 人民七百九十七戶
田畓一百四十九結 文廟祭器祭服書冊
城丁軍二百二十四名 軍器什物
牧子保人幷一百二十三名
馬八百四十九匹 黑牛二百二十八首
倉穀一千九百五十餘石

• 〈대정조점〉은 군대와 물자 등을 점검하기 위해 대정현으로 들어가는 이형상 목사 일행을 그린 것이다.

# 〈대정배전〉*大靜拜箋, 대정에 머물러 임금께 글을 올리다

김남길, 《탐라순력도》, 36×56.7, 종이, 1703, 제주특별자치도 세계유산본부

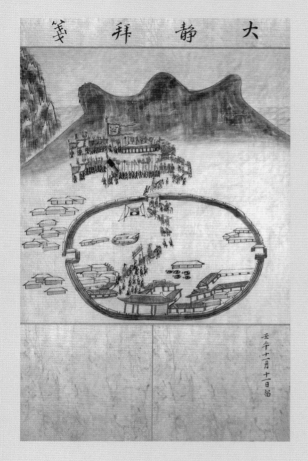

임오년 11월 11일 (대정현에)
머물다.

壬午十一月十一日留

• 〈대정배전〉은 이형상 목사가 대정현에서 배전하는 모습을 그린 것이다. 배전은 나라에 경사가 있을 때 지방관이
머무는 곳에서 임금에게 글을 올려 축하의 뜻을 표하는 의식이다.

# 〈대정양로〉 *大靜養老, 대정현에서 열린 양로 잔치

김남길, 《탐라순력도》, 36×56.7, 종이, 1703, 제주특별자치도 세계유산본부

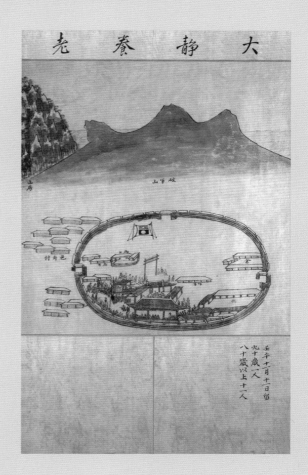

임오년 11월 11일 (대정현에)
머물다. 90세 노인이 1명이다.
80세 이상 노인이 11명이다.

壬午十一月十一日留 九十歲一人
八十歲以上十一人

● 〈대정양로〉는 이형상 목사가 대정현에서 베푼 양로 잔치의 모습을 그린 것이다.

제주 전역을 그린 순력의 기록화

# 〈대정강사〉<sup>●</sup>大靜講射, 대정현에서 치러진 글 외우기와 활쏘기 시험

김남길, 《탐라순력도》, 36×56.7, 종이, 1703, 제주특별자치도 세계유산본부

임오년 11월 12일 (대정현에)
머물다. 도훈장 전 현감
문영후가 참여하다. 각 면
훈장 5명이 참여하다. 각 면
교사장 5명이 참여하다. 강유는
42명이다. 사원은 21명이다.

壬午十一月十二日留
都訓長前縣監文榮後 各面訓長五
各面教射長五 講儒四十二人
射員二十一人

● 〈대정강사〉는 대정현에 머물며 강 받기와 활쏘기 시험을 치르는 장면을 그린 것이다.

## 〈모슬점부〉[*]摹瑟點簿, 모슬진의 군대를 점검하다

김남길, 《탐라순력도》, 36×56.7, 종이, 1703, 제주특별자치도 세계유산본부

임오년 11월 13일. 대점군관은
전 만호 유성서다. 조방장은
오세인이다. 방군과 기병,
보병은 모두 24명이다. 군기와
집물을 점검하다.

壬午十一月十三日
代點軍官前萬戶柳星瑞 助防長吳世仁
防軍騎步兵幷二十四名 軍器什物

● 〈모슬점부〉는 군대를 점검하기 위해 모슬진으로 향하는 행렬을 그린 것이다. 이형상 목사가 참여하지 않아 조점이
아닌 점부로 기록했다.

　　　　　　　　　　　　　　　　　　　　　　제주 전역을 그린 순력의 기록화

# 〈차귀점부〉 遮歸點簿, 차귀진의 군대를 점검하다

김남길, 《탐라순력도》, 36×56.7, 종이, 1703, 제주특별자치도 세계유산본부

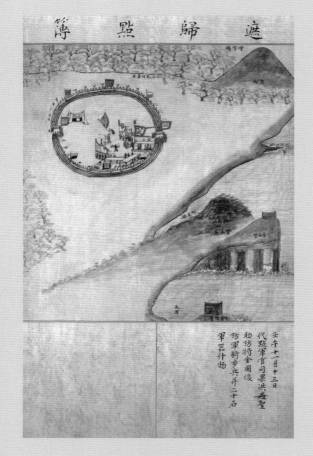

임오년 11월 13일. 대점군관은
사과 홍우성이다. 조방장은
김국후다. 방군과 기병, 보병은
모두 20명이다. 군기와 집물을
점검하다.

壬午十一月十三日
代點軍官司果洪遇聖 助防長金國後
防軍騎步兵幷二十名 軍器什物

● 〈차귀점부〉는 차귀진의 군대와 집물을 점검하는 모습을 그린 것이다. 역시 이형상 목사가 참여하지 않아 조점이
아닌 점부로 기록했다.

## 〈명월조점〉 明月操點, 명월진에서 군대와 물자를 점검하다

김남길, 《탐라순력도》, 36×56.7, 종이, 1703, 제주특별자치도 세계유산본부

임오년 11월 13일 (명월진)
숙소에 도착하다. 지방관 겸 중군
제주판관이 참여하다. 이태현이
참여하다. 조방장은 강세건이다.
치총이 참여하다. 성정군은
412명이다. 군기와 집물을
점검하다. 목자와 보인은 모두
185명이다. 말은 1,064마리다.
창고의 곡식은 3,300여 섬이다.

壬午十一月十三日宿所
地方官兼中軍濟州判官 李泰顯
助防長姜世建 雉摠 城丁軍四百十二名
軍器什物 牧子保人幷一百八十五名
馬一千六十四匹 倉穀三千三百餘石

● 〈명월조점〉은 명월진에서 군사 훈련과 말을 점검하는 모습을 그린 것이다.

# 〈명월시사〉 明月試射, 명월진에서 치른 활쏘기 시험

김남길, 《탐라순력도》, 36×56.7, 종이, 1703, 제주특별자치도 세계유산본부

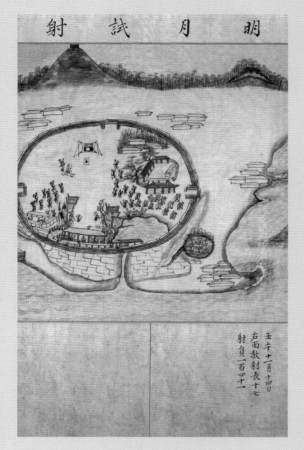

임오년 11월 14일. 우면 교사장 17명이 참여하다. 사원 141명이 참여하다.

壬午十一月十四日 右面教射長十七 射員一百四十一

---

• 〈명월시사〉는 명월진에서 열린 활쏘기 시험 장면을 그린 것이다.

## 〈애월조점〉* 涯月操點, 애월진에서 군대와 물자를 점검하다

김남길, 《탐라순력도》, 36×56.7, 종이, 1703, 제주특별자치도 세계유산본부

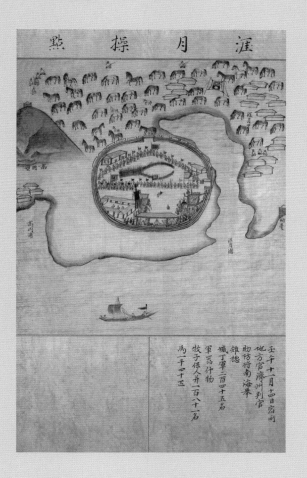

임오년 11월 14일 (애월진)
숙소에 도착하다. 지방관인
제주판관이 참여하다. 조방장은
남해거다. 치총이 참여하다.
성정군은 245명이다. 군기와
집물을 점검하다. 목자와
보인은 모두 181명이다. 말은
1,040마리다.

壬午十一月十四日宿所
地方官濟州判官 助防長南海擧
雉摠 城丁軍二百四十五名
軍器什物 牧子保人幷一百八十一名
馬一千四十匹

● 〈애월조점〉은 이형상 목사가 애월진의 군대와 물자를 점검하는 장면을 그린 것이다.

# 〈제주조점〉 濟州操點, 제주목의 군대와 물자를 점검하다

김남길, 《탐라순력도》, 36×56.7, 종이, 1703, 제주특별자치도 세계유산본부

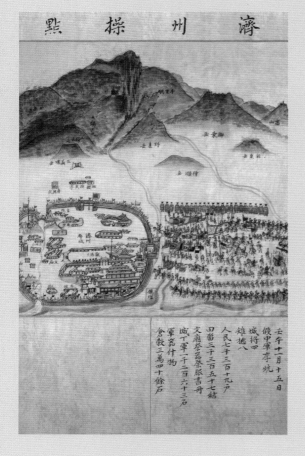

임오년 11월 15일. 가중군은 이항이다. 성장은 4명이다. 치총은 8명이다. 인민은 7,319호다. 논과 밭은 3,357결이다. 문묘와 제기, 제복, 서책을 점검하다. 성정군은 1,263명이다. 군기와 집물을 점검하다. 창고의 곡식은 3만 40여 섬이다.

壬午十一月十五日 假中軍李炕
城將四 雉摠八 人民七千三百十九戶
田畓三千三百五十七結
文廟祭器祭服書冊
城丁軍一千二百六十三名 軍器什物
倉穀三萬四十餘石

● 〈제주조점〉은 이형상 목사가 제주목으로 돌아오는 장면을 그린 것이다.

## 〈제주전최〉 *濟州殿最*, 제주 관리의 실적을 조사하다

김남길, 《탐라순력도》, 36×56.7, 종이, 1703, 제주특별자치도 세계유산본부

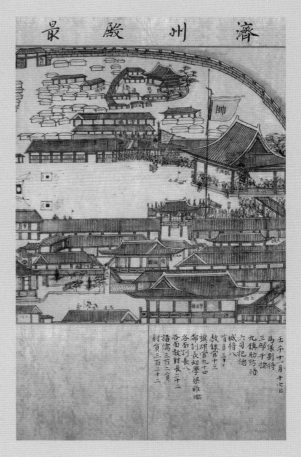

임오년 11월 17일. 마대 별장이 참여하다. 삼부 천총이 참여하다. 구진 조방장이 참여하다. 육사 파총이 참여하다. 성장 8명이 참여하다. 초관 39명이 참여하다. 교련관 13명이 참여하다. 기패관 94명이 참여하다. 도훈장 유학 양유혁이 참여하다. 각 면의 훈장 8명이 참여하다. 각 면의 교사장 22명이 참여하다. 강유 302명이 참여하다. 사원 322명이 참여하다.

壬午十一月十七日 馬隊別將 三部千摠
九鎭助防長 六司把摠 城將八
哨官三十九 敎鍊官十三 旗牌官九十四
都訓長幼學梁維爀 各面訓長八
各面敎射長二十二 講儒三百二員
射員三百二十二

● 〈제주전최〉는 관덕정에서 이형상 목사가 관리의 공적을 심사하는 모습을 그린 것이다. 단, 이 그림은 〈제주전최〉가 아닌 〈제주사회〉다. 그림의 제목과 아래 기록은 〈제주전최〉가 맞으나, 그림의 내용은 이형상 목사가 관덕정에서 실시한 활쏘기 모임 장면을 그린 〈제주사회〉와 바뀌었다.

# 〈제주사회〉 濟州射會, 제주에서 활쏘기 모임을 갖다

김남길,《탐라순력도》, 36×56.7, 종이, 1703, 제주특별자치도 세계유산본부

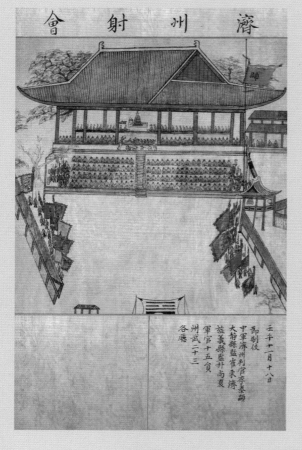

임오년 11월 18일. 절제사가
참여하다. 중군인 제주판관
이태현이 참여하다. 대정현감
최동제가 참여하다. 정의현감
박상하가 참여하다. 군관
15명이 참여하다. 주무 23명이
참여하다. 각 청에서 참여하다.

壬午十一月十八日 節制使
中軍濟州判官李泰顯 大靜縣監崔東濟
旌義縣監朴尙夏 軍官十五員
州武二十三 各廳

• 〈제주사회〉는 이형상 목사가 관덕정에서 실시한 활쏘기 모임 장면을 그린 것이다. 단, 이 그림은 〈제주사회〉가
아닌 〈제주전최〉다. 그림의 제목과 아래 기록은 〈제주사회〉가 맞으나, 그림의 내용은 제주 관리들의 공적을 심사하는
모습을 그린 〈제주전최〉와 바뀌었다.

# 〈제주양로〉*濟州養老, 제주목에서 열린 양로 잔치

김남길, 《탐라순력도》, 36×56.7, 종이, 1703, 제주특별자치도 세계유산본부

임오년 11월 19일. 정의현감이
참여하다. 전 현감 문영후가
참여하다. 전 찰방 정희량이
참여하다. 군관 15명이
참여하다. 삼학이 참여하다.
100세 이상이 3명이다. 90세
이상이 23명이다. 80세 이상이
183명이다.

壬午十一月十九日 旌義縣監
前縣監文榮後 前察訪鄭希良
軍官十五員 三學 百歲以上三人
九十歲以二十三人
八十歲以上一百八十三人

• 〈제주양로〉는 제주목 동헌과 망경루 앞에서 열린 양로 잔치 모습을 그린 것이다.

# 〈병담범주〉 屛潭泛舟, 용연의 뱃놀이

김남길, 《탐라순력도》, 36×56.7, 종이, 1703, 제주특별자치도 세계유산본부

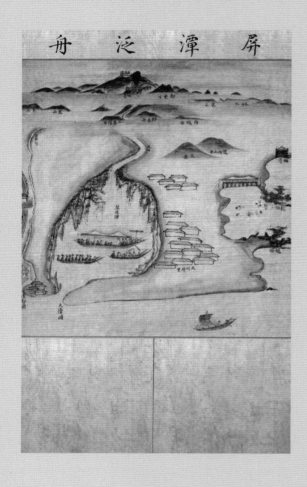

- 〈병담병주〉는 이형상 목사가 오늘날 용두암 근처 용연에서 뱃놀이를 즐기는 모습을 그린 것이다.

## 〈건포배은〉[*]巾浦拜恩, 건입포에서 임금께 절을 올리다

김남길, 《탐라순력도》, 36×56.7, 종이, 1703, 제주특별자치도 세계유산본부

임오년 12월 20일.
향품문무상하를 아울러 300여
명이 참여하다. 불태운 신당은
129곳이다. 부서뜨린 사찰은
5곳이다. 농사를 짓게 한 무당은
285명이다.

壬午十二月二十日
鄕品文武上下幷三百餘人
燒火神堂一百二十九處 破毀寺刹五處
巫覡歸農二百八十五名

• 〈건포배은〉은 제주의 문관과 무관, 지위고하를 막론하고 300여 명이 모여 임금의 은혜에 감사하며 절을 올린
모습을 그린 것이다. 이형상 목사가 제주의 신당을 불태우고 사찰을 훼손하였으며 무당을 농촌으로 귀농시킨 것에
대해 제주의 향촌 관리를 집합시키고 그 은혜에 감사의 예를 올리도록 했다.

제주 전역을 그린 순력의 기록화

# 〈비양방록〉*飛揚放鹿, 비양도에 사슴을 풀어놓다

김남길,《탐라순력도》, 36×56.7, 종이, 1703, 제주특별자치도 세계유산본부

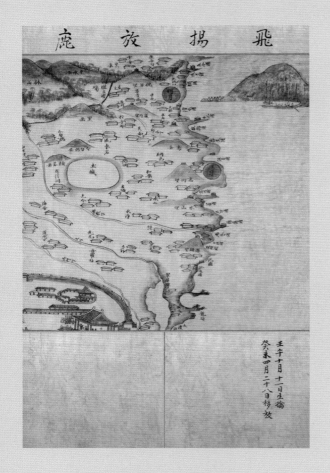

임오년 10월
11일 짐승을 산 채로 잡다.
계미년(1703) 4월 28일
옮겨서 풀어주다.

壬午十月十一日生擒
癸未四月二十八日移放

● 〈비양방록〉은 사냥으로 잡은 사슴을 이듬해 봄에 비양도에 풀어준 일을 그린 것이다. 이때는 이형상 목사가
갑작스런 파직을 당한 이후다.

# 〈호연금서〉浩然琴書, 넓고 큰마음으로 거문고와 책을 벗하다

김남길, 《탐라순력도》, 36×56.7, 종이, 1703, 제주특별자치도 세계유산본부

● 〈호연금서〉는 배를 타고 제주를 떠나는 이형상 목사와 화북포에서 그를 배웅하기 위해 모인 사람들의 모습을 그린 것이다.

제주 전역을 그린 순력의 기록화

黑子於南海中玄極最近春秋二分星見於漢挐山蹊所謂絕域也址接全羅東隣日本其丙女人也其午大小琉球也其丁交趾也安南也其坤閩甌也其外退羅也占城也滿刺加也申而丙為吳楚越騰燕之境九韓時良夫三乙郡分援謂之毛羅秦皇漢武求神仙謂之瀛洲以其地僻且多騏花異草燕齊之迂謂之神山有高厚等三人泊眈津朝析羅謂之眈羅韓文公謂之耽牟羅高麗三別抄合元兵討之遂為元兩營戍設軍民摠官府或立東西阿幕以牧馬牛羊其後謂之濟州至我太宗朝去星立王子之號後又建大靜旌義謂之三邑淞草相仍咸存放之人心平隔乍順乍逆粤自國初時遣安撫使宣撫使巡問使措揮使防禦使牧使謂之營門專制也故鋪張者謂之陽立濟餘也故戢避者謂之官讅與其地勢然也

上之二十九年壬午余以不才猥膺節制之命既到營按簿而點之三邑民九千五百五十二戶男女四萬三千五百十五口田三千六百四十結二十四場內國馬九千三百七十二匹國牛七百三頭四十一果園內柑二

百二十九株橘二千九百七十八株柚三千七百七十八株栀三百二十六株此外私牛馬私柑橘在兩營略欲府兩勸獎也兩分置十七訓長六十八敎射長則儒生四百八十八武士二千七百餘人造各勉弓有兩戒兢列聖誥養之則儒生... 余二漸于海呼其成矣每當春節制使視察防禦形止及軍民風俗養之效二遵齊例設行於十月晦日閏一朔乃還時牟利李泰顯敬義縣監朴尚夏大靜縣監崔東濟旌牧官金振爀皆以地方諉行乃作而曰山固不可以無識且也鴟民瘼君應至有巾浦之拜又欲酬報聖澤五相約誓閭境溫祠及巫覡佛像兩燒爐今無巫覡二字是尤不可以惡言也即於暇日使畫工金南吉為四十圖粧䌙第一帖謂之耽羅巡歷圖時辛未竹醉日題于濟營之臥仙閣是謂之甁窩居士之序

자그만 땅이 남해 가운데 있어 극極과의 거리가 가장 가깝고 춘분과 추분에는 노인성이 한라산에 나타나니, 대개 절역絶域이기 때문이다. 북으로는 전라도에 접하고 동으로는 일본과 이웃하였다. 그 정남동쪽丙向은 여인국, 정남쪽午向은 대·소유구, 정남서쪽丁向은 교지交趾와 안남安南, 정남서쪽坤向은 민구閩甌, 그 밖은 섬라暹羅와 점성占城과 만라가滿剌加다. 정서남쪽申向에서 정북서쪽亥向까지는 오·초·월·제·연의 경계이다. 구한九韓 때, 양·고·부 삼을나가 분거하며, 이 땅을 탁라라 하였다. 진의 시황제와 한의 무제는 신선을 찾으면서 이곳을 영주라 하였다. 이 땅이 궁벽하며 또 아름다운 꽃과 특이한 풀이 많아서 연·제의 사람들은 신산神山이라 하였다. 고후高厚 등 3인은 탐진에 정박하여 신라에 조회하면서 탐라라 하였는데, 한문공은 이를 탐모라라 하였다.

고려는 삼별초의 난에 원의 병사와 합쳐 이를 토벌하였고, 마침내 원의 관할이 되었다. 군민총관부를 설치하거나 동서아막東西阿幕을 세워서 말·소·양을 길렀다. 그 뒤 제주라고 불렸고, 조선 조 태종 때에 이르러 성주·왕자의 호칭을 제거하였다. 뒤에 또 대정현과 정의현을 설치하여 (제주목과 함께) 삼읍이라 하였다. 연혁의 이어짐이 있었으나 더러는 없어지기도 하였으며 인심이 가로막혀 잠시 순종하다가도 갑자기 반역하였다. 이리하여 국초國初로부터, 안무사·선무사·순문사·지휘사·방어사·부사·목사를 파견하고 (그 거처를) 영문營門이라 하였다. 사건들을 전제專制하는 까닭에 과장을 좋아하는 사람은 도주島主라 하였고, 험로險路를 건너야 하기 때문에 싫어하는 사람은 환적宦謫이라 하였으니, 대개 그 지세가 그러하기 때문이다.

금상 29년* 임오에 내*가 재주 없으면서 외람되이 절제사의 명을 받았다. 곧 영에 도착하여 장부를 점검해 보았다. 세 고을의 인민은 9,552호, 남녀 43,515명, 밭은 3,640결, 64목장

● 28년을 잘못 씀   ● 병와 이형상

제주 전역을 그린 순력의 기록화

내에 국마國馬가 9,372마리, 국우國牛가 703마리, 41과원 내에 감이 229그루, 귤이 2,978그루, 유자가 3,778그루, 치자가 326그루다. 이 외에 개인의 소와 말, 감귤이 있으나 소재가 생략되어 있는 것은 권장하고자 하는 뜻에서다. 17명의 훈장과 68명의 교사장을 분치分置하였으니, 유생은 480명이요, 무사는 1,700여 명이다. 모두가 각기 부지런하여 성취하는 바가 있으니, 역대 임금께서 길러준 효과가 해도海島에까지 스며들어 성대해진 것이다.

매번 봄·가을로 절제사가 직접 방어의 실태와 군민의 풍속을 살피는데, 이를 순력이라 한다. 나도 구례舊例에 따라 10월 그믐날 출발하여 한 달 만에 돌아왔다. 이때 반자半刺, 판관 이태현, 정의현감 박상하, 대정현감 최동제, 감목관 김진혁이 모두 지역별로 배행하고자 하니, 이에 일어나며 말하기를, "이번 행차는 참으로 기록할 만하다"하였다. 도민이 군은君恩에 감격하여 건포에서 절을 올리니, 이 또한 임금의 은택에 보답하려 함이다. 서로 맹서하여 온 고을의 음사淫祠와 아울러 불상을 모두 불태웠으니, 이제 무격巫覡 두 글자가 없어졌다는 것을 더욱 말하지 않을 수 없다. 곧 한가한 날에 화공 김남길로 하여금 40도圖를 그리게 하고, 비단으로 장황하여 일첩一帖을 만들고 탐라순력도라 이름하였다. 계미년 죽취일*에 제주영 와선각에서 기록하여, 이를 병와거사 이형상의 서序로 삼는다.

● 1703년 5월 13일

《탐라순력도》

黑子於南海中, 去極最近, 春秋二分星於漢挐山, 槪絶域也. 北接全羅, 東鄰日本. 其丙女人也,
其午大小琉球也, 其丁交趾也, 安南也, 其坤閩甌也, 其外暹羅也, 占城也, 滿刺加也.
自申而亥爲吳楚越齊燕之境. 九韓時, 良高夫三乙那分據謂之乇羅. 秦皇漢武求神仙謂之瀛洲.
以其地僻且多琪花異草, 燕齊之士謂之神山. 有高厚等三人泊耽津, 朝新羅謂之耽羅, 韓文公謂之耽牟羅.
高麗三別抄之亂合元兵討之遂爲元所管. 或設軍民總官府, 或立東西阿幕, 以牧馬牛羊. 其後謂之濟州,
至我太宗朝去星主王子之號 後又建大靜㫌義謂之三邑. 沿革相仍或存或亡, 人心垂隔乍順乍逆㫄.
自國初時, 遣安撫使宣撫使巡問使指揮使防御使副使牧使謂之營門. 專制也故, 鋪張者謂之島主
濟險也故, 厭避者謂之宦謫, 盖其之勢然也. 上之二十九年壬午, 余以不才猥膺節制之命. 卽到營,
按薄而點之. 三邑人民九千五百五十二戶, 男女四萬三千五百十五口, 田三千六百四十結,
六十四場內國馬九千三百七十二匹, 國牛七百三頭, 四十一果園內, 柑二百二十九株, 橘二千九百七十八株,
柚三千七百七十八株, 梔三百二十六株, 此外私牛馬, 私柑橘, 在所當略欲有所勸獎也.
分置十七訓長, 六十八敎射長, 而儒生四百八十人武士一千七百餘人. 皆各勉勉有所成就,
列聖培養之效亦漸于海吁其盛矣. 每當春秋, 節制使親審防御形止及軍民風俗謂之巡歷.
余亦遵舊例發行於十月晦日閱一朔乃還時. 半刺李泰顯, 㫌義縣監朴尙夏, 大靜縣監崔東濟,
監牧官金辰爀皆以地方陪行乃作而曰此行可紀且也. 鴈民感君恩, 至有巾浦之拜又欲酬報聖澤. 互相約誓,
闔境淫祠幷與佛像而燒燼, 今無巫覡二字是尤不可以無言也. 卽於暇日, 使畵工金南吉爲四十圖,
粧纘爲一帖, 謂之耽羅巡歷圖. 時癸未竹醉日, 題于濟營之臥仙閣, 是謂之甁窩居士之書序.

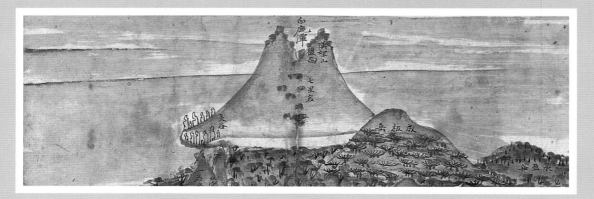

02

성 산 의　　바 다 에 서
산 방 의　　산 으 로

# 신선의 피서지 성산,
# 수산에 떠도는 소녀의 슬픔

## "성산은 만 가지 천 가지 모습을 이루 다 기록하기 어렵다"

성산도는 한 떨기 푸른 연꽃이 바다 물결가에 나온 듯한데 그 위에는 돌 절
벽이 빙 둘러 있어서 마치 성곽 같다. 그 속은 대단히 평탄하고 넓으며 풀과
나무가 나 있다. 그 아래로는 바위 봉우리가 기괴하게 서 있는데 더러는 돛
대와 같고, 또는 천막 같고, 또는 휘장 덮개 같고, 또는 새나 짐승과 같아 만
가지 천 가지 모습을 이루 다 기록하기 어렵다.

조선 중기 명문장가로 이름을 떨친 시인이자 문신 백호白湖 임제林悌, 1549~1587
의 기행문『남명소승』南溟小乘 중 성산에 대한 글의 일부다. 1577년 문과에 급제한
뒤 제주목사로 가 있는 부친 임진林晉, 1526~1587에게 문안할 겸하여 제주를 찾은
임제는 11월 3일 고향을 출발, 12월 9일 제주 조천관에 도착하면서부터 1578년
2월 16일까지 제주의 이곳저곳을 다녔고, 3월 5일 다시 고향으로 돌아왔다.『남명소
승』은 말하자면 그 여정을 기록한 기행문인 셈인데 그가 남긴 기록 덕분에 1500년

대 제주 지역의 면면이 상세히 드러났다.

성산은 산으로 이루어진 성이라고 해서 옛날에는 산성이라고도 불렀다. 청음 김상헌은 『남사록』에 성산을 "갑자기 툭 튀어 올라 바닷속으로 달려 들어갔는데 그 산세가 병의 주둥이 같다"고 묘사했다. 또한 기암괴석으로 이루어진 그 이상스런 모습을 "짐승이 달리는 것 같기도 하고, 양의 창자처럼 꼬불꼬불하다"고 비유한 그는 "옛날에는 이곳에 나무가 무성하고 빽빽하여 사람이 드나들지 못해 벼랑을 잡고 엿보아야 그 신선 세상을 볼 수 있다"고 하고서 지금은 다음 같다 하였다.

> 동백이 가장 많고, 두충杜沖, 적률赤栗 같은 진기한 나무가 즐비하고 가지가
> 엉켜 구름에 이어지고 해를 가려 일 년 내내 푸른데 짐승 발자국이나 새의
> 자취도 역시 다가서지 못한다.

더불어 샘물이 없어 군사용도로는 쓸모가 없지만 경치는 빼어난 이곳을 김상헌은 '신선의 피서지'라 이름하였다.

김남길이 〈성산관일〉 화폭에 그려 놓은 성산은 그 누구도 상상할 수 없는 형상으로 우리 앞에 등장한다. 이곳은 제주의 동쪽 끝 영주제일경으로 성산출일城山出日의 땅인데 그 모습을 증명이나 하는 듯, 그림 왼쪽 수평선을 뚫고 붉은 태양이 꽃처럼 눈부시게 피어오른다. 게다가 성산 꼭대기 봉수대가 있는 성산망城山望에서 차일을 쓴 채 이형상 목사가 바다를 뚫고 치오르는 태양을 바라보고 있으니 말 그대로 1702년 7월 13일 아침의 성산출일 광경이다.

김남길은 성산을 물 속에 뜬 모자 또는 네모난 상자처럼 그리고, 산 아래쪽에 성벽이 띠를 두른 것과 같이 그렸는데 그 성 높이가 무려 9천 척이나 된다고 하였다. 그 성곽을 통과하면 진해당鎭海堂이 있고 바로 뒤쪽부터 그 세가 급격히 치솟아 오르는데 화가는 봉우리를 여러 겹 쌓아올린 것처럼 설정하고 꼭대기마다 나무를

신선의 피서지 성산, 수산에 떠도는 소녀의 슬픔

김남길, 〈성산관일〉 부분, 《탐라순력도》, 제주특별자치도 세계유산본부

그려두었다. 또한 봉우리 끝은 어둡게 칠하면서 봉우리 사이사이는 밝게 둠으로써 그 깊이를 살렸다. 이렇게 그려두니 끝내 그 모습이 세상 어디에서도 볼 수 없을 기괴한 형상으로 나타나고야 말았다. 이곳에는 풍란, 부처손이며 사철쑥, 갯장대와 같이 알려지지 않은 온갖 식물이 자라고 있어 김상헌의 말을 가져오지 않더라도 신선의 놀이터로는 제격이다.

높이 182미터의 성산을 오르려면 사다리 계단을 걸어올라야 한다. 그 계단을 처음 볼 때는 관광객을 위해 훗날 설치한 것이려니 했다. 그러나 청음 김상헌도 사다리 길을 타고 올랐다고 하고, 김남길 또한 〈성산관일〉에 가파르기 그지없는 사다리 길을 그린 뒤 거기에 '각교'刻橋라고 써놓은 걸 보니 이 사다리는 아주 오래전부터 설치해놓은 것이다. 그들이 남긴 글과 그림을 보며 뒤늦게 깨우친 셈이다.

숨을 내쉬며 성산의 꼭대기에 오르면 예상 못한 장관이 펼쳐진다. 100미터나 파인 분화구가 오르느라 가쁜 숨을 잊게 하고, 분화구 주변에는 창살과도 같이 날카로운 암석이 99개나 둘러 있어 왕관을 씌운 듯 우아한 모습에 넋을 앗기고 만다.

성산에는 등경석燈擎石이란 바위가 있다. 바위 위에 또 바위를 얹은 모습으로 돌촛대라 한다. 설문대할망이 등불을 켜던 돌이었는데 너무 얕아 바위 하나 더 얹은 데서 비롯했다는 이야기가 있다. 이야기는 또 있다. 삼별초 김통정 장군이 성산에 성을 쌓을 때다. 부인이 바느질할 적에 불빛이 너무 어두워 불편하다고 하자 장군이 불을 켜던 바위 위에 또 바위를 얹어 두어 두 개의 돌촛대가 되었다는 이야기. 삼별초 장수 부인의 사사로운 호소가 있어 특별히 만든 게 아니다. 당시 여성들은 삼별초 군대의 의복과 장비 같은 군수품을 밤낮없이 제작해야 했다. 그러기 위해 불 밝게 밝히려던 때문이었다. 가슴 저린 사연이다. 삼별초에 관하여는 뒤에 가서 김남길의 〈비양방록〉을 들여다보며 다시 이야기하련다.

국립민속박물관 소장《제주십경도》의 〈성산〉과 개인 소장《제주십이경도》의 〈성산〉은 김남길의 〈성산관일〉과 사뭇 다르다. 김남길이 그린 〈성산관일〉은 성

〈성산〉 부분, 《제주십경도》, 국립민속박물관

〈성산〉 부분, 《제주십이경도》, 개인

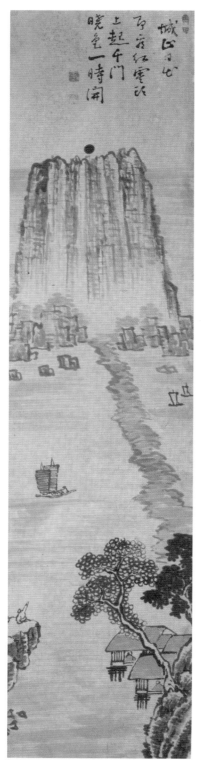

정재민, 〈성산일출〉, 《영주십경도》, 제주대학교박물관

산과 우도를 전면에 부각시켜 기이하고 강렬한 인상을 주고 있는 반면, 다른 두 작품은 시야를 훨씬 넓혀 바다와 그 주변을 더불어 표현함으로써 표현 강도가 약화되었다. 그 대신 각각의 경물들을 개성 넘치게 형상화함으로써 흥미로움을 크게 북돋우었으니 전체적으로 볼 때 매우 아름답다. 이와 달리 정재민의 수묵화 〈성산일출〉은 성산을 상단에 멀리 배치하여 장엄한 이상 세계로 묘사하고 하단은 인간세상으로 묘사한 다음 중단에 끝없는 길을 배치하여 둘 사이를 연결했다. 이승과 저승, 속세와 선경의 대비가 눈부시다. 볼수록 그 구성이 아주 절묘하다.

## 수산고성의 슬픔, 혼인지의 기쁨

〈수산성조〉는 김남길이 성산 맞은편 서귀포시 성산읍 일대를 그린 작품이다. 화면 왼쪽에 절벽만 살짝 드러난 성산과 오조포五照浦, 오졸개, 식산악食山岳, 밥미오름을 위아래로 연달아 배치하고 성산으로부터 가늘게 끈처럼 이어진 곶반도인 협재俠才, 섭재의 연대烟臺, 봉수대와 포구, 그리고 오른쪽에 수산망首山望, 족은물메, 그 아래에 수산진성首山鎭城과 더불어 텅 빈 옛 성터인 수산고성首山古城을 그려두었다.

빈터에 성벽만 앙상하게 남은 수산고성은 슬픈 역사를 간직하고 있다. 처음부터 이 자리는 아니었다. 고려 때 원나라 말먹이꾼 합치哈赤라는 자가 제주 관아의 벼슬아치인 만호 박도손朴都孫을 참혹하게 살해했다. 뒷날 조선 시대 때인 1416년 그 사건을 기억하여 성을 쌓고 정의현을 두었다. 물론 우도와 성산, 협재 일대에 창궐하는 왜구를 방어하기 위해 전략적으로 필요해서이기도 했다. 그러나 이곳은 비바람이 너무 심해 농사조차 지을 수 없는 땅이었다. 그러자 1423년 좀 더 안쪽인 큰물뫼라 부르는 수산首山으로 성을 옮겼다. 이처럼 겨우 7~8여 년 사이에 두 개의 성을 쌓아올렸으니 보통 일이 아니었다. 특히 공사에 동원당한 일대 주민의 고통

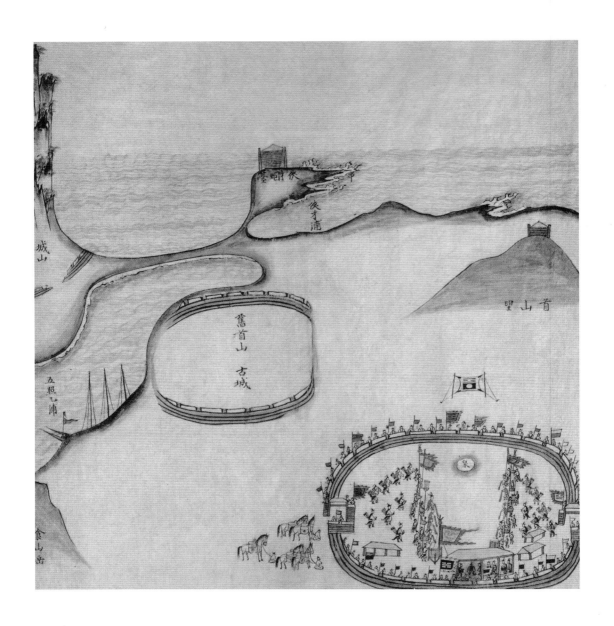

김남길, 〈수산성조〉 부분, 《탐라순력도》, 제주특별자치도 세계유산본부

은 상상을 초월했다. 엎친 데 덮친 격으로 두 번째인 큰물뫼에 성을 쌓을 때는 쌓기만 하면 자꾸 무너졌다. 그러던 때 스님 한 분이 나타나 다음처럼 말하고는 홀연히 사라졌다.

열세 살 된 원숭이띠 소녀를 묻은 뒤 그 위에 성을 쌓으면 무너지지 않을 것이다.

스님의 말을 따라 부모 잃은 열세 살 어린 소녀를 찾아 생매장하니 제대로 성을 쌓을 수 있었다. 성이야 쌓았다지만 그 참혹함을 그냥 넘기기는 어려웠으리라. 소녀의 영혼을 위로하는 뜻을 담아 동쪽에 사당을 짓고 진안할망당이라 불렀다.

이야기는 더 있다. 북쪽 시흥리 마을 송동네에는 붉은 돌이 많았다. 고려 때 왜구의 침입을 막고 막으며 민인들이 흘린 핏자국이라 하니 이 또한 슬프다. 시흥리 앞바다에는 영등하르방이 있다. 북쪽 바다에서 난데없는 불이 날아들어 집안을 몰살시키는 재난이 자주 일어나니, 북쪽을 막기 위해 세운 돌하르방이라고 한다.

7세기, 백제가 망한 이듬해 일본 사신 쓰모리노 기사津守吉祥가 당나라에 다녀갔다 일본으로 돌아가는 길에 폭풍을 만나 표류하다 제주에 표착했다. 그가 이른 곳이 성산 서쪽에 있던 수마포受馬浦였다. 원나라가 일본 정벌을 하러 갈 때 원의 장수 홀필열忽必烈은 이곳에서 함대를 이끌고 발진하였다. 그리고 보면 이곳은 제주와 일본을 잇는 땅이었다. 그러나 단지 잇는 땅이기만 했던 건 아니다.

일본은 수시로 이곳을 넘봤다. 일본 침범의 기억은 이곳에 여전히 살아 있다. 저 윗쪽 별방진이며, 이곳 수산진 그리고 주변 높은 곳이면 어김없이 불과 연기를 피워 올리는 봉수대가 있다. 왜 있었겠는가. 왜구의 끊임없는 침탈로부터 땅과 사람을 보호하기 위함이요, 해안선 가까이의 풍부한 해산 자원을 지키기 위해서였다.

1892년 일본인 몇이 144명의 자국인 어부를 데리고 와 이곳 일대에 집을 짓고 어장을 점거한 뒤 주민들에게 갖은 패악질을 저질렀다. 명백한 해적질이었다. 훗날 조선을 강점한 일본은 1922년 이곳 성산과 수산 일대의 포구에 항로를 설정하고 1935년에는 시모노세키, 오사카를 잇는 뱃길을 텄다. 항구와 항구를 이어 하나의 땅이 되자 일본인들이 더욱 몰려들어 땅과 어장을 앗아갔다. 이렇게 모든 것을 빼앗긴 제주 사람들은 거꾸로 그 뱃길을 따라 일본으로 떠나갔다. 이 과정에서 일본은 성산과 고성 쪽을 잇는 도로를 놓으려 돌을 퍼부었고, 그로 인해 밀물과 썰물에 따라 생겼다 없어지는 자연의 길은 사라지고 말았다. 성산과 고성은 이제 어느덧 하나로 이어져 있다.

또한 1940년대 태평양전쟁에 광분하던 일제는 이곳 수산 앞바다 일대에 24개의 굴을 파 결전 지대로 삼으려 했다. 바위가 워낙 세서 사람의 힘으로 감당을 할 수 없었다. 그들은 무자비하게 다이너마이트로 터뜨려버렸다.

그들이 물러간 뒤 이곳의 상처는 치유가 되었을까. 그렇지 않다. 그들이 물러간 뒤는 물론이고, 세기가 바뀐 21세기에도 이곳의 자연은 훼손의 위험에 고스란히 노출되어 있다. 2015년 제주도 동부 성산읍 온평리와 신산리 일대에 제2공항을 짓겠다는 정부의 발표 이래 지금까지 이를 추진하는 과정은 성산 일대의 자연과 주민의 안녕을 위협하고 있을 뿐만 아니라 나아가 제주 전체의 자연생태계와 주민생존권을 거세게 뒤흔들고 있는 지경이다. 2021년 2월 18일 실시한 제주도민 전체 여론 조사 결과 제2공항을 반대하는 목소리가 훨씬 큰 것으로 나왔다. 하지만 성산 일대 주민들의 여론은 찬성 쪽이 더 앞선 것으로 나왔다. 자연과 생태를 파괴하는 위험 가능성에도 불구하고 이 지역의 주민들 중 많은 이들은 개발이 가져올 열매에 희망을 걸고 있는 걸까? 섣불리 옳다 그르다 말할 수 없는 나로서는 그저 간절히 바랄 따름이다. 부디 수억 년 동안 이어져온 오늘의 아름다움이 한순간에 사라지지 않기를. 내일 다시 못 보는 일이 일어나지 않기를.

이곳에서 더 내려오면 혼인지婚姻址를 만난다. 자연적으로 만들어진 152제곱미터약 500평 크기의 연못 혼인지는 여을온 또는 열누니라고도 하는데, 이곳 앞바다에 어느날 심상치않은 상자가 떠내려왔다. 수렵 생활을 하고 있던 양, 고, 부 세을나는 마침 한라산에 올라 멀리 바라보던 중 바다로부터 빛나는 상자가 떠내려와 해안가에 이르는 것을 보았다. 해안가로 내려가 그 상자를 열어보니 일본국 또는 벽랑국에서 온 세 명의 공주가 타고 있었다. 이들을 만난 세 을나는 혼인지에서 목욕을 마친 뒤 셋이서 함께 성대한 혼례식을 갖췄다. 나무상자를 발견하고 세 을나가 쾌성을 질렀다고 하여 이곳을 '쾌성개'라고 부르기도 한다. 요즘에는 커다란 현무암에 '삼공주추원비'三公主追遠碑라 새긴 표석을 세워 관광객들의 발길을 이끌고 있다.

고개를 위로 돌려 고성리 앞바다로 시선을 돌리면 반도인 섭지코지 끝 바다로 눈길이 끌린다. 그 자리에는 높이 30미터 둘레 15미터짜리 바위가 솟아 있다. 이름도 눈부신 선녀바위다. 탐라 왕국의 왕 을나의 결혼을 축복하기 위해 이곳에 내려온 것일까.

그러나 우리가 여기에서 기억할 게 세 을나와 세 공주의 혼인의 기쁨만은 아니다. 끝없는 자연 재해에 맞서야 했던, 시도때도 없이 들어와 횡포를 일삼은 왜구의 침략과 마주해야 했던, 끝내는 어린 소녀를 제물로 바쳐서라도 땅과 목숨을 지켜야 했던 이곳에 살았던 사람들의 아픔을 돌아보아야 한다. 붉은빛 현무함이 뿜어내는 핏빛 서러움, 저 열세 살 고아 소녀의 울음소리가 들려올 때마다 진안할망이며 영등하르방, 삼신녀의 혼령까지 이곳 섭지코지 선녀바위에 모여들어 목청껏 울어댈지도 모를 일이다.

신선의 피서지 성산, 수산에 떠도는 소녀의 슬픔

# 제주의 동쪽,
# 그 땅과 기운이 말해주는 것

## 제주의 동쪽 일대를 관할하던 땅, 정의

　　김남길의 〈정의조점〉, 〈정의양로〉, 〈정의강사〉 세 폭은 모두 표선면 성읍리 성곽에서 치른 행사를 그렸다. 〈정의조점〉은 이형상 목사가 정의현 관할 지역을 점검하는 장면을 그린 것으로, 정의현 일대를 광역으로 설정, 주요 지형을 형상화했다. 그림에서는 마치 하늘에 떠 있는 듯 화폭 상단에 말들을 배치한 것이 눈에 띈다. 또한 이형상 목사는 연이어 정의현 지역에 거주하는 노인들에게 연회를 베풀고, 이 지역 유생들의 글 외우기 시험, 활쏘기 시험에 참관했는데 이를 그린 것이 〈정의양로〉와 〈정의강사〉다. 양로 잔치에는 여든 살 이상 노인 17명, 아흔 살 이상 노인 5명을 초대했으며, 글 외우기 시험에는 166명의 유생이 참여했고, 활솜씨를 겨룬 이들은 87명이었다. 김남길은 〈정의강사〉에 재미 있는 장면을 포착해 그려 넣었다. 관아 건물에서 표적을 향해 화살이 빗살처럼 날아가는 것인데, 그의 재치가 보는 이를 즐겁게 한다. 성을 중심에 두고 영천천미靈泉川尾라고 표기한 영세미 내끼이 빙 둘러 흐르는데 오늘날은 천미천川尾川이라고 부른다. 성 양쪽에 영주산瀛

洲山과 달산망達山望이 보인다.

정의旌義는 오늘날 서귀포시 동쪽 일대를 관할하던 땅이다. 1423년 판관 최치렴崔致廉이 감독해 1월 9일부터 13일까지 단 닷새에 걸쳐 순식간에 완성한 바위성 정의성은 성읍성城邑城이라고 부른다. 오늘날은 성읍마을이라는 이름으로 유명한데 이곳에는 지금도 영주산이 의연하고 또 옛 성곽이며 관아인 일관헌日觀軒, 행사나 손님을 맞이하는 정의객사, 교육과 풍속을 담보하는 정의향교가 모두 제 모습을 자랑하고 있다. 물론 뒷날 새로 쌓고, 지은 것이다. 다른 민속촌들과는 다르게 실제로 사람들이 살고 있다. 마을 전체가 문화재인 까닭도 있긴 하지만 실제로 사람들이 살고 있기 때문에 외지인들은 이곳에서 제주만의 풍속을 엿보곤 한다. 토속음식의 즐거움이야 말할 것이 없다.

일관헌 주변에는 오랜 시간 자리를 지킨 나무들이 의연하다. 그 가운데 천년을 살아온 느티나무는 영험한 힘을 간직하고 있어 옛날 현감이 관아에 드는 햇볕을 가린다며 가지를 잘라버리자 곧 딸이 죽어버려 이후 누구도 손을 댈 수 없었다는 이야기가 전해진다. 높이가 무려 20.5미터, 둘레가 4.3미터에 이르는 그야말로 거목이다.

팽나무는 일곱 그루가 함께 군을 이루고 있는데, 이 나무들 모두 1천 년 가까이 이곳에 살았다. 높이는 약 14.5~23.5미터, 둘레는 2.36~5미터에 이르니 서 있는 모습만 봐도 장관이다. 텅 빈 속에 물이 고였는데, 마을 사람들은 이를 눈병 특효약으로 사용하곤 했다거나, 이들 나무에서 동서남북 가운데 가장 앞서 순이 나기 시작하는 쪽 마을에 풍년이 들고 중앙에서 순이 나면 모든 마을이 풍년을 맞이한다는 이야기가 팽나무와 함께 전해 내려오고 있다. 느티나무와 팽나무 모두 천연기념물이다.

성읍리의 녹나무 역시 영험함은 뒤지지 않는다. 환자의 이불 밑에 잎사귀를 깔고 뜸질하면 병이 낫는 효험이 있으며 집 주위에 심으면 제사 때 영혼이 들어오

〈정의조점〉 부분

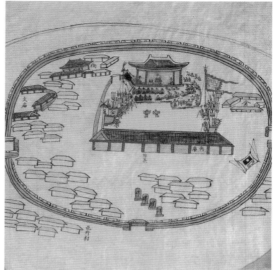

〈정의양로〉 부분

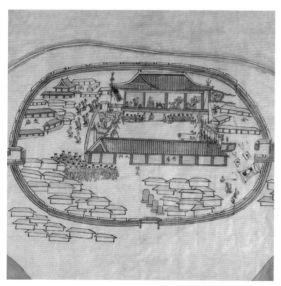

〈정의강사〉 부분

〈정의강사〉 세부

김남길, 《탐라순력도》, 제주특별자치도 세계유산본부

지 못한다고 하였다.

〈정의조점〉화폭 오른쪽 영주산은 영모루라 불렀다. 영모루에는 무선돌이라는 바위가 있다. 아주 오랜 옛날 가난한 총각이 늙은 어머니를 모시고 살았는데 효성이 지극했다. 그런 그가 어느 날 부잣집 딸을 보고 사랑에 빠졌다. 그뒤로 집안일도 어머니 봉양도 접어둔 채 처녀 따라다니는 데 열중했다. 마을 사람들이 나무랐지만 말을 듣지 않았다. 결국 추운 겨울날 어머니가 굶주려 세상을 뜨고 말았다. 총각이 처녀에게 말을 거는 장면을 목격한 처녀 아버지는 딸을 내쫓았고 둘은 살림을 시작했다. 그러나 마을 사람들의 눈초리가 따가워 편치 않았다. 결국 마을을 떠나기로 하고 부부가 동구 밖을 나서는 순간, 벼락이 떨어졌고 처녀는 영주산, 총각은 무선돌로 변하고 말았다. 사랑의 끝이 이러하다니 허망하다.

안타까운 이야기는 더 있다. 해안가에 토끼 모양의 산 망오름兎山峰이 있다. 그런 까닭에 토산리兎山里라 불리는 이곳에 토산당兎山堂이 있다. 임진왜란 시절, 왜구가 빨래하는 처녀 세 명을 습격, 겁탈하고 만다. 뜻밖에 몹쓸 일을 당한 처녀들은 그 자리에서 세상을 떠나버렸다. 마을 사람들이 이들의 영혼을 모시니, 뱀으로 변신했다. 이후로 토산사신兎山蛇神으로 부르고, 토산당을 사신제단蛇神祭壇이라 불러왔다. 이들 뱀은 전남 나주 금성산에서 온 뱀의 신이라고도 하는데, 결혼하지 않은 처녀가 이곳에서 빌면 시집가서 잘산다는 이야기가 전해 내려온다.


## 성읍에서 떠올리는 제주의 예인들

성읍마을에서 바다 쪽으로 6킬로미터쯤 향하면 '김영갑갤러리두모악'이 있다. 충남 부여에서 태어나 서울을 거쳐 제주에 온 사진작가 김영갑金永甲, 1957~2005은 2005년 5월 29일 루게릭 병으로 세상을 떠났다. 1982년부터 제주도를 헤매다

제주의 동쪽, 그 땅과 기운이 말해주는 것

가 1985년 제주도에 눌러앉아 움막집 생활을 하던 김영갑은 끝도 가도 없을 그 풍경에 빠져들어 스스로를 살라버렸다. 제주의 풍경은 김영갑 사진 속에 빨려들었고 김영갑은 이 땅 속에 스며들었다. 폐교된 초등학교를 구해 사진 전시관을 준비하며 1999년 제주도청에서 개인전을 마친 그에게 알 수 없는 마비 증세가 왔다. 병원을 찾은 그는 루게릭 병이라는 희귀병을 선고 받았지만 그대로 주저앉지 않았다. 또 다른 불가능에 도전했다. 잔인한 통증을 견디며 2002년 폐교를 미술관으로 변신시켰고 운동장을 꽃밭으로 뒤바꿨다. 갤러리를 개관하고 그는 3년을 이곳에서 보냈다. 황홀하고 눈부신 생애 마지막 나날이었다. 자서전『그 섬에 내가 있었네』의 어느 쪽을 펼치더라도 가슴 저린 언어와 눈부신 풍경이 마구 쏟아진다. 한 구절이 눈을 찌른다.

> 밤이 되면 갤러리는 적막하다. 적막함을 즐기며 홀로 정원을 걷는다. 몸이 피곤해지면 편안한 상태로 침대에 눕는다. 건강이 나빠지지 않았다면 밤늦도록 사진 작업에 매달렸을 테지만 이제는 한가로운 일상에 익숙해졌다. 루게릭 병이 내게 준 선물이다.

2005년 5월 29일 제주에 잠든 그는 이 땅에서 안식을 얻었을까.

김영갑을 말하고 보니 제주 토박이 사진작가인 만농晩農 홍정표洪貞杓, 1907~1992 이야기를 하지 않을 수 없다. 김영갑은 외지인이자 이주민으로 제주의 자연을 찍었지만 홍정표는 제주 사람을 찍었다. 그가 세상을 떠나자 유족은 그의 작품을 제주대학교박물관에 기증했고 박물관은 그의 사진을 『제주 사람들의 삶』이라는 사진집에 담아 출간했다.

이처럼 자연과 인간의 쌍벽을 이루는 두 명의 제주 사진작가를 생각하고 보니 한 사람은 미술관이 남아 있고 또 한 사람은 없다. 만농 홍정표 역시 아예 없지는 않았다. 1965년 자신의 수집품을 출연해 제주미술관을 설립, 개관한 적이 있다. 비록 재정난으로 문을 닫았지만 그는 제주에서 사립미술관의 역사를 처음 쓴 이였다.

홍정표 이후 제주 토박이가 자신의 이름으로 미술관을 개설한 사례는 또 있다. 바로 소암素菴 현중화玄中和, 1907~1997다. 일제강점기에 일본 유학을 떠나 서예가로 성장한 그는 한국전쟁이 끝나자 귀향하여 영주연묵회와 제주소묵회를 조직해 제주 서예계를 반석 위에 올려놓았다. 현중화는 세상을 떠난 뒤에도 그 존재가 굳건하다. 2008년 서귀포에 그의 삶과 예술을 조명하는 소암기념관이 들어선 덕분이다. 그러니 뜻만 있다면 그 누구라도 언제나 그를 만나러 갈 수 있다.

이런 공간은 더 있다. 1987년 서귀포시립미술관으로 건립한 기당寄堂미술관에서는 우성宇城 변시지邊時志, 1926~2013와 수암修庵 강용범姜用範, 1900~1953의 그림과 글씨를 언제든 볼 수 있도록 상설전시하고 있다. 제주의 화가 변시지는 일본과 서울에서 생활하다 1975년 고향 제주로 돌아온 뒤 이 섬에서 살아가는 사람들의 모습을 '제주화'라는 자신만의 화풍에 담아 이름을 떨쳤다. 강용범 역시 제주 출신으로 어린 시절 한학에 입문, 글씨를 배워온 서예가다.

제주도 출신이 아니어도 이곳을 거쳐간 예술가들은 많다. 특히 21세기에 접어들면서 육지의 예술가들이 모여들고 있는 현상이 뚜렷하다. 아주 오래전 이곳에 머물던 추사 김정희나 대향大鄕 이중섭李仲燮, 1916~1956이 제주를 찾은 것은 온전한 자의가 아니었다. 그러나 21세기 예술가들은 이곳에서 자신의 예술 세계를 깊이 있게 펼치려는 뜻을 세우고 찾아온다. 이들은 이곳에서 어떤 영감을 얻는 걸까. 어디에서 비롯한 영감일까. 천혜의 자연을 배경으로 삼은 걸까. 그렇다면 제주의 땅과 기운은 과연 이들에게 어떤 말을 해주고 있을까.

# 폭포와 섬들이 서로 다투는
# 낭만의 해안, 서귀포

## 이곳에 들어서면 온화한 기운이 온몸을 감싸네

　육지 사람이 서귓개 또는 서귀포에 들어서면 온몸을 감싸는 온화한 기운이며 아열대 지역에서나 있을 법한 식물이 다소 낯설다. 풍경은 또 어떠한가. 북쪽으로는 장엄한 한라산 능선이, 남쪽으로는 끝도 가도 없을 바다가 펼쳐지니 이것이 곧 기승절경이다. 이 땅을 거쳐간 이들이 서귀포를 제주십경의 하나로 여긴 것에는 그럴 만한 까닭이 있다.

　서귀포시는 제주시처럼 오래된 도시가 아니다. 국립민속박물관에서 소장하고 있는《제주십경도》의〈서귀소〉나 개인 소장《제주십이경도》의〈서귀진〉, 김남길의 그림〈서귀조점〉모두 마을이 거의 그려지지 않았다. 서귀포 성곽 주변이나 해안선에 마을이 하나도 없다. 성곽 북쪽 그러니까 화폭의 상단으로 시선을 향하니 그제야 여러 마을이 즐비하다. 서귀포 성곽은 제주목사 이옥이 1589년에 쌓은 성으로 오늘날 번화한 서귀포 시가지는 20세기 이후에야 생겨난 모습이다.

　서귀포는 광해 왕 때인 1680년 이 지역을 정의현에서 떼어내 그 오른쪽 마을이란 뜻의 우면右面이라 한 데서 시작했다. 우면은 열한 개의 마을을 관할했고 이 가운데 서귀리가 있었는데 1935년 서귀면이란 이름으로 바뀌었다. 1981년에는 관할 지역을 더욱 넓혀 서귀포시로 승격했는데 예부터 서귀포는 정방폭포와 천지연폭포가 쏟아지는 해안 일대를 아우르는 서귀동 지역이었다.

그림들을 보자면 폭포가 곧장 바다로 떨어지는가 하면 섬들이 서로 다투어 낭만의 해안이란 느낌이 절로 든다. 지금이야 온통 건물들 천지라 시내에 들어서면 이런저런 풍경이 다 사라졌다. 그나마 오직 한 곳 이중섭미술관과 그 거리에서만 새섬, 문섬, 섶섬이 옛 모습을 다투고 있을 뿐이다.

《제주십경도》의 〈서귀소〉와 함께 《제주십이경도》의 〈서귀진〉을 보면 상단의 한라산 봉우리를 절정으로 삼고 그 밑으로 영실과 성판악 그리고 중단에 숲과 계곡 그리고 마을을 수평으로 즐비하게 배치하였으며 조금 내려와 양쪽으로 천지연폭포와 정방폭포, 하단의 해안선 아래로 네 개의 섬을 바다에 그려 넣었다. 이 작품은 김남길의 〈서귀조점〉과 달리 서귀포시 땅 전체를 한눈에 아우르고 있어 볼 만한 장관이다. 특히 《제주십경도》의 〈서귀소〉와 《제주십이경도》의 〈서귀진〉을 보면 화폭 상단의 한라산과 오백장군암이 두드러져 보이고 중단에 마치 밀림과도 같은 숲이 아름답다. 〈서귀소〉의 나무들은 듬성듬성하지만 나무 한 그루 한 그루가 볼품 있게 자라나는 모습이고 〈서귀진〉의 나무는 겹겹으로 줄지어 그린 것이 장관이다. 또한 두 그림 모두 화폭 좌우 양쪽에서 약간씩 굴곡을 그리며 흐르던 냇물이 화폭 중단쯤에서 갑자기 고속도로처럼 쭉 뻗어내리는 폭포가 경탄을 자아낸다. 〈서귀소〉 왼편 천지연폭포에서 조금 더 왼쪽으로 시선을 돌리면 흐린 먹으로 그려 놓은 기둥 같은 것이 보이는데 오늘날의 외돌개孤石다.

〈서귀조점〉 화폭에는 상단 성곽 왼쪽으로 솟밧내 또는 손반내라 부르는 서귀천西歸川이 나무숲 사이로 구불구불 흘러내려 포구에 이르러 천지연폭포로 떨어

〈서귀소〉부분, 《제주십경도》, 국립민속박물관

《서귀진》,《제주십이경도》, 개인

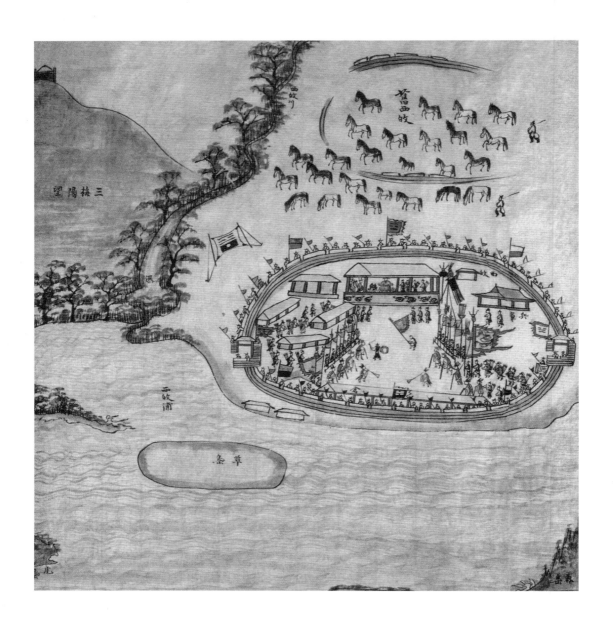

김남길, 〈서귀조점〉 부분, 《탐라순력도》, 제주특별자치도 세계유산본부

지고, 그 왼쪽에는 법환동의 해안 봉수대가 있던 153미터 높이의 삼매양망三梅陽望이 자리하고 있다. 삼매봉은 사미봉 또는 사명봉이라고도 하는데 남국 노인성을 볼 수 있다는 남성대南星臺가 있던 봉우리로 그 해변에 패류화석은 천연기념물로 지질학의 증거만이 아니라 그 아름다움이 상당하다.

## 서귀포 앞바다에 떠 있는 네 개의 섬

〈서귀조점〉 앞바다에는 네 개의 섬이 도열해 있다. 타원형의 새섬이라는 초도草島가 있고, 하단 오른쪽 구석에 숲섬 또는 섭섬이라는 삼도森島, 하단 중간에 살짝 보이는 문섬, 민섬 또는 믠섬이라는 문도蚊島, 왼쪽 구석에 범섬이라는 호도虎島가 있다. 《제주십경도》의 〈서귀소〉에는 새섬을 조도鳥島라고 표기하고 마치 새처럼 그려두었고 또 의탈도衣脫島도 그려두었다. 그런데 《제주십이경도》의 〈서귀진〉에는 의탈도가 보이지 않고 호도 또한 구석에 숨어 있으며 다만 조도가 가장 두드러져 보인다. 이렇게 서귀포 앞에 즐비한 섬의 행렬은 삼매봉 앞바다의 외돌개와 더불어 서귀포의 남쪽 해안을 활력에 넘치는 섬나라의 황홀경으로 이끌고 있는 주역이다.

새가 많은 새섬鳥島, 草島은 밀물 때는 바닷물이 갈라놓아 섬이 되지만 썰물 때는 걸어서 건널 수 있어 서귀포의 천연 방파제 역할을 했다. 섭섬은 봉우리의 바위가 붓처럼 생겨 문필가를 배출한다고 해서 문필봉이라고도 하였다. 민섬은 모기蚊가 많아 그렇게 불렀는데 사슴 같다고 해서 녹도鹿島라고도 불렸으며 범섬虎島은 호랑이 모습 같다고 해서 그렇게 불렀다.

범섬은 서북쪽 해안 명월포에서 패퇴한 원나라 목호 세력이 마지막까지 저항을 하던 곳이다. 1374년 8월, 이미 반원정책을 천명한 고려의 위대한 군주 공민

왕恭愍王, 1330~1374의 명을 받들어 2만 5,600명의 군사를 이끌고 탐라에 상륙한 최영 장군이 한 달여의 전투 끝에 이곳 범섬까지 진격하였고 끝내 목호의 군대를 섬멸했는데 이 최후의 결전은 지난 100년 동안 탐라를 지배한 원나라 세력을 끝장낸 전투였다.

최영 장군의 마지막 진격에 목호 군대의 우두머리 석질리石迭里와 필사초고必思肖古는 항복하고 두 명의 장수 독불화禿不花와 관음보觀音普는 자결하였다. 그러나 장군은 항복한 우두머리와 그 세 아들을 죽였고 두 장수의 시체도 목을 베었다. 이뿐만 아니라 이후 목호의 잔당을 수색해 모두 목숨을 거두었다. 하지만 공민왕도 그해 9월 시해당했으니 불길한 승리였다.

이처럼 승리를 이끈 고려를 제주 사람들은 반겼을까. 그렇지 않았을 것이다. 원나라 세력을 궤멸시킨 고려는 탐라 사람들에게 그저 또 다른 지배 세력이었을 뿐이다. 원나라와 별다를 바 없었다. 그러니 제주에서, 제주 사람들이 기쁨을 만끽할 승전이 아니었다. 어느 쪽이 이겨도 그저 피비린내 가득한 풍경에 지나지 않았다. 누군가에게는 황홀하고 또 누군가에게는 참혹했겠으나 어디까지나 그들끼리의 전쟁이었다.

범섬이 환히 보이는 삼매봉 남쪽 해안에 우뚝 선 외돌개는 장군석 또는 할망바우라고 하는데 높이 20미터의 우람한 기둥바위다. 할망할머니이 고기잡이 나간 하르방할아버지을 기다리다 지쳐 돌이 되었다고 해서 외돌개요, 이에 용왕이 감동해 하르방의 시체를 끌어다 바위 앞바다에 띄워 함께 돌이 되게 했다 하여 할망바우라 하였다. 이름은 하나가 아니다. 최영 장군이 이 바위를 장군으로 위장하여 목호의 기세를 꺾어 눌렀다고 해서 장군바위라는 이름도 얻었다.

# 18세기 김남길과 20세기 이중섭의 그림으로 만나는 서귀포

　한국전쟁이 한창이던 1951년 1월 화가 이중섭이 부인과 두 아들을 데리고 이곳 서귀포로 옮겨왔다. 이미 그 이전, 그러니까 1950년 6월 한국전쟁이 시작된 그해 12월 6일 새벽, 모든 작품을 어머니에게 맡겨두고 그는 가족과 함께 해군후송선을 타고 서울을 떠나 부산으로 내려왔다. 난민수용소에 들어 가면서 전쟁이 쉽게 끝나 금세 귀향할 줄 알았지만 그것은 꿈이었다.

　해가 바뀐 1월 부산보다 좀 더 따뜻한 제주 서귀포로 이주한 이중섭과 그의 가족은 알자리동산 마을 이장 송태주, 김순복 부부가 사는 집에 배정을 받았다. 그 집 곁방에 살림집을 마련한 뒤에는 난민 배급으로 생계를 이어갔다.

　낯선 서귀포에서 겨울을 보내고, 봄과 여름을 지내는 동안 그는 이곳 풍경을 그렸다. 눈앞에 보이는 끝없는 바다를 화폭에 담았다. 섶섬·문섬·새섬이 담긴 그림도, 다른 그림도 숱하게 그렸다. 그리고 해가 바뀌기 전 서귀포를 떠나 부산으로 다시 돌아갔다.

　이중섭에게 서귀포에서 보낸 10여 개월은 무엇보다 값진 시간이었다. 그는 이 땅에서 〈서귀포 풍경1-실향의 바다 송〉과 〈서귀포 풍경2-섶섬〉과 〈서귀포 바닷가의 아이들〉이라는 걸작을 탄생시켰다. 이들 세 작품은 현동자玄洞子 안견安堅, 1418?~1480?의 〈몽유도원도〉 이래 500년 만에 출현한 인간과 이상 세계를 잇는 도원경桃源境으로, 비교 불가능한 세계다. 이뿐만 아니라 〈서귀포 풍경3-바다〉와 〈서귀포 풍경4-나무〉 또한 제주의 해안선을 소재 삼아 가장 익숙한 방식으로 형상화해낸 가작이다. 특히 〈소묘-서귀포 게잡이〉는 이중섭의 작품 세계에서 가장 많이 등장하는 게의 원형을 이루는 작품이라는 점에서 특별한 의미가 있다. 이와 같은 일련의 작품과 더불어 은지화를 포함해 그가 그린 가족 연작이 모두 서귀포 시절 이야기라는 사실은 더욱 놀랍다. 전쟁과 가족 그리고 서글픈 사랑의 노래를 모두

위_ 이중섭, 〈소묘-서귀포 게잡이〉, 25.3×35.5, 종이, 1952, 삼성미술관리움
아래_ 이중섭, 〈서귀포 바닷가의 아이들〉, 49 .8×32.5, 종이, 수채, 1951, 삼성미술관리움

위_ 이중섭, 〈서귀포 풍경1-실향의 바다 송〉, 92×56 합판, 1951, 개인
아래 왼쪽_ 이중섭, 〈서귀포 풍경3-바다〉, 27.6×39.6, 종이, 1951, 개인
아래 오른쪽_ 이중섭, 〈서귀포 풍경4-나무〉, 19×24, 종이, 1951, 이중섭미술관

이곳 서귀포에서 시작한 셈이다. 이중섭 개인에게야 더할 수 없이 슬픈 운명이겠으나 화가 이중섭이 거둔 이 성취는 서귀포라는 땅에 내린 은총이자 전쟁미술사와 한국미술사의 눈부신 축복이다.

그가 그렇게 10여 개월 머물다 간 것을 인연으로 1996년 서귀포시에는 이중섭 거리가 등장했다. 그가 살던 집은 복원을 거쳐 일반인들에게 공개되었다. 2002년 이중섭전시관 개관에 이어 이중섭미술관이 들어섰다.

그런데 이중섭의 이름을 걸고 들어선 미술관에 정작 이중섭의 작품이 한 점도 없었다. 이를 전해 들은 많은 사람이 그저 황망해 했다. 2003년 가나아트센터 이호재, 2004년 갤러리현대 박명자 대표가 이중섭의 은지화 및 유화를 포함하여 이중섭과 인연이 있던 동시대 여러 화가의 작품을 기증한 덕분에 겨우 미술관으로서 면목을 세울 수 있었다. 이렇게라도 서귀포에 이중섭의 흔적을 기억하고 그를 떠올릴 공간을 마련하고 그의 작품을 직접 마주할 기회를 갖게 한 것은 단지 이 땅만이 누리는 행운에 그치지 않는다. 우리 미술사를 돌아봐도 경사스런 일이었다.

그 일련의 과정에 실무자로 참여하면서 나와 이중섭은 인연을 맺었다. 인연은 한 번으로 그치지 않고 또다른 인연의 씨앗이 되었다. 10여 년이 흐른 뒤, 그러니까 2014년 나는 그때까지 그에 관하여 누구도 하지 않았던 긴 이야기를 담아 『이중섭 평전』을 세상에 내놓는 기쁨을 누렸다. 그와 맺은 겹겹의 인연이 이렇게나 귀하고 이렇게나 즐겁다.

이중섭의 서귀포 풍경 연작 가운데 〈서귀포 풍경2-섶섬〉에 그려진 섶섬은 투박하고 거친 반면, 김남길이 〈정방탐승〉에 그려 놓은 섶섬은 무척이나 교묘하다. 김남길은 화폭 오른쪽 하단에 삼각형의 섬을 그려 놓고 거기에 삼도森島라고 썼는데 이게 바로 섶섬이다. 이 섬을 허리부터 봉우리를 뾰족한 죽순의 숲처럼 묘사함으로써 세심한 사실성도 돋보이지만 무엇보다 그 독특한 형상 표현이 눈부시다.

섶섬에는 용이 되려다 죽은 구렁이 전설이 전해 내려온다. 사람들이 지어낸

위_ 이중섭, 〈서귀포 풍경2-섶섬〉, 71×41, 합판, 1951, 이건희·이재용 기증 서귀포 이중섭 미술관
아래_ 김남길, 〈정방탐승〉 부분, 《탐라순력도》, 제주특별자치도 세계유산본부

이야기라고는 해도 섶섬의 주인이 누구인지 알려주고 있음은 분명하다. 바닷속 용왕이 섶섬에 살고 있는 구렁이에게 어느 날 이런 말을 건넨다.

섶섬과 지귀섬 사이에 숨긴 야광주夜光珠를 찾으면 용이 될 것이다.

이 말을 들은 섶섬 구렁이는 백 년 동안 야광주를 찾아 뒤졌지만 끝내 찾지 못했다. 그러다 결국 구렁이의 몸으로 죽고 말았다. 그 한이 얼마나 컸는지 이후로 이 섬에 비만 내리려고 하면 섬 꼭대기에 구렁이가 뿜어내는 짙은 안개가 피어올랐다. 이를 본 어부들은 구렁이의 원혼을 달래기 위해 섬에 사당을 지어 매달 초여드렛날 제사를 지냈다.

제사를 지내는 어부들이 달랜 원혼이 어디 구렁이뿐일까. 이 땅에 태어나 꿈을 이루지 못하고 가버린 숱한 이들을 위해서도 진혼곡 타령을 불렀을지도 모른다. 제주에, 서귀포에 그런 안타까움이 어디 한둘이겠는가.

오늘날 섶섬은 그림처럼 아름답다. 이곳에는 천연기념물인 파초일엽이 자생하고 있고 녹나무, 호자나무, 덩굴볼레나무, 후박나무, 구실잣밤나무, 아왜나무, 까마귀쪽나무와 같은 귀한 나무들이 옹기종기 뒤덮여 숲을 이루고 있다. 희귀식물이 180여 종이요, 난대식물이 450여 종이다. 이를 보호하기 위해 섬 전체가 국유지다. 지난 2012년부터 10년 동안 일반인들의 출입을 통제하고 있는 중이다. 낚시를 하러 가거나 유람선을 타고 잠깐 들를 수는 있으나 허가를 받아야 하고, 숲 쪽으로는 들어갈 수 없다. 처음부터 이랬을 리 없다. 지난 2000년 이곳을 찾은 이의 부주의로 큰불이 나 파초일엽 자생지가 크게 훼손되었고, 불을 끄려던 소방관이 순직을 하는 큰 사고가 있었다. 아름다운 것을 제대로 누릴 줄 모르는 탓에 한동안 우리는 그저 섶섬을 아름다운 그림처럼 멀리서 바라보고만 있어야 한다.

02— 성산의 바다에서 산방의 산으로

# "이 빼어난 경치를 세상 사람이
# 못 보니 자못 안타까운 일이다"

## 정방폭포를 찾는 이들이 갖춰야 할 자세

한라산에서 시작해 남쪽으로 애이리내홍로천·동홍천가 흐른다. 이 물줄기는 바다로 향하다가 땅에서 솟아오른 거대한 바위 절벽을 만나 그걸 타고 바다로 떨어진다. 절벽은 높이 23미터의 주상절리층, 바로 정방폭포正方瀑布다.

너비 8미터에 깊이 5미터의 웅대한 규모의 물줄기에 햇빛이 내리쬐는가 하면 일곱 빛깔 무지개다리가 펼쳐진다. 물줄기가 곧장 바다로 쏟아지는 폭포는 동양에서 오직 이곳이 유일하다 하여 더욱 눈길을 끈다. 해안선을 따라 동쪽으로 500미터쯤 가면 굴 속 지하수가 솟아나는 소정방동굴과 높이 5미터 물줄기 열 개의 폭포까지 만나니 말 그대로 해안폭포 제일절경이다. 그래서 영주십경瀛洲十景의 하나다.

김남길은 〈정방탐승〉 화폭 상단에 다섯 그루의 거대한 소나무를, 왼쪽에는 정방폭포를, 하단에는 세 개의 섬을 배치하고 바다 복판에는 춤추는 것 같은 두 척의 배를 띄워두었다. 폭포가 아니라 아예 선율을 그린 듯하다. 먼저 왼쪽 폭포 줄

김남길, 〈정방탐승〉 부분, 《탐라순력도》, 제주특별자치도 세계유산본부

正方瀑沛
九天河落雷
聲鬪
子月山寒
雪影噴

정재민, 〈정방폭포〉, 《영주십경도》, 제주대학교박물관기가 쏟아져 바위에 부딪치는 소리와 배 위에서 악기를 연주하는 소리가 함께 서로 어울린다. 화폭 전체를 채우는 바다의 물결이 마치 잔잔한 악보처럼, 고요한 선율처럼 흐르고, 아래쪽 섬 주위에서 찰랑대는 물결은 마치 절묘한 추임새처럼 보인다. 상단의 소나무 다섯 그루는 그저 서 있지 않고, 각자 흔들거리며 춤을 추니 그림 안에 흐르는 선율에 더불어 호응하고 있는 듯하다. 이와 달리 정재민이 그린 〈정방폭포〉는 시야를 좁혀 폭포의 물줄기에만 집중하고 있다. 웅장한 물소리가 들리는 듯 두 줄기가 드센 것은 암벽에 가로의 먹선을 겹겹으로 그어놓았기 때문이다. 그래서 속도감만이 아니라 물소리마저 들리는 듯한 느낌을 준다.

진시황은 신하 서불에게 소년 소녀 각 500명을 데려가 불로초를 구해 오라는 명을 내렸다. 탐라야말로 불로초가 있는 영주라 여긴 이들은 제주도 곳곳을 다니다 정방폭포에까지 이르렀다. 그냥 보고만 간 게 아니다. 자신들이 다녀간 흔적을 어떻게든 남기고 싶었는지 바위에 글자를 새겼다. 서불과차徐市過此 또는 서불과지徐市過之라는데, 서불이 이곳을 지나갔다는 뜻이다.

이 글씨는 지금도 볼 수 있다. 물론 서불이 직접 쓴 글씨는 아니다. 그 글씨는 20세기 중엽까지 이곳에 남아 있었다는데 그 언젠가 정방폭포 바로 위에 들어선 전분공장의 폐수 때문에 사라졌다고 한다. 그럼 지금 글씨는 어떻게 된 걸까. 제주에 유배 온 추사 김정희가 어디선가 어떤 연유에 의해 우연히 발견하여 떠두었다는 전서篆書 글씨 탁본을 바탕으로 서귀포시가 다시 새긴 것이다. 김정희가 과연 정방폭포 바위 위에서 뜬 탁본인지도 정확하지 않고, 글씨 자체도 정체불명인 것을 굳이 그 자리에 다시 일부러 새겼어야 했을까 하는 생각이 없지 않다. 하지만 서귀포라는 이름이 서불이 서쪽西으로 되돌아간歸 포구浦라고 해서 생겼다는 전설이 있으니, 서귀포시로서는 할 법한 발상인 듯도 하다.

정방폭포 앞에서는 그러나 그저 그 아름다움을 찬탄만 할 수는 없다. 1948년 4월 3일. 그날 이후 제주 섬 전체에 온통 폭풍 같은 피바람이 몰아쳤다. 어디나 예외가 아니었지만, 1949년 3월부터 개시한 정부군의 산악소탕전이며 섬멸 작전 중 이곳 정방폭포에서 참혹한 학살이 자행되었다. 정부군은 한라산 일대에서 포로로 잡아온 무장대원과 민간인을 이곳 절벽과 폭포에 묶어두고 사격, 검술 훈련을 실시했다. 살인을 훈련하는 과정이었다. 수십 명을 밧줄로 묶어 폭포 앞에 세운 뒤 맨 앞사람을 쏘아 떨어뜨렸다. 그러면 떨어지는 앞사람에 이끌려 밧줄에 함께 묶인 이들이 모두 한꺼번에 폭포 아래로 빠져 죽었다. 총알을 아낀다는 방편이었다. 그 끔찍한 학살의 시간을 기억하는 이들에게 정방폭포가 어찌 그저 아름답게만 보일 수 있을까. 이곳에서 일어난 그 참혹한 순간을 떠올리는 것이 어쩌면 이곳을 찾는 이들이 갖춰야 할 자세가 아닐까, 문득 생각한다.

## "천지연폭포, 기이하고 씩씩하고, 깊이 있고, 괴이한 곳"

정방폭포를 보았으면 다음은 천지연폭포다. 하늘과 땅이 만나 이루어진 연못이라는 뜻을 가진 천지연폭포는 서귀포시 서홍천을 따라 내려가면 만날 수 있다. 난대림 우거진 계곡에 이르면 너비 12미터에 높이 22미터의 폭포가 눈앞에 펼쳐진다. 폭포 옆 암벽 속에는 약 33제곱미터약 10평의 동굴이 있고, 맑은 물이 흩뿌리듯 떨어지는 또 하나의 폭포가 있다.

계곡 일대를 뒤덮은 난대림은 1966년부터 천연기념물 보호구역으로 지정되었다. 담팔수 자생지일뿐 아니라 가시딸기, 송엽란 같은 희귀식물과 구실잣밤나무, 가시나무, 산유자나무, 동백나무 같은 난대식물숲이 울창하다. 참으로 희귀하기로는 송엽란을 꼽을 수 있는데 뿌리도 잎도 없이 오직 줄기만 있는 식물이다. 가시딸기 또한 눈여겨봄직하다. 5~6월에 꽃이 피고 둥근 형태의 붉은 열매가 열린다. 줄기에 털과 가시가 나지 않아 그 이름이 괴이한데 그렇다고 해서 열매를 못 먹

"이 빼어난 경치를 세상 사람이 못 보니 자못 안타까운 일이다"

는 것도 아니니 기묘하다.

천지연에는 열대 지역 물고기인 무태장어가 살고 있다. 무태장어는 특히 게를 좋아하며 낮에는 깊은 곳에 숨어 있다가 밤에 얕은 곳으로 나와 먹이를 구하곤 하는데 뱀장어와 달리 황갈색 바탕에 흑갈색 무늬를 온몸에 새기고 있다. 천연기념물이라 탐욕스런 자들도 감히 잡아먹지 못한다.

1702년 11월 6일 이형상 목사는 이곳 천지연폭포와 함께 오늘날의 중문관광단지 입구쯤에 있는 천제연폭포에서 연이어 활쏘기 행사를 주관하고 이를 그리도록 했다. 〈천연사후〉와 〈현폭사후〉다. 천지연폭포에서의 활쏘기를 그린 〈천연사후〉를 보자면 화폭 왼쪽에 과녁을 설치하고 오른쪽에서 쏘는 모습이 생생하게 담겼다. 특히 과녁으로 날아간 화살을 회수하는 모습이 기막히다. 양쪽을 연결한 밧줄을 타고 오락가락하는 줄타기 광대를 그린 것인데, 사람이 아니라 짚으로 만든 허수아비인 추인芻人이다. 화살을 잔뜩 짊어지고 폭포를 건너는 게 꼭 광대처럼 보일 뿐이다.

청음 김상헌은 제주 여행기 『남사록』에서 이곳 천지연폭포를 아래와 같이 묘사했다.

> 양쪽에 석벽이 에워싸고 있어 동구洞口를 이루었는데 들어갈수록 아름답다.
> 동구 속의 나무는 모두 겨울에도 푸르다. 벽을 따라 몇 리나 올라가는데 한
> 줄기 바위 턱을 기어오른다. 그런데 아래로는 바위가 비상하게 튀어나와 미
> 친 듯 사람에게 다가오고, 골짜기는 늑대처럼 사나우며 대낮에도 음침하다.
> 바람을 감추고 비를 모아 귀신이 울부짖는 것 같다.

그리고 기장유괴奇壯幽怪라는 네 글자로 그 핵심을 표현했다.

"기이奇하고 씩씩壯하고, 깊이幽있고, 괴이怪한 것이 말로 표현할 수도 없다."

이 멋진 말만으로는 성에 차지 않았는지 김상헌은 계속 이어간다.

우뢰가 울리고 물보라 뿜어내는 소리가 먼 밖에서도 들린다. 두 줄기 흰 무지개로 말하면, 하늘의 가마인 천부天釜에 담긴 물을 엎드려 마시니 경치가 대단히 좋다.

이렇게 감탄을 한 뒤 자신이 지난날 다녀온 육지의 풍경에 비교해 장단을 밝혀두는 것도 잊지 않았다.

실로 개성의 박연폭포와 엇비슷한데 물줄기의 높낮이와 동문洞門의 넓고 좁음이 서로 빼어난 점과 못 미치는 점이 하나씩 있다. 다만 굳게 감춰진 바다 밖 유람의 땅으로 세상 사람이 올 수 없어 그 좋은 경치를 아는 이가 거의 없다. 지리 서적도 역시 빠뜨리고 기록하지 않은 것은 자못 안타까운 일이다. 앉아 얼마 있다보니 갑자기 맑은 무지개가 못의 중심에서 일어난다. 높이는 몇 길이나 되고 번쩍이는 빛이 흩어지며 쏘아 오른다. 해에 비쳐 무늬를 이루니 신룡神龍이 일을 좋아하여 하나의 좋은 경치를 더한다는 말을 알겠구나.

그가 살던 17세기에는 육지 사람 누구라도 이곳 제주를 쉽게 드나들 수 없었다. 단지 멀어서만은 아니었다. 군함을 얻어 타지 않으면 거센 물결 흐르는 제주해협에 목숨을 내놓기 십상이었다. 그런 까닭에 육지 사람들은 이토록 경이로운 제주의 폭포를 몰랐다. 개성의 박연폭포도 다녀오고 탐라의 천지연폭포도 보았던 김

"이 빼어난 경치를 세상 사람이 못 보니 자못 안타까운 일이다"

김남길, 〈천연사후〉 부분, 《탐라순력도》, 제주특별자치도 세계유산본부

상헌은 육지 사람들이 제주의 이 절경을 알지도, 보지도 못하는 것을 안타까워했다. 하지만 그는 몰랐을 것이다. 그의 안타까움이 20세기 중엽 이후 되풀이될 것이라는 사실을 말이다.

1945년 분단과 더불어 남쪽 사람들은 제주의 천지연폭포는 알아도 개성의 박연폭포는 가볼 도리가 없어졌다. 북쪽 사람들 또한 박연폭포는 알아도 서귀포의 정방이며 천지연이며 천제연폭포를 알 리 없으니 오래전 김상헌이 느낀 그 안타까움은 이제 우리 민족 모두의 마음이 되어버리고 말았다. 그가 천지연폭포에 새겨뒀다는 「천지연」이란 시에 우리 마음을 얹어 한 번 읊조려봐도 좋을 법하다.

> 기이한 풍경 박연폭포와 천년을 다투었는데 奇勝千年鬪朴淵
>
> 남쪽 빈터에 솟아올랐다는 말을 새로 남겨둬야겠네 要留新語賁南壖
>
> 용이야 시의 가치 논함을 비웃겠지만 龍公可笑論詩價
>
> 탄식하며 무지개에 시편을 알려 두리라 噓送晴虹傳小篇

## 옥황상제의 일곱 딸이 노닐던 곳, 천제연폭포

한라산에서 시작한 중문천과 색달천이 합쳐 흐르다가 중문관광단지 입구쯤에 이르면 커다란 삼단폭포가 눈앞에 휘황하다. 제1폭포는 높이 22미터의 거대함을 자랑한다. 폭포는 속과 겉 두 겹으로 이루어져 있는데, 장마 때는 두 겹이 되었다가 장마가 걷히면 겉이 마른 채 속 폭포만 쏟아지니 신기하다. 그럴 때면 겉 폭포는 벼랑에 가려지는데 문득 바위 틈사이로 보이는 모습이 또한 기묘하다. 계절 따라 바뀌는 풍경이니 이곳에 왔던 때에 따라 사람마다 다른 폭포의 기억을 가지고 있을 듯도 하다. 주상절리 절벽에서 떨어진 물은 수심 21미터의 연못 천제연을 이루고, 이 물이 천제연을 거쳐 더 아래로 떨어지면서 제2, 제3의 폭포를 형성한다. 제2폭포는 높이 17미터에 너비 8미터로 장대하고, 제3폭포는 높이 5미터로 상대적으로 아담하다.

천제연 안쪽에는 높이 3미터에 폭 5미터의 동굴이 있고, 여기 천장에서 다섯 개의 물줄기가 떨어지는데 예부터 신경통이며 피부병에 좋다고 소문이 나 찾는 사람이 많았다. 또한 은어가 무리를 지어 폭포를 거슬러 오르는 장면이 장관이라는데 때를 못 맞추면 볼 수 없다.

폭포를 품은 계곡의 울창한 숲은 신비롭고, 온갖 식물은 기이하다. 그 나이 100년도 넘은 담팔수를 비롯한 100여 종의 난대림 식물이 우거져 있거니와 희귀한 송엽란과 더불어 상록수로 구실잣밤나무, 조록나무, 참식나무, 가시나무, 빗죽이나무, 감탕나무 그리고 푸조나무, 팽나무가 섞여 있고 덩굴식물로 바람등칡, 마삭줄, 남오미자, 왕모람이 자라나며 관목류로 자금우, 돈나무, 백량금이 있고, 반치식물로는 석위, 세뿔석위, 일엽, 바위손 등이 있다.

김남길이 그린 〈현폭사후〉는 두 개의 폭포를 중앙에 연이어 배치하고 양 옆을 나무숲과 더불어 검은 색면으로 가득 채워두었다. 특히 화폭 상단에서 오른쪽으로 길을 내고서 폭포 입구로 휘어들어 연못으로 빨려들게 해서 실감난다. 특히 도로가 삼각지로 갈리는 곳에 '지경'地境 '대정'大靜이라는 글자를 써넣어 방향 감각을 주었다.

그런데 이형상 목사가 앉은 곳에 '천지연'天池淵이라고 쓴 글자가 보인다. 왜 '천제연'天帝淵이라고 하지 않았을까? 그뒤 유배를 왔다가 천제연을 유람한 임관주任觀周, 1732~1784이후도 천제연이라 하지 않고 천지연이라고 했다. 이형상은 1702년, 임관주는 1767년 이곳에 다녀갔다. 그렇다면 그때까지 천제연이란 말은 없었던 것일까. 그리고 보면 천제연이라는 이름은 『동국여지승람』에도 나오지 않는다.

천제연이라는 이름이 생긴 때와 그 유래는 정확하게 알 수 없다. 다만 천제는

"이 빼어난 경치를 세상 사람이 못 보니 자못 안타까운 일이다"

김남길, 〈현폭사후〉 부분, 《탐라순력도》, 제주특별자치도 세계유산본부

〈천제담〉부분,《제주십이경도》, 개인

〈천지연〉,《제주십경도》, 국립민속박물관

말 그대로 하늘의 제왕이라는 뜻이니 아마도 옥황상제의 폭포란 뜻이 아닌가 싶다. 마침 그에 걸맞는 전설이 있다. 둘레가 50미터에 이르는 이 못이 하도 맑고 푸른 옥과 같아 옛날 옥황상제의 일곱 딸이 깊은 밤에 내려와 목욕을 하곤 했단다. 감히 뉘라서 볼 수 있었으랴만 호기심을 참지 못하는 이들이 어디에나 있기 마련이다. 한 총각이 결국 칠선녀의 알몸을 훔쳐보았단다. 보기는 보았는데 이를 견딜 수 없어 그만 자살을 했는데 저절로 되살아났다는 이야기가 전설의 요지다. 그러니까 옥황상제 가족이 사용하는 폭포라는 뜻으로 천지연과 구분해 언젠가부터 천제연이라 했던 것이라 짐작할 뿐이다.

김남길의 〈현폭사후〉 말고도 천제연폭포를 그린 작품은 더 있다. 개인 소장인 《제주십이경도》의 〈천제담〉과 국립민속박물관 소장품인 《제주십경도》의 〈천지연〉 그리고 학산 윤제홍의 작품 〈천제연도〉다.

〈천지연〉과 〈천제담〉은 〈현폭사후〉와 마찬가지로 폭포 양쪽에서 활 쏘는 모습을 묘사했다. 같은 소재를 다루고 있어서 그 내용상으로는 얼핏 큰 차이가 없어 보이지만 채색과 필법이 유난히 가볍고 맑은 〈천지연〉이 한결 두드러져 보인다. 색감이 워낙 생경해서 마치 요즘 그림처럼도 보인다.

〈천제연도〉를 그린 학산 윤제홍은 붓이 아닌 손가락에 먹을 묻혀 그림을 그리는 지두화의 명가이자 사족 문인화가다. 그는 천제연폭포에 이르러 쏟아지는 물줄기와 거대한 절벽을 본 뒤 그 끝없는 장관을 일러 '기관'奇觀이라 표현했다. 기이해 보인다는 것인데 그 특별함에 감흥이 치솟았는지 흥건한 먹으로 쓱쓱 그어 내린 다음, 물기가 채 마르기도 전에 짙은 먹을 이곳저곳 찍어 활기를 불어넣었다. 폭포의 구조를 세심하게 관찰하고서 그 흐름을 따라 하나의 덩어리로 압축하였으니 시선의 날카로움과 함축하는 수법의 뛰어남을 알겠다. 화폭 전면을 꽉 채운 바윗덩어리는 입체감을, 그 품 안에 두 개의 연못 사이로 물이 쏟아지는 모습은 공간감을 드러내고 있다. 특히 위쪽 연못은 작지만 눈처럼 강하고, 아래쪽 연못은 바윗기

윤제홍, 〈천제연도〉, 36×67, 종이, 개인

둥을 둘러싸서 부드러운 나무로 만든 물통처럼 보인다. 힘들이거나 꾸미지 않으려는 윤제홍 특유의 형식을 보여주는 이 〈천제연도〉는 문인화의 절정이라 윤제홍이란 화가가 천제연을 그릴 수 있었던 일이 행운인지, 거꾸로 천제연이 윤제홍을 만나 저렇게 놀라운 그림으로 형상화된 것이 행운인지 알 수 없다.

계속 버틴다면 토지를 강제수용하겠다.

1973년 한국관광공사가 서귀포시 중문동 주민에게 보낸 최후통첩이다. 그 뒤로 헐값에 거래한 이 일대 약 307만 제곱미터약 93만 평 땅은 본격적인 개발에 들어갔다. 천제연폭포를 보러 가려면 거쳐야 하는 중문관광단지의 기원이다. 제주를 드나드는 관광객들 가운데 이곳의 사연을 아는 이가 얼마나 있을까. 안다고 한들 피해갈 것이야 없지만 역사로나마 기억해둠으로써 터전을 앗긴 이들을 한 번쯤 떠올려도 좋지 않을까 싶다. 천제연폭포를 지나칠 때면 말이다.

폭포가 끝나면 그 아래로 베릿내라고 부르는 천이 흐른다. 오늘날의 중문천이다. 그 냇가 옆에는 베릿내오름이 봉긋하게 솟아 있고, 바다로 들어가는 끝에는 성천포星川浦가 있었다. 개발을 앞두고 성천포 사람들 열두 가구는 삶의 터를 버리고 쫓기듯 떠났지만 이들은 그뒤로도 앞바다에 어장을 일궈 생업을 지속해 나갔다고 한다.

# 구럼비에서 흘리는 눈물,
# 새로운 세상을 향한
# 발걸음의 출발

## 제일강정, 군주의 기운이 흐르는 천하제일의 터전

서귀포시 강정동江汀洞 염둔廉屯 또는 고둔羔屯 마을에 고원羔園이라는 이름의 과원이 있었다. 용흥동에 예전부터 있던 귤나무 밭으로 조선 시대 때 관아에서 조성했다. 김남길의 〈고원방고〉는 1702년 11월 6일 이형상 목사가 고둔고원 안에 있는 탐라국 왕자의 옛 집터를 찾아 풍악을 즐기는 모습을 그린 것이다. 그림 속 과원 왼쪽 끝 부분, 이형상 목사 일행이 있는 곳에 '왕자구지'王子舊址라는 표기가 있다. 왕자의 옛터라는 뜻이다. 그러니까 이곳은 제주도가 고려에 복속당하기 전, 탐라의 유적이다.

탐라 출신으로 고려 왕조에 출사한, 15세기 전반 사람 영곡靈谷 고득종高得宗은 이곳 왕자구지에 집을 지어 명문가의 위세를 과시했다. 왕의 숨결을 머금고 있는 땅이라 탐라 왕국의 기억을 전하는 터전이니 이 땅이 결코 예사롭지 않음을 보여준다. 즉, 이 왕자골은 그저 과수원이 아니라 제주 사람들로 하여금 탐라인임을 일깨우는 유서 깊은 장소였다.

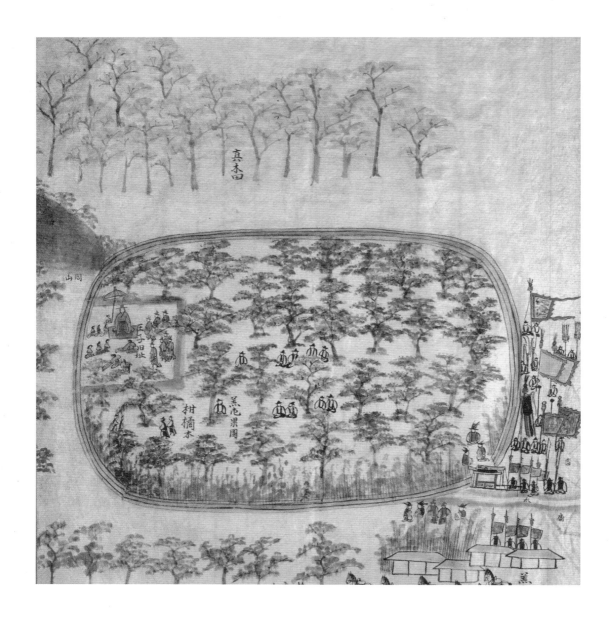

김남길, 〈고원방고〉 부분, 《탐라순력도》, 제주특별자치도 세계유산본부

真木田

同与

壬子旧址

柑橘木

羔屯果圍

이처럼 오랜 옛 왕국의 왕성이 있던 곳으로 가래현加來縣이란 옛 이름을 지닌 역사의 땅, 강정동은 물이 많고 땅이 좋아 쌀농사가 잘되는 곳이었다. 그러므로 물이 많은 곳이라 하여 '제일강정'第一江汀이라 하였는데 어디 물만 많아 그랬을까. 군주의 기운이 흐르는 땅으로 천하 제일의 터전이었기에 그렇게 불렀을 게다.

물산이 풍부한 강정동에는 궁궐과 관청 그리고 남문, 동문이라는 땅이름이 남아 있다. 강정동 윗동네 동쪽 들판에는 '옥드르'라는 감옥터가 있으며 강정동에서 동쪽으로 한참을 더 가면 서홍동에 대궐터가 있고 호근 또는 서호 마을에는 북문터가 있다.

강정에는 또한 396미터의 고공산古空山 또는 고근산孤根山이 있다. 이 산은 여우가 난다는 뜻의 호근산狐根山이라고도 한다. 고근산 서쪽으로 큰내라고 부른 도순천과 악근천이 쌍을 이루어 흐르는데, 그곳에는 25미터 높이의 바위 절벽에서 물이 떨어지는 엉도폭포 또는 엉또폭포가 아름답다. 엉은 바위, 도는 문이란 뜻으로 엉또폭포는 한라산 가는 길을 막고 선 바위의 문 같다고도 한다. 비가 올 때만 물이 쏟아지는 까닭에 폭포라고는 해도 그리 널리 알려지지는 않았다.

한 나라가 도읍지로 삼기에 아주 적절한 땅임을 드러내듯 큰내가 끝나는 해안에는 세불포三佛浦 또는 세별포로 불린 강정포구가 있다. 왕불턱, 돗부리암, 매부리암이 있어 그렇게 불렸다. 또한 이곳에는 삼성물이라는 못이 있다. 탐라 왕국 개국 시조인 양·고·부 세 성인이 나타난 성소였으며, 물을 떠다가 삼신할망에게 빌던 신성한 곳이다. 제주시에 있는 삼성혈과는 그 겹침이 기이하다.

이 동네에서 들여다볼 것은 더 있다. 강정동 북쪽 하원동에는 왕자무덤, 왕자묘가 있고, 서쪽 끝 상예동에는 왕자가 귀양살이를 하던 왕자골과 왕자굴사王子窟寺라는 절이 있다. 더불어 하원동에는 거대한 법화사法華寺 절터가 있으며 강정포구 해안가를 따라 아홉 채 초가 절집이 있었다. 그래서 이곳을 구암비九庵比라고도 불렀으니, 이곳이 불교문화의 중심지였음을 말해준다.

〈고원방고〉는 색채와 구도가 눈부시게 아름답다. 〈귤림풍악〉이 제주시의 감귤 농장을 그렸다면, 〈고원방고〉는 서귀포시의 감귤 농장을 그린 것인데 그 구도의 단순성이나 깔끔함이 돋보이는 걸작이다. 둥근 울타리 안에 줄지어 선 귤나무에 단아하고 빨간 점으로 맺힌 열매가 살아 움직인다. 게다가 나무 사이로 드문드문 앉은 인물이며 왼쪽으로 치우친 네모 칸의 왕자구지에 버티고 앉은 이형상 목사를 둘러싼 악공의 연주 장면은 화폭에 생기를 불어넣고 있다.

화폭 상단에 늘어선 열일곱 그루 나무는 텅 빈 공간 배열과 옅은 담채 묘사가 돋보이고 화폭 하단에는 좁은 공간을 밀도 있게 꽉 채운 깃발 행렬에 가옥이 강렬하다. 상단과 하단이 이런 식으로 서로 호응하면서 자칫 담담하게 그칠 뻔한 그림에 무게의 변화와 공간의 유동을 부여해주었다. 이러한 구성을 통해 멀고 가까움, 채움과 비움의 멋이 잘 드러나기 시작한 것이다.


## "강정아, 너는 이 땅에서 가장 작지만
## 너에게서 평화가 시작되리라"


고둔과원에서 아래쪽 해안으로 내려가면 강정포구 동쪽 해안선을 따라 구럼비 바위가 장엄한 제 모습을 드러낸다. 구럼비 바위 동쪽으로 저 멀리 외돌개가 있는 삼매봉까지 해안선이 이어진다. 흔한 바닷가 풍경으로 보고 넘어갈 수도 있으나 이곳은 그렇게 지나치고 말기에는 아쉽다.

구럼비 바위는 해안을 따라 길이 1.2킬로미터 너비 250미터로 펼쳐진다. 흙이 굳어 바위가 되었으니 맨발로 걸으면 부드러우며 포근하다. 한 번 걸어본 사람이라면 그 미묘한 감촉에 빠져 헤어나지 못할 법도 하다. 멸종 위기의 야생동물인 붉은발말똥게, 맹꽁이와 희귀종 식물인 층층고랭이 서식지이기도 하여 그 소중함이 더 각별하다.

그러나 이 바위는, 이 풍경은 이제 다시는 걷지 못할 기억의 길, 다시 보지 못할 사라진 풍경일지도 모르겠다. 2012년 3월 7일 11시 20분 대한민국 해군은 해군기지를 건설한다며 바위 서쪽 200미터 지점을 시작으로 여섯 차례에 걸쳐 폭파를 감행했다. 폭약 터지는 굉음 뒤에 구럼비 바위 속살로부터 흙이 흘러 그 맑은 강정포구가 흙탕물로 변해버렸다. 9일 아침이니 꼭 사흘 만의 일이었다. 구럼비 바위가 쏟아내는 눈물인 것만 같아 보는 이들의 마음을 저릿하게 했다. 그리고 강정마을은 이전의 모습으로 돌아갈 수 없는 땅으로 변했다.

제주해군기지는 2016년 2월 준공식을 열었다. 수수만년 이어온 삶의 터전을 지키려는 간절함, 구럼비 바위의 파괴를 막겠다는 애절함을 뒤로하고 강행한 일이었다. 가혹한 탄압에 맞선 기나긴 투쟁의 끝은 이렇게 비통한 풍경이었다. 그로 인한 상처는 수 년이 흐른 지금도 치유되지 않았다. 숱한 주민들은 그사이 범죄자가 되었고, 국가로부터 막대한 청구서를 받아든 채무자가 되었다. 정부가 바뀌고 난 뒤, 2017년부터 비용 청구의 취소, 사면 조치, 대통령과 해군참모총장의 공식 사과, 대통령의 유감 표명 같은 일련의 조치가 이어지긴 했으나 이미 사라진 풍경은 돌아올 수 없다. 상처 입은 마음들은 어떤 위로도 얻지 못했다. 이 투쟁의 곁에 함께 선 천주교 제주교구장 강우일 주교의 말로 오히려 위로를 삼을 뿐.

강정아, 너는 이 땅에서 가장 작은 고을이지만, 너에게서 평화가 시작되리라.

평화운동을 향해 나아감으로써 더욱 넓고 커다란 마음을 가질 것, 패배의 고통을 어떻게든 견뎌낼 것. 그런 다짐 때문일까. 강정마을 지킴이 투쟁에 나선 주체들은 평화순례단을 조직하고 제주평화순례와 생명평화대행진을 펼쳤다. 구럼비에서 흘리기 시작한 눈물이 강정을 넘어 새로운 세상을 향해 나아가는 발걸음으로 이어진 셈이다.

    민인들의 아름다운 행보와 달리 오늘날 제주의 현실은 그저 참혹하다. 비자림로를 넓히겠다고 삼나무숲을 파괴하는 일을 자행하고, 제2공항 건설을 위해 하도리를 찾아오는 철새들의 안녕을 쉽게 무시한다. 성산읍 일대 오름들이 깎여나가고, 여기저기 정체 모를 개발들이 우후죽순 난립한다. 모두 관광산업의 확대, 관광객들의 편의를 위해서라는데 저들의 이 무모한 행위는 미래 세대에게 남겨줘야 할 자연을 훼손하는 것에 그치지 않는다. 그보다 먼저 그들이 그토록 원한다는 관광 수익 극대화를 이룰 명승지를 스스로 소멸시키는 일이다. 제주가 품고 있는 이 눈부신 아름다움을 다 없애버린다면 그 누가 이곳만의 아름다움을 찾아 발걸음을 할 것인가. 무엇을 우선의 가치로 두어야 하는지 모른 채 탐욕에 눈 멀어 길을 잃고 헤매는 모습이 그저 딱하기만 하다.

# "육지에서 보지 못할 저토록
다른 모습, 산방산"

## 홀로 우뚝 선 산방, 이를 둘러싼 송악, 가파도, 마라도

중문관광단지에서 서쪽으로 4킬로미터쯤 가다보면 안덕면 창천리와 감산리를 지나 흐르는 창고천을 따라 장엄한 절벽이 나타난다. 저 유명한 안덕계곡이다. 북쪽으로는 시산柿山이, 남쪽으로는 굴메라는 높이 334.5미터의 군산軍山 그리고 해안 쪽으로 높이 200미터의 월라봉月羅峰이 솟아 있는 곳. 예로부터 탐라 왕국의 땅이라 알려진 곳.

안덕계곡이 언제부터 있었는지 누구도 모르지만, 태초에 하늘이 울고 땅이 뒤흔들릴 즈음, 구름과 안개 가득 낀 지 9일이 지나자 바위가 불쑥 솟아올랐고 그 사이에 금줄 가듯 길게 파여 계곡이 생겼으니 이게 바로 안덕계곡이다. 양쪽 바위를 병풍 삼아 깊고, 또 군데군데 동굴이 뚫려 선사시대 사람들이 삶의 터전으로 삼기에 참으로 좋은 땅이었다. 천제연폭포의 난대림처럼 여기에도 구실잣밤나무며 참식나무, 후박나무, 감탕나무, 조록나무, 가시나무가 즐비하고 또한 남오미자, 바람등칡, 백향금은 물론 희귀종인 담팔수와 상사화가 자생하고 있어 몹시 신비롭다.

일본 고려미술관 소장 《영주십경도》의 〈산방〉 화폭 왼쪽 끝에는 월라악과 이두봉伊頭峰이 그려져 있는데, 이곳 북쪽이 안덕계곡이다.

안덕계곡 북쪽 안덕면 광평로에는 대비라는 선녀가 하늘에서 내려와 노닐던 높이 541.6미터의 족은대비악 또는 조근대비악오름이 있다. 탐라 왕국 삼신왕이 사흘 동안 기도를 드리던 웅덩이 베리창굼부리이 있어 유명한 높이 612.4미터의 왕이메오름도 있다. 그 아래 감산에는 저승문 바위가 있고, 너무도 험악해 한 번 들어가면 나오지 못한다고 하여 저승문이라 부르는 굴이 있다. 남쪽 군산이 있는 대평리에는 미륵 돌과 애기 업은 돌, 태 닮은 돌, 장수 앉은 돌, 선비 쓴 돌이 있다.

월라봉 서쪽 화순리 일대 또한 탐라 왕국의 땅이다. 화순리 중동에는 왕자 양씨梁氏의 양왕자터, 그의 전답인 춤춘이왓 및 왕돌이라는 커다란 바위가 서 있는 왕돌선밭, 장군 양의서터가 있다. 화순 동쪽으로는 신선이 놀던 신산동산이 있고, 서동의 선배이돌이라는 유반석儒班石과 동동의 무반석武班石 전설이 오늘날까지 전해지고 있다. 전설의 내용은 이러하다.

서동과 동동 마을 사람들이 내기 싸움으로 힘겨루기를 할 때면 언제나 서동 마을이 이기곤 했다. 번번이 지던 동동 사람들이 건너편 유반석 때문에 지는 것이라 해서 꾀를 내어 서동 사람들로 하여금 유반석을 거꾸러뜨리게 했다. 그러자 서동의 힘센 사람들이 모조리 죽어나갔다. 속은 사실을 깨우친 서동 사람들이 이번에는 동동의 무반석을 거꾸러뜨리려 하였으나 이미 힘이 빠진 뒤였다. 무반석은 멀쩡했고 그뒤로 내기를 할 때마다 동동 마을이 언제나 이겼다. 학문보다 무예의 위세가 지배했던 것일까.

탐라 왕국의 땅 안덕이며 화순리를 지나 서쪽을 향하면 높이 395미터의 산방산이 멀리서부터 모습을 드러낸다. 홀로 외로운 산이다. 《영주십경도》의 〈산방〉속 산방산은 태산같이 솟아오른 모습이다. 그 안에는 부처님이 앉은 산방굴사라는 절집이 있으며 옆에는 광주리 같은 높이 158미터의 단산簞山이 우뚝하다. 또한 용

〈산방〉 부분, 《영주십경도》, 일본 고려미술관

이 바다로 들어가는 형상을 하고 있는 용머리해안, 두 개의 섬이 나란히 선 형제섬이 마주보고 있다.

용머리해안은 산방산과 더불어 제주를 여행하는 사람들이 많이 찾는 곳이다. 해안가로 향하는 용의 형상이라는데 어찌된 일인지 그 용의 꼬리가 끊겨 있다. 사연이 없을 리 없다. 용머리해안은 오래전부터 왕기王氣를 머금고 있다고 알려져 있었다. 이를 못마땅하게 여긴 중국 송나라 황제가 술사 호종단을 보내 꼬리와 잔등을 칼로 잘라버렸다는 이야기다. 제주에는 상처가 많은데 전설마저도 아프다. 바위에서 피가 흘러 바다를 붉게 물들였을 테고, 산방산은 고통의 신음으로 울어댔을 터였다.

해안도로를 타고 가다보면 남쪽 바닷가에 높이 104미터의 송악산솔오름, 松岳山이 자리잡고 서 있다. 앞바다에 가오리처럼 생긴 섬이라는 가파도加波島와 마라도馬羅島를 거느린 채 남쪽 바다를 호령하고 있는 모양새다. 《영주십경도》의 〈산방〉화폭 맨 아래로는 조선 태종 때인 1416년에 설치한 대정현 성곽과 민가가 보인다.

송악산은 아침 안개와 저녁 노을이 끝없이 변화하는 천태만상의 조화가 일어나는 바위 화산이다. 동쪽에는 100여 명이 한꺼번에 앉을 만큼 넓고 평평한 반석이, 서북쪽에는 장군석將軍石이라고도 하고 여기암女妓岩이라고도 하는 바위가 솟아 있다. 바위 이름은 이름난 기생 도승桃勝이 어느 장군과 더불어 춤을 추다가 함께 떨어져 죽었다고 해서 그렇게 붙였다고 전한다.

송악산 동쪽 길목에는 말잡은목이 있는데 지형이 아주 험하여 말이 넘어져 죽었다는 곳이고 그 아래쪽에는 지방 수령이 기생과 놀고 있는데 바다에서 거북이가 올라오자 더불어 함께 노닐었다는 분암코지며, 조개처럼 납작한 모습 때문에 이름 붙인 조개동산도 있다. 또한 바위들이 솟아난 99봉도 있어 낙원이라 여긴 이들이 많았던 듯하다. 김상헌 역시 『남사록』에 이곳을 영주瀛洲라고 하고, 여기에서 피리 부는 달밤 선녀를 만났다 하였다.

《영주십경도》의 〈산방〉 화폭 상단 바다 복판에 뜬 마라도는 제주도에서 남쪽으로 약 11킬로미터 떨어진 우리나라 남쪽 끝 섬이다. 약 0.3제곱킬로미터의 면적을 지닌 섬으로 땅 위에 바닷물이 넘실거려 사람이 살기 어려운 땅이었다. 육지에서 보면 제주도가 유배지였지만 제주도에서 보면 이곳 마라도가 유배지였다.

마라도에는 할망당 또는 처녀당이라는 신당이 있다. 유래가 있다. 가파도 주민 이씨 가족이 마라도로 건너가 살려 했다. 농사를 짓기 위해 우거진 수풀을 태웠지만 쉽지 않았다. 실망한 채 가파도로 되돌아가려 할 즈음, 꿈에 신선 같은 사람이 나타나 이렇게 말했다 한다.

처녀 한 사람을 놓고 가라. 그렇게 하지 않으면 풍랑을 일으켜 돌아가지 못하리라.

이씨는 아이 보는 여자아이인 업저지에게 "애 업을 포대기를 가져 오라"는 심부름을 시킨 뒤 몰래 섬을 떠나버렸다. 그뒤 섬에 가보니 업저지는 죽어 해골이 되어 있었다. 그러자 그는 처녀의 넋을 위로하는 신당을 짓고 제사를 지내기 시작했다. 그로부터 업저지의 영혼은 마라도의 수호신이 되어 지금까지 살고 있다고 전해진다.

전설 속 이씨가 원래 살던 가파도는 1653년 8월 네덜란드 사람 하멜 일행이 스페르웨르Sperwer 호를 타고 대만을 거쳐 일본으로 가다가 폭풍우 탓에 난파당해 도착한 섬이다. 이들을 구조한 제주 관리들은 하멜 일행을 대정현을 거쳐 제주목 광해 왕이 유배 살던 적거지에 머물게 하였다. 다음 해 6월 한양으로 떠날 때까지 이들은 10개월을 제주에서 머물렀다. 그뒤 탈출에 성공, 1668년 7월 고국 네덜란드에 도착한 하멜은 보고서를 써서 제출하였다. 그가 남긴 『하멜 보고서』를 통해 그 시절 이방인이 바라본 조선의 모습을 조금이나마 엿볼 수 있게 되었다.

섬은 무수히 많아 보이는 절벽과 보이지 않는 절벽들, 암초로 둘러싸여 있고 많은 사람이 거주하고 곡물이 풍부하였으며, 말과 소가 많았다. 그 가운데 많은 양을 매년 왕에게 공물로 바쳤다. 주민은 본토 사람에게 천대 받았으며 제대로 대접받지 못하는 가난한 사람들이다. 나무 우거진 높은 산이 하나 있고, 특히 나무가 없는 계곡이 많고 낮은 민둥산들이 있었으며 그곳에서 사람들은 벼를 재배하고 있다.


## 산방산이 품은 입처럼 거대한 산방굴


제주십경의 하나인 산방산은 그 생김새 탓인지 마냥 신기하다. 시커멓고 용비늘 쌓여 벌린 입이 어찌하여 하나도 무섭지 않을까. 괴이하다. 처음 볼 때만 해도 그저 신기하게 생긴 봉긋한 바윗덩이였으나 김남길의 그림 〈산방배작〉을 펼쳐본 뒤에는 신음이 절로 나왔다. 내 눈에 그저 바윗덩이로 보인 것이 화가에게는 고래처럼, 용머리처럼 보였던가 싶었다. 화가의 눈이란 이렇게도 다른 것을 보는가, 새삼 감탄했다.

산방산을 그린 그림은 한라산 백록담만큼이나 많다. 김남길의 〈산방배작〉은 물론이고 국립민속박물관에서 소장하고 있는 《탐라십경도》와 《제주십경도》, 일본 고려미술관에서 소장하고 있는 《영주십경도》, 개인 소장의 《제주십이경도》에 산방산은 모두 들어 있다. 여기에 정재민의 〈산방굴사〉와 누가 그린 건지 알 수 없는 〈산방굴〉까지 있으니 모두 일곱 점이나 된다.

이 그림들을 한자리에 모아놓고 서로 비교해서 보면 그림에 따라 그 표현의 같고 다름을 보는 재미를 한껏 맛볼 수 있다.

《제주십경도》, 《제주십이경도》, 《탐라십경도》의 산방산 모습은 저 김남길의

"육지에서 보지 못할 저토록 다른 모습, 산방산"

〈산방배작〉이 보여주는 바 고래가 입을 벌린 형상은 어디론가 사라지고 한쪽 면을 깎아지른 듯한 모습만 두드러질 뿐이다. 그와 달리 앞에서 살펴본 일본 고려미술관 소장 《영주십경도》의 〈산방〉은 선이 가늘고 채색이 투명해서 맑은 수채화 분위기를 드러내는 데다 산은 물론 나무와 바위, 파도가 조화를 이루어 특별한 매력을 발산하는 걸작으로 보인다.

그런 반면에 정재민의 〈산방굴사〉와 작자 미상의 〈산방굴〉은 나란히 수묵화 기법을 사용한 문인화풍의 작품이라는 공통점을 빼고 나면 완연히 다른 작품이다. 〈산방굴사〉는 바위 봉우리를 겹겹으로 쌓아올리는 묘사가 돋보이는 실경산수화인 반면, 〈산방굴〉은 실제 풍경과 무관한 의경산수화다. 그러니까 화폭 상단에 '산방굴'이라는 말을 써넣어서 산방산을 그린 것이라고 여길 뿐 실제의 산방굴과는 그 형세가 아무런 연관이 없다.

누가 언제 언제 그린 것인지 알 수 없는 〈산방굴〉은 맑고 아득하게 그린 수묵 담채화다. 'ㄹ'자 모양의 대담한 변화를 꾀한 구도에도 불구하고 부드러운 기운이 넘치는 까닭은 세심한 붓질의 바위 묘사와 여백의 구름이 가득한 탓이겠다. 바위 사이마다 배치한 소나무며 활엽수가 조심스럽고 화폭 중단에 숨은 듯이 자리한 절과 탑 그리고 그곳을 향해 다리를 건너고 계단을 오르는 사람도 여유롭다.

하지만 실제의 풍경과는 완전히 다른 형상이니 어쩌면 제주도에 와본 일이 없는 화가의 그림일지도 모르겠다. 이 화가는 누군가 써놓은 글을 보고 상상으로 그린 게 아닐까. 용머리해안부터 아득한 한라산까지 한폭에 담은 수직 구도임을 생각하면, 아, 제주의 산천을 이렇게도 볼 수 있겠다는 깨우침을 얻을 수는 있겠다.

사방에서 깎아지른 절벽이 솟아오르거나 내리꽂는 기세로 웅장한 산방산은 용머리해안으로 이어지는 앞바다 풍경과 조화롭고 또한 제 스스로도 무척이나 빼어나 제주십경의 하나다. 깎아지른 절벽엔 희귀종인 지네발난, 풍란, 석곡이 자라

왼쪽_ 정재민, 〈산방굴사〉, 《영주십경도》, 제주대학교박물관
오른쪽_ 〈산방굴〉, 43×123, 종이, 개인

고 꼭대기에는 상록수인 후박나무, 구실잣밤나무, 까마귀쪽나무, 생달나무, 참식나무, 조록나무, 육박나무, 동백나무가 우거진 숲을 이루고 있다.

전설이 없을 리 없다. 설문대할망이 빨래를 하다가 방망이를 잘못 놀려 한라산 봉우리가 튕겨져 날아가다 이곳에 떨어졌다. 그래서 한라산엔 백록담이 생겼고 이곳 안덕면 사계리엔 백록담을 거꾸로 채운 듯한 산방산이 생겼다. 전설은 또 있다.

한라산 꼭대기에서 사슴 사냥하던 사냥꾼 화살촉이 옥황상제 엉덩이를 건드려 분통 터진 상제가 봉우리를 뽑아 던진 것이 여기 떨어져 산방산이 되었단다. 하지만 곧이 곧대로 듣기에는 뭔가 안 맞는다. 한라산이야 2만 5천 년 전 화산이요, 높이 395미터의 산방산은 70만 년 전 화산이니 아무래도 전설을 거꾸로 해석해야 할 듯하다.

산방산 산중턱에는 벌린 입처럼 거대한 동굴이 있고 거기에는 산방굴사가 있다. 고려 말 시인이자 스님인 혜일이 이곳에서 수도하다 입적한 것으로 알려졌다. 이형상 목사는 가는 곳마다 제주의 종교 시설에 대해 싹쓸이 탄압을 거듭했는데 산방굴사가 자리를 보전한 건 아마도 이 산을 수호하는 산방덕山房德 여신의 보호 덕분이 아니었을까 싶다. 아니면 이형상 목사가 다녀간 뒤 절집 문을 다시 열었는지도 모를 일이다.

산방굴사를 처음 창건한 것으로도 알려진 혜일 스님은 13세기 말 중국과 탐라를 오가며 활약했다. 제주 전역을 돌아다니며 수행하는 과정에서 여러 편의 시를 남겨 시승詩僧으로 일컬어지긴 했으나, 그에 대해서는 태어나고 죽은 해는 물론 어디에서 나고 자랐는지 알려진 게 거의 없다.

산방굴사와 인연이 있는 또다른 인물로 초의선사草衣禪師, 1786~1866를 들 수 있다. 1843년 제주에 유배와 있는 추사 김정희를 방문한 그가 이곳에 머물렀다는 기록이 있다.

초의선사는 열다섯 살 때 출가하여 전라남도 해남 대흥사의 제13대 대종사를 지냈다. 대흥사 가까이에 일지암이라는 암자를 짓고 40년을 머물렀던 그는 특히 차에 깊이 탐닉한 것으로 유명하다. 차로 선에 드는 이른바 '다선삼매'茶禪三昧에 든 그가 남긴 『동다송』東茶頌은 과연 그를 차의 성인이라 떠받들 만큼 빼어난 차의 경전이다.

그에게는 이곳 산방굴사가 유배를 온 추사와 더불어 마음을 주고받은 추억이 흐르는 장소였겠다. 초의선사는 이곳에 머물며 북쪽 제주읍 삼성혈을 향해 '신선들 하늘로 올라 누각에는 달만 걸려 있다'고 쓸쓸함을 토로했는데, 어쩌면 대정 적거지에 머물던 김정희 역시 남동쪽 산방산을 바라보며 같은 심정이 아니었을까 싶기도 하다.

이곳의 수호신 산방덕은 신의 나라에서 산방굴을 통해 내려온 여신으로 사람의 몸을 빌려 이곳 사계리에서 자랐다. 미모가 빼어난 그녀는 연애 끝에 고승高升이란 남자와 결혼해 행복한 삶을 꾸리고 있었다. 그러던 어느 날 탐욕스런 관리가 고승에게 누명을 씌워 재산을 몰수하고 귀양을 보냈다. 이어 산방덕을 위협해 욕심을 채우고자 했지만 그녀는 인간세상의 덧없음을 한탄하며 산방굴로 되돌아가 바위로 변신해 눈물 흘리며 오늘에 이르고 있다.

김남길의 〈산방배작〉을 보면 굴 안 천장에서 물줄기가 쏟아지고 있는데 곧 여신의 눈물이다. 요즘에는 굴 안에 떨어지는 물방울이 사랑의 눈물이라 하여 마시기를 원하는 이들은 들어가 샘물을 마시고 나온다. 샘물의 효험으로 그 물을 마신 이들은 원하는 대로 과연 사랑에 빠졌을까.

산방굴은 또한 자비의 정원이었다. 혜일 스님이 산방굴사에 머무실 적 이야기다. 사계 마을 가난한 농부가 7년째 아이가 없어 산방굴사에서 백일기도를 올리고서야 아들을 낳았다. 아이가 일곱 살이 되던 해 어머니가 먼저 세상을 떴고 그다음 해에는 아버지가 세상을 떠나버렸다. 고아가 되어 떠돌던 아이는 굴사에 이르러 쓰러졌다. 이를 본 혜일 스님이 아이를 거두었는데 큰스님으로 자랄 아이임을

"육지에서 보지 못할 저토록 다른 모습, 산방산"

김남길, 〈산방배작〉 부분, 《탐라순력도》, 제주특별자치도 세계유산본부

〈산방〉 부분, 《제주십경도》, 국립민속박물관

〈산방〉 부분, 《제주십이경도》, 개인

〈산방〉 부분, 《탐라십경도》, 국립민속박물관

알아보고 15년 동안 수련을 시켜 방철이란 법명을 준 뒤 명산대찰을 두루 다니라 명하였다. 중국까지 다녀온 방철은 금강산 유점사에서 천일 관음기도를 시작했다. 그리고 마지막날 바다에서 뻗어나오는 붉은빛을 보았다. 전복 껍질 속에서 진주가 쏟아내는 빛이었다. 방철이 그 진주를 주으려 하자 어디선가 머리에 금관을 쓴 흰 옷 입은 여인이 나타나 이렇게 말하는 게 아닌가.

생진주는 만병을 고치고 쌀독에 넣어두면 쌀의 양이 불어날 것이니 요긴하
게 쓰라.

이 말을 남긴 여인은 홀연히 사라지고, 방철은 진주를 주운 뒤 제주로 귀향, 산방굴사에 자리를 잡고 병든 이, 가난한 이, 힘겨워 하는 이가 가득한 이 세상을 향해 베푸는 삶을 살다 90살에 이르러 열반하였다. 사람들은 그를 살아 있는 부처 곧 생불生佛이라 하였다.

산방산 인근에는 신당 광정당廣靜堂이 있었다. 제주읍의 내왓당, 광양당廣壤堂, 정의의 성황당城隍堂과 함께 제주 4개 국당 중 하나였던 곳으로 이 앞을 지나는 사람은 반드시 말에서 내려 절을 하고 지나야 했다고 한다.

1702년 이형상 목사가 그 앞을 지나려 하니 말이 굳어 더 이상 나가지 않았다. 도리 없이 말에서 내려 걸으려 했지만 이번에는 발이 떨어지지 않았다. 할 수 없이 절을 했지만 그래도 막혀 나아가지 못했다. 결국 심방을 불러 굿을 할 수밖에 없었다. 굿판이 무르익자 참으로 거대한 이무기가 입을 벌리고 달려들었다. 미리 준비하고 있던 이형상 목사는 군사와 더불어 칼을 뽑았고, 군관 한 사람이 이무기의 목을 베어버렸다. 그러더니 곧이어 광정당에 불을 놓아 파괴해버렸다. 그게 다가 아니었다. 이형상 목사는 산방굴의 부처님 자리에 앉아 기생으로 하여금 술잔

을 올리게 했다. 심방과 여신, 생불을 모두 능멸하는 행위가 아닐 수 없었다. 광정당은 오늘날 사라져 그 터만 남았다.

"육지에서 보지 못할 저토록 다른 모습, 산방산"

# 제주의 십경도들,
## 제주미술사를 구성하는 핵심 줄기
《탐라십경도》, 《영주십경도》, 《제주십경도》

제주십경도에 관한 기록 가운데 가장 앞서는 것은 1694년부터 1696년 사이 제주목사로 재임한 야계 이익태가 어떤 화가로 하여금 열 곳의 승경지를 골라 그리도록 한 '탐라십경도'다. 이 작품은 현재 전해지지 않는다. 따라서 그 화풍이나 양식을 알 수는 없다. 아마도 그 어떤 화가는 《탐라순력도》를 그린 화가 김남길이거나 아니면 김남길의 선배 또는 스승 화가였을지도 모르겠다. 이익태 목사는 이형상 목사보다 앞선 전임자였다.

이익태는 재임 기간 동안 제주 풍경에 깊이 빠져들었다. 두 해 동안 온갖 곳을 두루 살핀 다음, 빼어난 열 곳을 골라냈다.

흡족해 하던 그는 화가를 구해 자신의 뜻에 맞게 그리게 한 다음, 병풍으로 만들고서 그림 위에 해설을 썼는데 이것이 지금은 전하지 않는 '탐라십경도'요, 더하여 제주의 모든 것을 알 수 있도록 저술한 그 책이 곧 『지영록』知瀛錄이다. 이익태 목사가 고른 탐라십경은 다음과 같다.

중앙부인 한라산국립공원 일대의 백록담과 영곡.
북방인 제주시 용담동의 용두암 옆쪽 바위 계곡 취병담과 조천읍 관청 일대 조천관.
동방인 제주시 구좌읍 하도리의 관청

별방소와 해 뜨는 성산읍 일출봉 성산. 남방인 서귀포시 서귀동의 관청 서귀소와 그 아래 폭포인 천제연폭포를 이르는 천지연.

서방인 서귀포시 안덕면 사계리에 우뚝 솟은 산방과 제주시 한림읍 명월리의 관청 명월소.

이 가운데 성산, 백록담, 영곡, 천지연, 산방, 취병담 등은 눈부시게 환한 승경지요, 조천관, 별방소, 명월소, 서귀소 등은 단순히 군사 요충지를 강조한 모습이다. 아름다운 풍경만이 아니라 행정관의 시선을 뒤섞은 선택은 주민을 질서 있게 하고 외적으로부터 방어를 효율 있게 하려는 통치자요 사령관이었던 이익태 목사였으니 그랬을 것인데 이렇게 한 번 일컬어진 탐라십경은 그뒤로 일종의 기준이 되었다.

그리하여 오늘날 전해 내려오는 제주의 그림은 이익태 목사가 완성한 작품이 아니어도 그가 정한 십경의 모습을 대부분 담았다. 어쩌면 이익태 목사가 그리게 한 그림을 그뒤에 다른 누군가가 베낀 임모화 또는 변형한 창작일지도 모를 일이다. 이렇게 대를 물려 전승해 오는 십경도의 전통은 19세기까지 두 세기에 걸쳐 지속되어 왔는데 지금 남은 것으로는 모두 세 가지가 있다.

첫 번째는 국립민속박물관에서 소장하고 있는《탐라십경도》다. 〈탐라도총〉, 〈산방〉, 〈백록담〉, 〈영곡〉 등 현재 네 폭이 전해지고 있다.

두 번째는 일본 고려미술관에서 소장하고 있는《영주십경도》다. 〈산방〉, 〈명월소〉, 〈취병담〉, 〈탐라대총도〉 등 현재 네 폭이 전해지고 있다.

세 번째는 국립민속박물관에서 소장하고 있는《제주십경도》다. 〈백록담〉, 〈취병담〉, 〈조천관〉, 〈명월소〉, 〈별방소〉, 〈영곡〉, 〈산방〉, 〈천지연〉, 〈성산〉, 〈서귀소〉 등 모두 열 폭이 온전하게 전해진다.

지극히 흥미로운 사실은 세 가지 모두 제작 연도가 달라 보이는데 소재를 형상화하는 방식이나 화면 구성 방식, 담채와 진채를 적절히 혼용하는 채색법이 모두 김남길의 《탐라순력도》와 깊은 연관성을 지니고 있다는 점이다. 따라서 이 작품들은 모두 제주 관아에서 제작한 것으로 보아도 무리가 없다. 한양의 궁중미술처럼 제주 관청이 발주한 미술품으로 짐작한다. 제주 관학과 미술의 전통을 대물림하고 있는 이들 작품은 두 세기에 걸친 일관성을 과시하고 있는데 필법과 구도, 채색과 그 연출에 있어서는 안정성과 밀도를 기준으로 삼고 있다.

또한 제작 연대가 확실한 김남길의 《탐라순력도》를 기준 삼아 보면 다른 작품들의 제작 순서 역시 짐작할 수 있다. 우선 네 폭만 전해지는 국립민속박물관 소장 《탐라십경도》가 가장 먼저 그려진 것으로 보인다. 그다음은 역시 네 폭만 전해지는 일본 고려미술관 소장 《영주십경도》이고 마지막은 열 폭이 모두 전해지는 국립민속박물관 소장 《제주십경도》다.

이익태 목사는 비록 그림이 남아 있지는 않으나 '탐라십경도'를 1696년에 누군가에게 제작토록 했고, 이형상 목사는 《탐라순력도》를 1703년에 화가 김남길에게 제작하도록 했으니, 그렇다면 위 세 가지 중 가장 연대가 올라가는 것으로 추정하는 국립민속박물관 소장 《탐라십경도》 네 폭이 바로 1696년의 작품일지도 모르겠다. 이렇게 보면 두 작품의 시간상 거리가 앞뒤로 8년 차이인데 어쩌면 김남길이 둘 다 그렸거나 아니라고 해도 김남길과 화풍이 같은 스승이나 동료가 그렸을 것으로 짐작할 수 있겠다.

하지만 모든 것은 그저 짐작일 뿐이다. 이익태 목사가 그리게 한 '탐라십경도'를 누가 그렸는지 기록조차 없고, 작품 역시 흔적조차 없으니 누구라도 확언할 수 없는 일이다. 다만 이익태 목사는 저서 『지영록』에 다음처럼 썼다.

"그 국경을 경비하는 관방關防의 경승景勝이나 바위, 폭포의 기이한 곳은 이곳저곳에서 볼 수 있다. 그러나 사람들이 모두 등한히 하여 간과하므로 사실을 기록하여 칭송이 자자한 곳은 하나도 없다. 그러므로 육지 사람들이 들어서 알고 있는 것이 적으니, 애석한 일이다."

이 말을 새겨 보면 이익태 목사야말로 제주도 관광을 구상하여 '우수한 경승'을 열 곳으로 압축해 '형상으로 보는' 시각용 홍보물을 병풍 형식으로 제작한 기획자라는 사실을 잘 알 수 있다.

그가 남긴 것은 남아 있지 않아도 나머지 세 가지 십경도는 이미 살핀 《탐라순력도》와 뒤에서 살필 《제주십이경도》와 더불어 한국미술사는 물론, 제주미술사를 구성하는 핵심 줄기다. 기술과 심미성을 터전으로 삼는 예술 가치는 물론이고 주류 미술사학의 관점에서 배제당하고 있는 지역 양식, 주변 양식을 가장 충실하게 실현, 전개하고 있다는 점에서도 이들 작품은 마땅히 한국미술사의 주류로 편성해야 한다.

여기에서는 국립민속박물관에서 소장하고 있는 《탐라십경도》, 일본 고려미술관에서 소장하고 있는 《영주십경도》, 국립민속박물관에서 소장하고 있는 《제주십경도》 모두를 일별케 하고 아울러 화폭마다 상단에 자리잡은 화제의 원문과 풀이를 함께 적어두었다. 산발적으로 흩어져

있던 여러 원문과 풀이를 살피고 그림 속 글자를 확인하여 정리하였다.

# 탐라도총 耽羅都摠 《탐라십경도》, 40.6×61, 종이, 국립민속박물관

섬을 둘러싼 바다는 폭과 둘레가 480리고, 동서 170리, 남북 73리다. 큰 길의 둘레는 378리고 물길이 순풍을 만나 광아량에서 해남 관두로 곧바로 건너가면 900여 리고, 백량에서 가로질러 건너면 1천여 리다. 한라산이 옆으로 뻗쳐 있고 삼읍은 마주보고 늘어서 있으며 제주 진산(한라산)의 북면이 양현을 다스린다. 정의현은 산의 동남쪽 모퉁이에 있고, 대정현은 산의 서남쪽 모퉁이에 있다. 방호소인 구진이 요해처에 분포되어 있다. 봉수는 25곳에 있고 크고 작은 배들이 정박할 수 있는 곳은 85곳이며 연대는 39곳이다. 사람이 살고 있는 마을은 164곳이며 합하여 35면에 이른다. 효자 3명, 열녀 4명, 곡식을 쌓아두는 6개의 창고가 있고 과원은 40곳이다. 국둔에서 말과 소를 기르고, 염소를 기르는 3곳, 흑우는 3둔, 말은 50여 둔이 있고, 염소를 기르는 우리는 2개이다. 성의 사방을 가다보면 경치가 아름다운 곳이 2곳이 있다. 모흥혈은 제주성 남문 밖 2리쯤에 있다.

島之環海, 幅員四百八十里, 東西一百七十里, 南北七十三里. 大路周回三百七十八里, 水路得便風, 于廣鵝梁直渡海南館頭, 九百餘里, 由白梁橫濟則千有餘里. 漢拏橫旦三邑鼎峙, 濟州鎭山之北面, 控制兩縣. 旌義居于山之東南隅, 大靜居于山之西南隅. 防護所九鎭分布於要害之地. 烽燧二十五處, 大小航可泊浦八十五處, 烟臺三十九處. 人居村店一百六十四, 合作三十五面. 孝子三, 烈女四, 粟儲六倉, 果園四十處. 國屯馬牛牧, 畜羔三所, 黑牛三屯, 馬五十數屯, 畜羔二圈. 度城四方景處處二. 牟興穴在州城南門外二里許.

제주미술사를 구성하는 핵심 줄기

대정현 동쪽 10리 거리에 외로운 산 하나 해변에 홀로 솟아 있어 전체가 하나의 돌로 되어
참으로 비범하고 험준하다. 앞의 반허리쯤에 하나의 굴이 그대로 석실을 이루어 방 안에
들어간 것 같다. 그 굴에는 무너진 바위 사이로 물방울이 떨어지는데 물통을 놓고 물방울을
받으면 하루에 고인 물이 한 동이쯤 되며, 그 맛이 매우 맑고 상쾌하다. 전설에 아주
오래전 사냥꾼이 한라산에 올라가, 활로 하늘 복판을 쏘았는데, 상제가 화가 나서 주봉을
꺾어 이곳에 옮겨 쌓았다고 한다. 그 남쪽에 돌구멍이 있는데 이름은 암문이라 하며, 그
북쪽에 또 큰 구멍이 있는데 깊이를 잴 수 없다. 송악과 형제암이 앞바다에 이어져 있고,
용두와 연대가 머리를 내민다. 왼쪽 산기슭에 향기 나는 풀과 보랏빛 버섯이 두루 나고,
산머리에는 도의 기운이 사람들에게 스며들고, 신선과 같은 모습이 길을 이끄니, 어찌
왕자교와 적송자가 일찍부터 여기에서 호흡하고, 경장영액(훌륭한 술과 영험한 물, 신선이
마시는 음료)이 아직도 많이 남아 있다가 나머지가 스며 나오는 것이 아니겠는가.

大靜縣東距十里, 孤山特聳海邊, 全體一石, 極其奇險. 前面半腹, 有一窟, 自成石室, 如入房內.
其覆岩間, 漏點滴, 置槽承滴, 一日所潴, 僅一盆, 味甚淸爽. 諺傳, 上古獵者登漢挐山, 以弓弭摩擊天腹,
上帝怒折柱峯, 移峙于此云. 其南有石穴, 名暗門, 其北又有大穴, 深不可測. 松岳及兄弟岩點綴前洋,
龍頭烟臺驤首. 左麓香卉紫芝遍生, 峯頭道氣襲人, 仙風引路, 豈喬松之所嘗呴噓呼吸於此,
而瓊漿靈液尙留其餘瀝者非那.

제주미술사를 구성하는 핵심 줄기

# 백록담 白鹿潭 《탐라십경도》, 40.6×61, 종이, 국립민속박물관

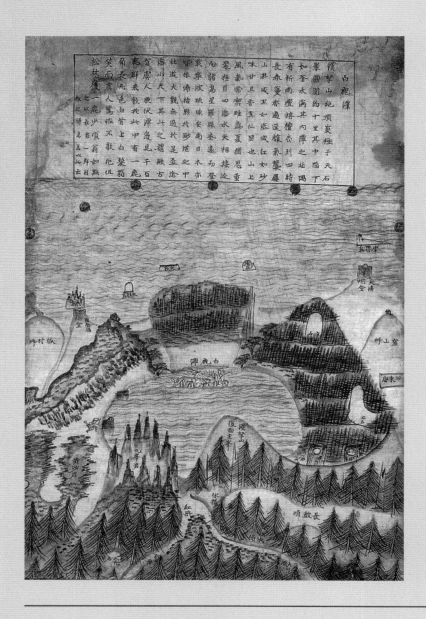

한라산 맨 꼭대기는 하늘로 높이 솟아 있고, 돌로 된 봉우리가 둥그렇게 돌려져 있는데 주위가 약 10리다. 그 가운데가 아래로 움푹 파여 마치 솥과 같아 그안에 물이 가득하다. 못의 북쪽 구석에 기우단이 있다. 단향목이 촘촘히 늘어서 있고 사계절이 봄과 같으며, 덩굴 향기가 좁은 길에 흐드러져 향기로운 기운이 신발을 적신다. 산열매는 검기가 옻과 같고, 붉기가 단사(丹砂, 짙은 붉은빛을 띤 광물)와 같으며, 맛은 달고도 향이 있어 정말로 신선이 먹는 과실이다. 산 위에는 바람 기운이 항상 서늘하여 비록 한여름이라 하더라도 오히려 두꺼운 갖옷을 생각나게 한다. 멀리 사방의 바다로 눈을 돌리면, 물과 하늘이 서로 맞붙어, 가까이는 여러 섬들이 눈 밑에 별처럼 펼쳐져 있고, 멀리는 등래(중국 산동성)와 영파(중국 절강성의 도시), 유구(류큐), 안남(베트남), 일본 또한 모두 아득한 가운데에 희미하게 손가락으로 가리킬 만하다. 웅대한 경관을 장쾌하게 유람하는 것은 이보다 더한 것이 없고, 작은 천하를 큰 바다에 담는다는 것은 이것을 두고 하는 말이다. 옛날에 어떤 사냥꾼이 밤에 못가에 엎드려 수많은 사슴떼가 와서 이 가운데서 물을 마시는 것을 보았다. 어떤 사슴 한 마리가 뿔이 길고 색깔이 하얀데 등 위에 백발노인이 웃고 있었고, 사냥꾼은 놀랍고 괴이하여 감히 범접하지를 못하였다. 다만 소나무숲에 뒤처진 사슴 한 마리가 있었는데, 잠시 노인이 상태를 점검하는 듯하더니, 한 번 긴 휘파람 소리를 내었다. 못이 이름을 얻게 된 연고는 대략 이러하다.

漢拏山絶頂峻極于天, 石嶂圓圍約十里. 其中陷下如釜水滿其內. 潭之北隅有祈雨壇. 栴檀森列, 四時長春 蔓香遍逕, 馥氣襲屨. 山果或黑如漆, 或紅如砂, 味甘且香眞仙果也. 山上風氣常凜, 雖盛夏猶思重裝. 極目四海, 水天相接, 近而諸島星羅眼底, 遠而登萊寧波琉球安南日本, 亦皆依俙指點於渺茫之中. 壯遊大觀, 無過於是, 盃滄海小天下, 其此之謂歟. 古有虞人, 夜伏潭邊, 見千百鹿群來, 飮於此中, 有一鹿角長而色白, 背上白髮翁笑而虞人驚怪不敢犯. 但松林後一鹿, 少頃翁如點之狀, 長嘯一聲. 因潭之得名, 蓋以此云.

제주미술사를 구성하는 핵심 줄기

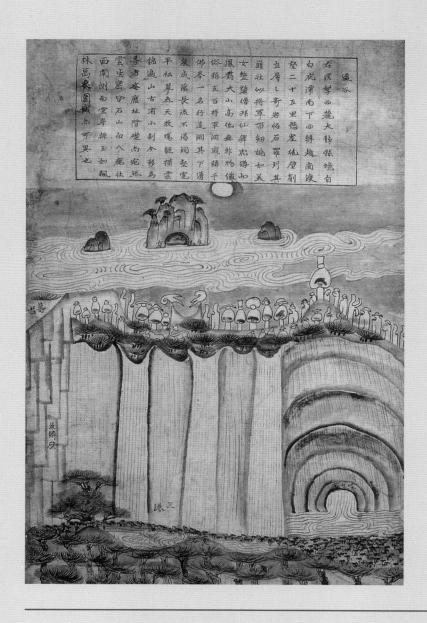

한라산 서쪽 기슭 대정현 경계에 있다. 백록담에서 남쪽으로 내려오다 서쪽으로 방향을
바꿔 산등성이를 넘고 골짜기를 건너 25리를 오면, 매달린 낭떠러지와 끊어진 벼랑이 깎은
듯이 서 있고, 겹겹이 기암괴석들이 늘어서 있다. 그 산꼭대기는 웅장하기가 마치 장군이
칼을 찬 것 같고, 아리땁기는 미녀가 쪽을 진 것 같다. 스님이 절을 하고, 신선이 춤을 추며,
호랑이가 웅크리고, 봉황이 날아오르며, 크고 작고 높고 낮은 것들이 사물의 모양이 아닌
것이 없어, 세상에서는 오백장군동이라고 하고, 천불봉이라고도 하며, 일명 행도동이라고
한다. 그 밑으로는 샘이 솟아 계곡을 이루어 길게 흘러 마르지 않는다. 골짜기는 넓고
평평하며 소나무는 짙푸러 하늘을 찌른다. 목장은 여기저기에 있고 비단 같은 구름이 산에
걸쳐 있다. 옛날에는 작은 사찰이 있었는데 지금은 옮겨서 존자암이 되었고, 빈터에는
계단과 주춧돌이 아직도 완연하다. 대체로 한라산은 모두 석산이고 사슴이 들어와
번성한다. 서남 측면의 신령스러운 봉우리는 구슬을 배열한 것이 마치 단풍나무숲의 만
가지 형상과도 같고 성을 둘러 싼 것도 가히 이채롭다.

在漢拏西麓大靜縣境, 自白鹿潭南下, 西轉越崗渡壑二十五里, 懸崖絶壁削立, 層層奇岩怪石羅列,
其巔壯似將軍帶劍, 婉如美女整鬢. 僧拜仙舞, 虎蹲而鳳翥, 大小高低無非物像. 俗稱五百將軍洞,
或稱千佛峯一名行道洞. 其下湧泉成溪, 長流不渴, 洞壑寬平, 松翠參天, 牧場縱橫, 雲錦遍山,
古有小刹, 今移爲尊者庵, 廢址階礎尙宛然. 雲生窟皆石山而入鹿壯. 西南側面靈峯排玉 如楓林之萬象,
圍城亦可異也.

제주미술사를 구성하는 핵심 줄기

## 명월소 明月所 《영주십경도》, 36.1×63.3, 종이, 일본고려미술관

제주의 십경도들

제주 서쪽 40리가 곧 애월소이고, 애월을 지나 25리에 명월소가 있다. 성 둘레는 3,020자, 높이는 8자, 장벽이 123, 격대가 7, 정군이 463, 봉수 2, 연대 7이다. 북성 안에 솟는 샘이 있어, 물이 돌 틈에서 솟아나는데 맑고 차며 도도히 흐른다. 주변에 돌로 둑을 쌓아 못처럼 가득 차서, 비록 천만의 군사가 길어다 써도 끝이 없다. 동문 밖에도 또한 큰 시내가 있어 성을 안고 서쪽으로 흘러 안의 샘물과 북쪽 수구 밖에서 합쳐져, 많은 논밭에 물을 대다가 북쪽 바다로 들어간다. 대개 주성 동쪽으로부터 정의현에 이르기까지 하천에 물이 나오는 우물과 내가 없지만, 이곳 안팎에는 유독 길게 흐르는 물이 있다. 서쪽으로 바라보면 10리나 되는 긴 모래밭이 펼쳐져 있고, 눈 덮인 과원의 귤은 금빛을 두르고 있다. 그 사이에 세 개의 굴이 있는데, 배령굴(배령은 한림읍 금릉리의 속칭)은 깊고 길어 거의 30리나 되며, 여기서 나는 석종유가 가장 좋다. 비양도에는 전죽(화살 만드는 대나무)이 잘 자라, 매년 수천 다발을 잘라내는데, 자고죽(저절로 말라 죽은 대나무)이라고 하는 것이 이것이다. 문관, 창곡, 군기 등 여러 가지 기구가 별방과 우열을 다툰다.

州西十四里, 卽涯月所, 過涯月二十里, 有明月所. 城周三千二十尺, 高八尺, 堞一百二十三, 擊臺七, 軍士四百六十三, 烽燧二, 烟臺七. 北城內, 有源泉水, 湧岩穴, 淸洌滔滔. 周築石堤, 盈滿如池, 雖千萬軍, 汲用無窮. 東門外, 又有大川, 抱城西流, 會合內泉於北水口外. 多灌稻田, 北入于海. 盖州城以東 至旌義縣, 無生水井川, 而此內外獨有長流之水. 西望十里, 長沙舖, 雪園橘圍金. 其間有三屈, 而排舡屈深長, 幾三十里, 所産石鐘乳最良. 飛楊島中, 長擧箭竹, 每年刈取數千餘束, 所謂自枯竹此也. 門館倉穀軍器諸具與別防, 相甲乙焉.

# 취병담 翠屛潭 《영주십경도》, 36.1×63.3, 종이, 일본고려미술관

제주성의 서문 밖 3리쯤에 커다란 내가 있는데 대독포(한뒷개)로 흘러 들고 포구에 못 미쳐 용추(폭포)가 있다. 물색이 매우 깊고 검어 끝이 없다. 양쪽 언덕은 푸르고 높은 절벽이 병풍을 두르며, 좌우의 언덕 바위는 기괴하여 누워 있기도 하고 서 있기도 하다. 못의 형세는 서로 굽어 있어, 길이가 수백여 보나 되며, 깊은 가운데 고요하다. 배를 타고 오르내리면 마치 그림 속에 있는 듯하다. 포구와 바다 사이에는 모래톱이 띠를 두르고 있어 조수에 막히기도 한다. 못 서쪽의 잠두(누에머리처럼 생긴 산봉우리)는 평평하고 둥글어 대臺를 이루며, 그 아래 산 바위는 연속해서 층을 이루어 바다로 들어가고, 거대한 바위는 머리를 들고 입을 벌리며 어지러이 널려 있는 돌들 가운데 홀로 서 있다. 장대하기가 용의 머리와 같아 이름을 용두암이라 하였다. 바위 아래가 등선대요, 뒤에는 어부의 집들이 처마를 잇대 있고, 앞에는 낚시 배의 노가 잇닿아 있다. 물과 하늘은 한 빛깔이요 안개와 노을이 어슴푸레하니, 바다 밖에서 노닐며 감상하기에 모두가 비할 수 없을 만큼 훌륭한 경치라 할 만하다.

州城西門外里許, 有大川, 流入大瀆浦未及浦口, 有龍湫. 水色深黑無底. 兩岸翠壁, 蒼崖圍屛, 左右岸石奇怪, 或臥或立. 潭勢互曲, 長可數百餘步, 幽間窈窈. 乘船上下如在畵圖中, 浦海之間隔帶沙場, 潮水或塞. 潭西蚕頭, 平圓成臺, 其下山骨, 連層入海, 巨巖擧首開口, 特立於亂石之中, 壯如龍頭, 故名曰龍頭. 巖下登船臺, 漁戶連詹於後, 釣艇接櫓於前. 水天一色, 烟霞微茫, 海外遊賞, 最稱絶勝.

제주미술사를 구성하는 핵심 줄기

# 산방山房 《영주십경도》, 36.1×63.3, 종이, 일본고려미술관

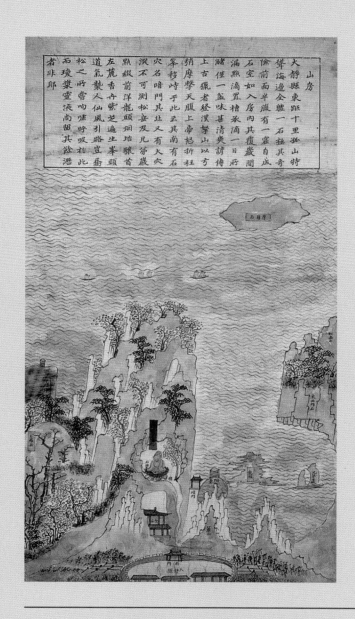

대정현 동쪽 10리 거리에 외로운 산 하나 해변에 홀로 솟아 있어 전체가 하나의 돌로 되어
참으로 비범하고 험준하다. 앞의 반허리쯤에 하나의 굴이 그대로 석실을 이루어 방 안에
들어간 것 같다. 그 굴에는 무너진 바위 사이로 물방울이 떨어지는데 물통을 놓고 물방울을
받으면 하루에 고인 물이 한 동이쯤 되며, 그 맛이 매우 맑고 상쾌하다. 전설에 아주 오래전
사냥꾼이 한라산에 올라가, 활로 하늘 복판을 쏘았는데, 상제上帝가 화가 나서 주봉을
꺾어 이곳에 옮겨 쌓았다고 한다. 그 남쪽에 돌구멍이 있는데 이름은 암문이라 하며, 그
북쪽에 또 큰 구멍이 있는데 깊이를 잴 수 없다. 송악과 형제암이 앞바다에 이어져 있고,
용두와 연대가 머리를 내민다. 왼쪽 산기슭에 향기 나는 풀과 보랏빛 버섯이 두루 나고,
산머리에는 도의 기운이 사람들에게 스며들고, 신선과 같은 모습이 길을 이끄니, 어찌
왕자교와 적송자가 일찍부터 여기에서 호흡하고, 경장영액(훌륭한 술과 영험한 물, 신선이
마시는 음료)이 아직도 많이 남아 있다가 나머지가 스며 나오는 것이 아니겠는가.

大靜縣東距十里, 孤山特聳海邊, 全體一石, 極其奇險. 前面半腹, 有一窟, 自成石室, 如入房內.
其覆岩間, 漏點滴, 置槽承滴, 一日所瀦, 僅一盆, 味甚淸爽. 諺傳, 上古獵者登漢挐山, 以弓弰摩擊天腹,
上帝怒折柱峯, 移峙于此云. 其南有石穴, 名暗門, 其北又有大穴, 深不可測. 松岳及兄弟岩點綴前洋,
龍頭烟臺驤首. 左麓香奔紫芝遍生, 峯頭道氣襲人, 仙風引路, 豈喬松之所嘗呴噓呼吸於此,
而瓊漿靈液尙留其餘瀝者非那.

제주미술사를 구성하는 핵심 줄기

# 탐라대총지도 耽羅大總地圖 《영주십경도》, 36.1×63.3, 종이, 일본고려미술관

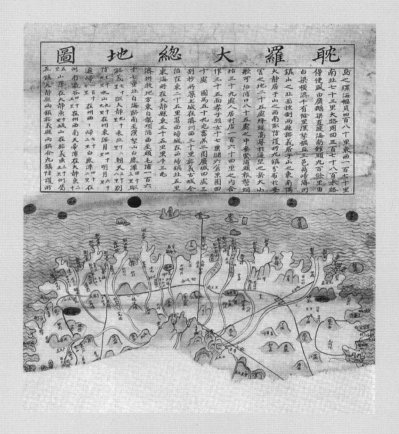

섬을 둘러싼 바다는 폭과 둘레가 480리고, 동서 170리, 남북 73리다. 큰 길의 둘레는
378리고, 물길이 순풍을 만나 광아량에서 해남 관두로 곧바로 건너가면 900여 리고,
백량에서 가로질러 건너면 1천여 리다. 한라산이 옆으로 뻗쳐 있고 삼읍은 마주보고
늘어서 있으며 제주 진산(한라산)의 북면이 양현을 다스린다. 정의현은 산의 동남쪽
모퉁이에 있고, 대정현은 산의 서남쪽 모퉁이에 있다. 방호소인 구진은 요해처에 있고

제주의 십경도들

25곳에 봉수가 있다. 높은 곳에서 망보기에 좋은 산이다. 크고 작은 배들이 정박할 수 있는 85곳 가운데 중요한 포구 머리에서 위급한 사실을 알리는 연대가 39곳이다. 사람이 살고 있는 마을은 164곳이며 합하여 35면에 이른다. 효자와 열녀 17명, 곡식을 쌓아두는 6개의 창고가 있고, 과원은 40곳이다. 나라말 59둔, 염소를 기르는 2개의 우리, 버려진 성은 4곳(고성, 성산, 서귀, 동해소)이다. 삼별초가 축성한 토성은 제주 서쪽으로 30리에 있다. 정의현 고성은 지금의 치소에서 동쪽 25리에 있다. 옛 서귀성은 서귀진 북쪽 5리에 있다. 동해소는 대정현 동쪽 35리에 있다. 흑우 3둔은 제주목의 경내에 있다. 동쪽 용정포에서 서쪽 두모포까지 167리, 북쪽 바닷가에서 남쪽 한라산 백록담까지 43리다. 정의현까지 거리는 70리, 대정 90리, 화북 12리, 조천 28리, 별방 79리, 수산 99리다. 제주 동쪽에 애월 40리, 명월 60리, 차귀 117리다. 제주 서쪽에 서귀 72리, 백록담 42리다. 제주 서남쪽에 천제담은 대정의 동쪽 25리에 있다. 산방은 대정 동쪽 10리, 성산은 정의현 동쪽 35리에 있다. 제주는 오진과 대정현의 양진, 정의현의 양진을 합해서 구진과 방호소를 거느린다.

島之環海, 幅員四百八十里, 東西一百七十里, 南北七十三里. 大路周回三百七十八里, 水路得便風,
由廣鵝梁直島海南館頭, 九百餘里, 由白梁橫濟則千有餘里. 漢拏橫旦三邑鼎峙, 濟州鎭山之北面,
控制兩縣. 旌義居于山之東南隅, 大靜居于山之西南隅. 防護所九鎭分布於要害之地二十五處烽燧.
高等於通望之岳. 大小航可泊浦八十五處之中要緊浦頭報警烟臺三十九處. 人居村店一百六十四,
合作三十五面. 孝子烈女十七, 栗儲六倉, 果園四十處. 國馬五十九屯, 畜羔二圈, 廢城四處,
三別抄所築土城在濟州西三十里. 旌義古城今治所在東二十五里. 舊西歸城在西歸鎭北五里.
東海所在大靜縣東三十五里. 黑牛三屯, 濟州牧地方. 東自龍頂浦西至頭毛浦一百六十七里.
北自海際南至漢拏山白鹿潭(四十三里.) 距旌義(七十里), 距大靜(九十里), 禾北(十二里), 朝天(二十八里),
別防(七十九里), 水山(九十九里). 在州東涯月(四十里), 明月(六十里), 遮歸(一百十七里).
在州西西歸(七十二里), 白鹿潭(四十二里). 在州南瀛谷(四十五里). 在州西南天帝潭在大靜東(二十五),
山房在大靜東(十里), 城山在旌義東(三十五里). 州屬五鎭大靜縣兩鎭旌義縣兩鎭合九鎭防護所.

제주미술사를 구성하는 핵심 줄기

# 백록담白鹿潭《제주십경도》, 30.5×52, 종이, 국립민속박물관

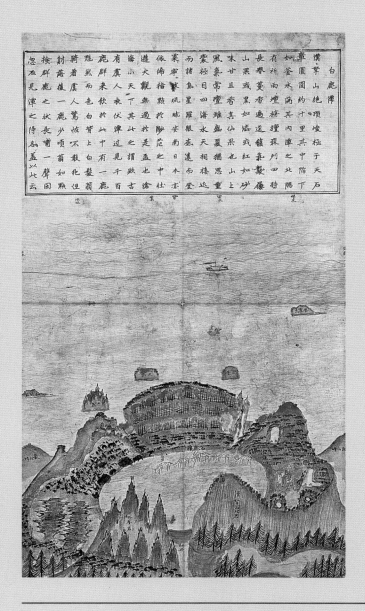

한라산 맨 꼭대기는 하늘로 높이 솟아 있고, 돌로 된 봉우리가 둥그렇게 돌려져 있는데 주위가 약 10리다. 그 가운데가 아래로 움푹 파여 마치 솥과 같아 그 안에 물이 가득하다. 못의 북쪽 구석에 기우단이 있다. 단향목이 촘촘히 늘어서 있고 사계절이 봄과 같으며, 덩굴 향기가 좁은 길에 흐드러져 향기로운 기운이 신발을 적신다. 산열매는 검기가 옻과 같고, 붉기가 단사(丹砂, 짙은 붉은빛을 띤 광물)와 같으며, 맛은 달고도 향이 있어 정말로 신선이 먹는 열매다. 산 위에는 바람 기운이 항상 서늘하여 비록 한여름이라 하더라도 오히려 두꺼운 갖옷을 생각나게 한다. 멀리 사방의 바다로 눈을 돌리면, 물과 하늘이 서로 맞붙어, 가까이는 여러 섬이 눈 밑에 별처럼 펼쳐져 있고, 멀리는 등래(중국 산동성)와 영파(중국 절강성의 도시), 유구(류큐), 안남(베트남), 일본 또한 아득한 가운데에 희미하게 손가락으로 가리킬 만하다. 웅대한 경관을 장쾌하게 유람하는 것은 이보다 더한 것이 없고, 작은 천하를 큰 바다에 담는다는 것은 이것을 두고 하는 말이다. 옛날에 어떤 사냥꾼이 밤에 못가에 엎드려 수많은 사슴떼가 와서 이 가운데서 물을 마시는 것을 보았다. 어떤 사슴 한 마리가 출중하고 색깔이 하얀데 등 위에 백발노인이 타고 있었다. 사냥꾼은 놀랍고 괴이하여 감히 범접하지를 못하였다. 다만 뒤에 처진 사슴 한 마리를 쏘았는데, 잠시 노인이 사슴떼의 상태를 점검하는 듯하더니, 한 번 긴 휘파람 소리를 내자 갑자기 보이지 않았다. 못이 이름을 얻게 된 것은 대략 이러하다.

漢挐山絶頂, 峻極于天, 石嶂圓圍約十里. 其中陷下如釜水滿其內. 潭之北隅, 有祈雨壇. 梅檀森列, 四時長春, 蔓香遍逕, 馥氣襲屢. 山果或黑如漆, 或紅如砂, 味甘且香, 眞仙果也. 山上風氣常凜, 雖盛夏猶思重裘. 極目四海, 水天相接, 近而諸島星羅眼底, 遠而登萊寧波琉球安南日本, 亦依俙指點於渺茫之中. 壯遊大觀, 無過於是, 盃也滄海小天下, 其此之謂歟. 古有虞人, 夜伏潭邊, 見千百鹿群來, 飮於此中. 有一鹿魁然而色白, 背上白髮翁騎着. 虞人驚怪不敢犯. 但射落後一鹿, 少頃翁如點檢群鹿之狀, 長嘯一聲, 閃忽不見. 潭之得名, 蓋以此云.

제주미술사를 구성하는 핵심 줄기

# 취병담 翠屛潭 《제주십경도》, 30.5×52, 종이, 국립민속박물관

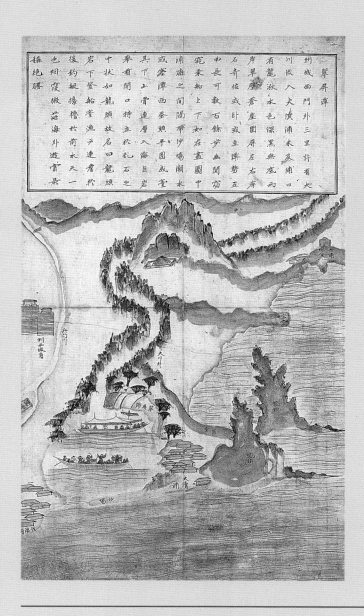

제주의 십경도들

제주성의 서문 밖 3리쯤에 커다란 내가 있는데 대독포(한뒷개)로 흘러들고 포구에 못
미쳐 용추(폭포)가 있다. 물색이 매우 깊고 검어 끝이 없다. 양쪽 언덕은 푸르고 높은
절벽이 병풍을 두르며, 좌우의 언덕 바위는 기괴하여 누워 있기도 하고 서 있기도 하다.
못의 형세는 서로 굽어 있어, 길이가 수백여 보나 되며, 깊은 가운데 고요하다. 배를 타고
오르내리면 마치 그림 속에 있는 듯하다. 포구와 바다 사이에는 모래톱이 띠를 두르고 있어
조수에 막히기도 한다. 못 서쪽의 잠두(누에머리처럼 생긴 산봉우리)는 평평하고 둥글어
대를 이루며, 그 아래 산 바위는 연속해서 층을 이루어 바다로 들어가고, 거대한 바위는
머리를 들고 입을 벌리며 어지러이 널려 있는 돌들 가운데 홀로 서 있다. 장대하기가 용의
머리와 같아 이름을 용두암이라 하였다. 바위 아래가 등선대요, 뒤에는 어부의 집들이
처마를 잇대 있고, 앞에는 낚싯배의 노가 잇닿아 있다. 물과 하늘은 한 빛깔이요 안개와
노을이 어슴푸레하니, 바다 밖에서 노닐며 감상하기에 모두가 비할 수 없을 만큼 훌륭한
경치라 할 만하다.

州城西門外三里許, 有大川, 流入大瀆浦未及浦口, 有龍湫. 水色深黑無底. 兩岸翠壁, 蒼崖圍屏,
左右岸石奇怪, 或臥或立. 潭勢互曲, 長可數百餘步, 幽間窈窕. 乘船上下如在畵圖中, 浦海之間隔帶沙場,
潮水或塞. 潭西蚕頭, 平圓成臺, 其下山骨, 連層入海, 巨岩擧首開口, 特立於亂石之中, 狀如龍頭,
故名曰龍頭. 岩下登船臺, 漁戶連詹於後, 釣艇接櫓於前. 水天一色, 烟霞微茫, 海外遊賞, 最稱絶勝焉.

제주미술사를 구성하는 핵심 줄기

제주성에서 동쪽으로 30리에 돌들이 바다 입구에 섞여 저절로 조그만 섬을 이루었다. 돌을
메워 높이 쌓고 성이 그 위를 둘러싸고 있으며 가운데는 관아 건물 수십 칸이 있다. 동남쪽
성 모퉁이의 가장 높은 곳에 객관 3채가 있는데 허공에 아득하고 붉은 칠이 밝게 빛나는데
편액은 연북정戀北亭이라 한다. 사면은 바다의 조수에 둘러 있는데 한쪽은 땅에 닿아 있어
다리를 들어서 성문과 통한다. 이에 많거나 적은 인원이 바다를 항해하려고 오고 갈 적에
순풍을 기다리는 곳이다. 이런 까닭에 방호소를 설치하고 조방장을 두었다.
성의 둘레는 428자, 높이는 9자, 정군이 241명, 관리하는 봉수가 1개, 연대가 3개, 배가
정박하는 포구가 3곳이다. 성 아래 포구는 양쪽에 돌로 보를 쌓은 가운데 수문을 열어
뱃길로 통하게 한다. 드나들 때 항상 그 안에 배를 대고 성 밖의 내리는 곳에는 이섭정이
있다. 포구 마을 수백 가구가 귤나무숲 가운데 빼곡히 늘어서 있어 배는 나루터를 헤매고,
관방의 뛰어난 풍경은 구진 가운데 으뜸이다.

在州城東三十里, 石磧錯雜於海口, 自成一小島. 塡石高築, 城環其上, 中有公廨數十間,
東南城隅最高處, 客館三楹, 縹緲半空, 丹艧照曜, 扁曰戀北亭. 四面環海潮水, 則一方連陸因作擧橋,
以通城門. 此乃大小人員, 航海往來時待風所也. 因設防護所, 置助防將. 城周四百二十八尺, 高九尺,
正軍二百四十一名, 所管烽燧一, 烟臺三, 船泊浦三處. 城下浦口, 互築石埭中, 開水門以通船路. 出入常時,
藏船於其內, 城外下陸處有利涉亭. 浦村數百戶, 櫛比橘林中, 舟楫迷津, 關防形勝, 甲於九鎭矣.

제주미술사를 구성하는 핵심 줄기

# 명월소明月所《제주십경도》, 30.5×52, 종이, 국립민속박물관

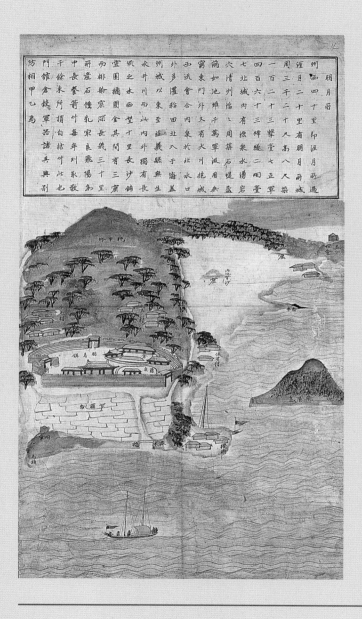

제주의 십경도들

제주 서쪽 40리가 곧 애월소이고, 애월을 지나 25리에 명월소가 있다. 성 둘레는 3,020자, 높이는 8자, 장벽이 123, 격대가 7, 정군이 463, 봉수 2, 연대 7이다. 북성 안에 솟는 샘이 있어, 물이 돌 틈에서 솟아나는데 맑고 차며 도도히 흐른다. 주변에 돌로 둑을 쌓아 못처럼 가득 차서, 비록 천만의 군사가 길어다 써도 끝이 없다. 동문 밖에도 또한 큰 시내가 있어 성을 안고 서쪽으로 흘러 안의 샘물과 북쪽 수구 밖에서 합쳐져, 많은 논밭에 물을 대다가 북쪽 바다로 들어간다. 대개 주성 동쪽으로부터 정의현에 이르기까지 하천에 물이 나오는 우물과 내가 없지만, 이곳 안팎에는 유독 길게 흐르는 물이 있다. 서쪽으로 바라보면 10리나 되는 긴 모래밭이 펼쳐져 있고, 눈 덮인 과원의 귤은 금빛을 두르고 있다. 그 사이에 3개의 굴이 있는데, 배령굴(배령은 한림읍 금릉리의 속칭)은 깊고 길어 거의 30리나 되며, 여기서 나는 석종유가 가장 좋다. 비양도에는 전죽(화살 만드는 대나무)이 잘 자라, 매년 수천 다발을 잘라내는데, 자고죽(저절로 말라 죽은 대나무)이라고 하는 것이 이것이다. 문관, 창곡, 군기 등 여러 가지 기구가 별방과 우열을 다툰다.

州西十四里, 卽涯月所, 過涯月二十里, 有明月所. 城周三千二十尺, 高八尺, 堞一百二十三, 擊臺七, 正軍四百六十三, 烽燧二, 烟臺七. 北城內, 有源泉, 水湧岩穴, 淸洌滔滔. 周築石堤, 盈滿如池, 雖千萬軍, 汲用無窮. 東門外, 又有大川, 抱城西流, 會合內泉於北水口外. 多灌稻田, 北入于海. 盖州城以東 至旌義縣, 無生水井川, 而此內外獨有長流之水. 西望十里, 長沙舖, 雪園橘圍金. 其間有三屈, 而排舫屈深長, 幾三十里, 所産石鐘乳最良. 飛楊島中, 長擧箭竹, 每年刈取數千餘束, 所謂自枯竹此也. 門館倉穀軍器諸具, 與別防相甲乙焉.

제주미술사를 구성하는 핵심 줄기

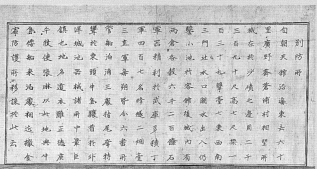

別防所
自朝天館沿海東去六十
里廣野蒼浦村相望所
城在於沙債之遺周二千
三百九十尺高七尺西
三百九十尺臺七尺束
城三門北水口潮水出入仍
百三十步舉臺七尺束南
三小池於水口館後城內
鑿兩誼各穀六千二百積儲有
軍倉精利於武庫
軍四百七名朔番指首書丁
管束直泊中鳥孃中典庚
譬松浦每歲打鳥孃二畑臺丁
鎮城池器械諸所正德牛
洋城地名張以此地
千牧使張琳衣相遠云金
寧魚防護所移諜於此云

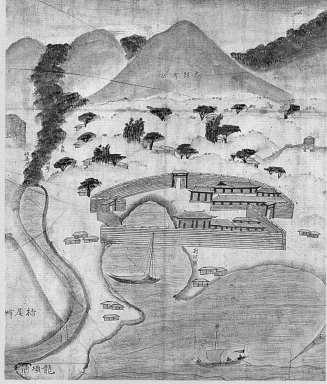

조천관에서 바다를 따라 동쪽으로 60리 떨어져 넓은 들판이 아득하고, 갯마을이 서로 마주보는 곳이다. 성은 모래사장 가장자리에 있으며 둘레는 2,390자, 높이는 7자, 장벽이 139개, 격대가 7곳이다. 동서남쪽에 3개의 문이 있고 북쪽 수구로 조수가 드나들어서, 객관 뒤에 작은 연못을 팠다. 성 안에는 2곳의 곳간이 있는데, 각각 곡식 6,200여 석이 있었다. 무기고에는 군기와 잘 벼린 칼을 많이 쌓아두었고, 정군은 407명, 봉수 2곳, 연대는 3곳이다. 직군은 매달 초하루에 모두 6번으로 나누었고, 관할하는 배를 대는 포구가 3곳이다. 지미봉이 동쪽 머리에 홀로 우뚝하고, 우도가 바다 밖에서 머리를 들고 있다. 성의 연못과 기계(기구나 연장의 총칭)의 규모가 여러 곳 가운데 가장 큰 진이다. 땅 이름은 도의리다. 정덕경오(중종 5, 1510)년에 목사 장림이 이곳과 우도가 왜구의 배들이 와서 정박하는 곳과 서로 가까워 김녕의 방호소를 없애고 여기로 옮겨 설치하였다.

自朝天館, 沿海東去六千里, 廣野莽蒼, 浦村相望所. 城在於沙磧之邊, 周二千三百九十尺, 高七尺, 堞一百三十九. 擊臺七. 東西南三門, 北水口潮水出入, 仍鑿小池於客館後. 城內有兩倉 各穀六千二百餘石. 軍器精劍於武庫多積, 丁軍四百七名, 烽燧二, 烟臺三. 直軍每朔皆分六番, 所管船泊浦三處. 指尾峯特簪於東頭, 牛島驤首於外洋. 城池器械, 諸所中最巨鎭也. 地名道衣離. 正德庚午, 牧使張琳, 以此地與牛島, 倭船來泊處相近, 撤金寧防護所, 移設於此云.

제주미술사를 구성하는 핵심 줄기

# 영곡瀛谷 《제주십경도》, 30.5×52, 종이, 국립민속박물관

　　　　　　　　　　　　　　　　　　　　　　　제주의 십경도들

한라산 서쪽 기슭 대정현 경계에 있다. 백록담에서 남쪽으로 내려오다 서쪽으로 방향을 바꿔 산등성이를 넘고 골짜기를 건너 25리를 오면, 매달린 낭떠러지와 끊어진 벼랑이 깎은 듯이 서 있고, 겹겹이 기암괴석들이 늘어서 있다. 그 산꼭대기는 웅장하기가 마치 장군이 칼을 찬 것 같고, 아리땁기는 미녀가 쪽을 진 것 같다. 스님이 절을 하고, 신선이 춤을 추며, 호랑이가 웅크리고, 봉황이 날아오르며, 크고 작고 높고 낮은 것들이 사물의 모양이 아닌 것이 없어, 세상에서는 오백장군동이라고 하고, 천불봉이라고도 하며, 일명 행도동이라고 한다. 그 밑으로는 샘이 솟아 계곡을 이루어 길게 흘러 마르지 않는다. 깊고 큰 골짜기는 넓고 평평하며 소나무는 짙푸르러 하늘을 찌른다. 목장은 여기저기에 있고 비단 같은 구름이 산에 걸쳐 있다. 옛날에는 작은 사찰이 있었는데 지금은 옮겨서 존자암이 되었고, 빈터에는 계단과 주춧돌이 아직도 완연하다. 대체로 한라산은 모두 석산이고 사슴이 들어와 번성한다. 오직 저 일면의 신령스러운 봉우리는 구슬을 배열한 것이 풍악의 형상과 같고, 향성도 가히 이채롭다.

在漢挐西麓大靜縣境. 自白鹿潭南下, 西轉越崗渡壑二十五里, 懸崖絶壁削立, 層層奇岩怪石羅列.
其巓壯似將軍帶劍, 婉如美女整鬉. 僧拜仙舞, 虎蹲而鳳翥, 大小高低無非物像, 俗稱五百將軍洞,
或稱千佛峯一名行道洞. 其下湧泉成溪, 長流不渴. 洞壑寬平, 松翠參天. 牧場縱橫, 雲錦遍山. 古有小刹,
今移爲尊者庵, 廢址階礎尙宛然. 盖漢挐皆石山而入鹿壯. 獨此一面靈峯排玉, 如楓嶽之象. 香城亦可異也.

제주미술사를 구성하는 핵심 줄기

# 산방 山房 《제주십경도》, 30.5×52, 종이, 국립민속박물관

山房
大靜縣東作十里孤山特
峙海边過全体一石極其奇
險前面有一窟自成
石室如入房内其霞岩間
漏滴滴置檣永滴一日雨
上古獺者登擊山以弓
天腹上帝慈祈柱
岸移峙于此云南有石
穴名時門其址人有大穴
深不可測松岳及兄第岩
六微前龍頭臺膜者
左麓香方紫芝遍生峰頭
道集襲人仙風引路宣審
松之所雷响崔崒及於此
而夏獎浪尚留喜徐遜
者非那

대정현 동쪽 10리 떨어져 외로운 산하나 해변에 홀로 솟아 있어 전체가 하나의 돌로 되어 참으로 비범하고 험준하다. 앞의 반허리쯤에 하나의 굴이 그대로 석실을 이루어 방 안에 들어간 것 같다. 그 굴에는 무너진 바위 사이로 물방울이 떨어지는데 물통을 놓고 물방울을 받으면 하루에 고인 물이 한 동이 쯤 되며, 그 맛이 매우 맑고 상쾌하다. 전설에 아주 오래전 사냥꾼이 한라산에 올라가, 활로 하늘 복판을 쏘았는데, 상제가 화가 마서 주봉을 꺾어 이곳에 옮겨 쌓았다고 한다. 그 남쪽에 돌구멍이 있는데 이름은 암문이라 하며, 그 북쪽에 또 큰 구멍이 있는데 깊이를 잴 수 없다. 송악과 형제암이 앞바다에 이어져 있고, 용두와 연대가 머리를 내민다. 왼쪽 산기슭에 향기 나는 풀과 보랏빛 버섯이 두루 나고, 산머리에는 도의 기운이 사람들에게 스며들고, 신선과 같은 모습이 길을 이끄니, 어찌 왕자교王子喬와 적송자가 일찍이 여기에서 호흡하고, 경장영액(훌륭한 술과 영험한 물, 신선이 마시는 음료)이 아직도 많이 남아 있다가 나머지가 스며 나오는 것이 아니겠는가.

大靜縣東去十里, 孤山特聳海邊, 全體一石, 極其奇險. 前面半腹, 有一窟, 自成石室, 如立房內.
其覆岩間, 漏點滴, 置槽承滴, 一日所瀦, 僅一盆, 味甚淸爽. 諺傳, 上古獵者, 登漢拏山, 以弓弰摩擊天腹,
上帝怒折柱峯, 移峙于此云. 其南有石穴, 名暗門, 其北又有大穴, 深不可測. 松岳及兄弟岩點綴前洋,
龍頭烟臺驤首. 左麓香卉紫芝遍生, 峯頭道氣襲人, 仙風引路, 豈喬松之所嘗呴噓呼吸於此,
而瓊漿靈液尙留甚餘瀝者非那.

# 천지연天池淵 《제주십경도》, 30.5×52, 종이, 국립민속박물관

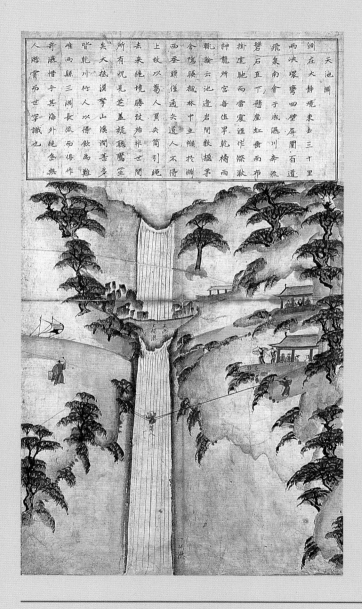

연못은 대정현 경계에서 동쪽으로 30리 떨어져 있으며, 두 협곡이 만을 싸고 있고, 사방 절벽이 병풍처럼 두르고 있다. 100갈래로 쏟아져 내리는 물줄기는 남쪽에서 성폭천과 만나 너럭바위로 흘러내리고, 곧바로 깎아지른 절벽에 무지개가 드리워져 넓게 걸린다. 우레 천둥이 치자 물가가 깊은 연못을 이루니 신룡이 사는 곳이다. 늘 가물 때 비가 내리기를 빌면 바로 효험이 있었다고 한다. 못 가 바위 사이에 띳집 몇 채가 단풍 든 숲 가운데 은은히 비치고, 연못의 서쪽 잠두(산봉우리)에 과녁을 세웠는데 겨우 화살만 통한다. 사람은 위로 올라가지 못하므로 갈인이 화살통을 지고 새끼줄을 당겨 오갔다. 절경과 아름다운 경치는 거의 세상에 있는 곳이 아니다. 잠시 지초를 보고 모두 아름다운 생황 소리를 듣는 듯하다. 대체로 한라산 산골짜기의 내는 매우 많지만 모두가 마른 내여서 길 가는 사람이 마실 물을 얻기가 어렵다. 오직 2개의 고을에 3개의 못만 길게 흘러 모두 기이한 폭포가 되었다. 안타깝구나. 바다 밖 외딴 섬이라 노닐며 구경하는 사람 없고, 세상에 아는 이 드물다.

淵在大靜境東去三十里, 兩峽環彎, 四壁屏圍. 百道飛泉, 南會于成瀑川, 奔流磐石, 直下懸崖, 虹垂而布掛. 霆馳而雷震, 渟作深湫, 神龍所宮. 每値旱乾禱雨, 輒驗云. 池邊岩間, 數楹茅舍, 隱映楓林中, 立帿於淵西蚕頭, 僅通矢道. 人不得上, 故以葛人負矢筒, 引繩去來. 絶境勝致, 殆非世間所有. 悅見芝, 盖疑聽鸞笙矣. 大抵漢拏山溪澗甚多皆乾川, 行人以得飮爲難. 唯兩縣三淵長流, 而俱作奇瀑. 惜乎. 其海外絶島, 無人遊賞, 而世罕識也.

제주미술사를 구성하는 핵심 줄기

## 성산城山 《제주십경도》, 30.5×52, 종이, 국립민속박물관

城山旌義縣東三十里即首山趍所東行五里許石山起大澤中山上岩角奇異周回回面望如雉堞故名之以城其中四陷可容萬餘人多積於上擧仍為衆峯設烽燧一座於城中連陸山藥海一面水擊喊城橫濱有山根城自城向上緣崖攀李慶樣數百步有使鎮海堂木經臺向上緣崖舉宕令廉通人跡至絶頂下緣石角特入百餘步有營石可生五六直道俯臨不知其岩火直洪濤巳浪震萬里千仞人海底無地又有不撻七如在空中心神俱慄知大都矢

정의현 동쪽 30리가 곧 수산인데 동북쪽으로 5리쯤을 가면 돌산이 큰 바다 가운데 솟아나 있다. 산에 오르면 바위 모서리가 기이하고, 둘레를 빙 돌아 사면의 절벽이 성가퀴(성위에 낮게 쌓은 담) 같아 성산이라 하였다. 성 가운데 오목한 곳에는 1만여 명을 수용할 수 있다. 귤과 등자나무가 많아서 그대로 과수원이 되었고 아울러 봉우리 위에 봉수를 두었다. 이 산의 3면은 바다로 둘러 싸였는데 한 면이 육지에 닿아 병의 주둥이 같다. 이곳에 성을 쌓으며 산줄기를 가로로 끊었기에 안에 우물물이 없어 성을 뚫어 땅 속에 묻은 도랑으로 밖에서 물을 끌어들였다. 성에 들어가 수백 걸음을 가면 진해당 옛대가 있으며, 이경록이 목사로 있을 때 진을 두었는데 지금은 없어졌다. 대에서 벼랑을 타고 나무를 휘어잡으며 위로 향하면 겨우 사람의 발길만 통하는데 꼭대기에 오르면 아래로 바위를 똑바로 뚫고 나무를 얽어 벼랑 사이에 다리를 만들었고, 위에 이르러 돌 모서리를 잡고 돌아 100여 걸음을 들어가면 너럭바위가 있는데 대여섯 사람이 앉을 만하다. 굽어보면 땅이 없고 또한 바위굴은 바로 바다 밑으로 통하며, 그 몇 천 길인지 알 수 없다. 큰 파도와 물결이 1만 리에 몰아치고 허공에 있는 듯 흔들려 몸과 마음이 두려워 얼마나 머물렀는지를 알지 못한다.

旌義縣東三十里, 卽首山, 所東北行五里許, 石山起起大洋中. 上山岩角奇異, 周回四面, 壁如雉堞, 故名之. 以城其中凹隱, 可容萬餘人. 多樹橘橙, 仍爲果園, 兼設烽燧於上峯. 此山三面環海, 一面連陸, 如瓶口. 此築城橫截山根, 內無井水, 鑿城隱溝, 取汲於外. 入城數百步, 有鎭海堂舊臺, 李慶祿爲牧使時, 設鎭今廢. 自臺向上, 緣崖攀木, 僅通人跡, 至絶頂, 下鑿岩豎, 木纏縛爲棧道, 及上緣石角轉, 入百餘步有盤石, 可坐五六人. 俯臨無地, 又有岩穴直通海底, 不知其幾千仞. 洪濤巨浪 震蕩萬里, 搖搖如在空中, 心神俱攝, 不知久留矣.

## 서귀소 西歸所 《제주십경도》, 30.5×52, 종이, 국립민속박물관

西歸所自旌義縣西去六十里正
漢拏南麓之直麓屈曲三
十里至地盡石城周回
八百二十五尺高十二
在洪爐川派航使李
元特牒于廬業牧
移削築立浦西歸城東一里蒼
右十文開石門大川流至飛
爲深湫海沒蒼王碎緒
珠列立成竹城而有
天池洞石名屏擁出遷雄
輝瀑派奇勝相與伯仲馬
東隈澗上辰引水多淙田
洞此澗中有文島草焦
對城海中皆虛枝托空浪
中該所謂漢拏柱摩擭析
特分寄者是也

정의현에서 서쪽으로 60리 떨어져 바로 한교면 남쪽 산기슭이다. 구비 구비 30리를 가면 지진두(중앙에서 멀리 떨어져 바다와 접한 변두리 땅)에 이른다. 석성의 둘레는 825자, 높이는 12자이며 가운데 우물이 하나 있는데 성에 구멍을 뚫어 물을 끌어들였다. 옛날에는 홍로천 하류에 있었고, 탐라 왕조 태원 때부터 순풍을 기다리던 곳으로 목사 이옥이 서귀포성 동쪽 1리에 옮겨 쌓았다. 푸른 절벽이 깎아지른 듯 서 있고, 포구에 기이한 바위가 별처럼 늘어섰으며, 좌우의 가운데 돌문이 열려 있고, 큰 내는 바로 흘러 열 길을 날아 떨어진다. 구슬이 옥가루로 흩어지는 듯하여 웅덩이는 깊은 못이 된다. 바다와 파도가 서로 통하고, 푸른 소나무 10여 그루가 나란히 서서 대열을 이룬다. 성의 서쪽 1리에 천지연이 있는데 돌과 바위가 병풍처럼 둘러있어 깊숙하고 웅혼하다. 폭포의 물길과 기이한 경치는 서로 우열을 가리기 힘들다. 동쪽 폭포가 바로 정방연이며 일명 경로연이다. 이 못의 상류에서 물을 끌어 밭에 물을 많이 댄다. 성을 마주한 바다 가운데 문도, 초도, 호도, 삼도가 있는데 모두 절벽이 하얀 물결 가운데 가파르게 솟아 있다. 세상에서는 한라산 주봉이 부러졌을 때 나뉘어서 쌓인 것이 이것이라고 한다.

自旌義縣, 西去六十里, 正漢嶠面陽之直麓. 屈曲三十里, 至地盡頭. 石城周回八百二十五尺, 高十二尺, 中有一井, 鑿城穴引水. 舊在洪爐川下流, 耽羅朝太元時, 候風處也. 牧使李沃, 移築于西歸城東一里. 蒼壁削立, 浦口奇岩星羅, 左右中開石門, 大川直流, 飛落十丈. 怳若球散玉碎, 瀦爲深湫. 與(海)通波, 蒼松十餘株, 列立成行. 城西一里, 有天池淵, 石岩屛擁, 幽邃雄渾. 瀑流奇勝, 相與伯仲焉. 東瀑卽正方淵, 一名驚鷺淵. 此淵上流, 引水多漑田. 對城海中, 有文島草島虎島森島, 皆壁削拔於雪浪中. 諺所謂, 漢拏山柱峰摧折時, 分峙者是也.

제주미술사를 구성하는 핵심 줄기

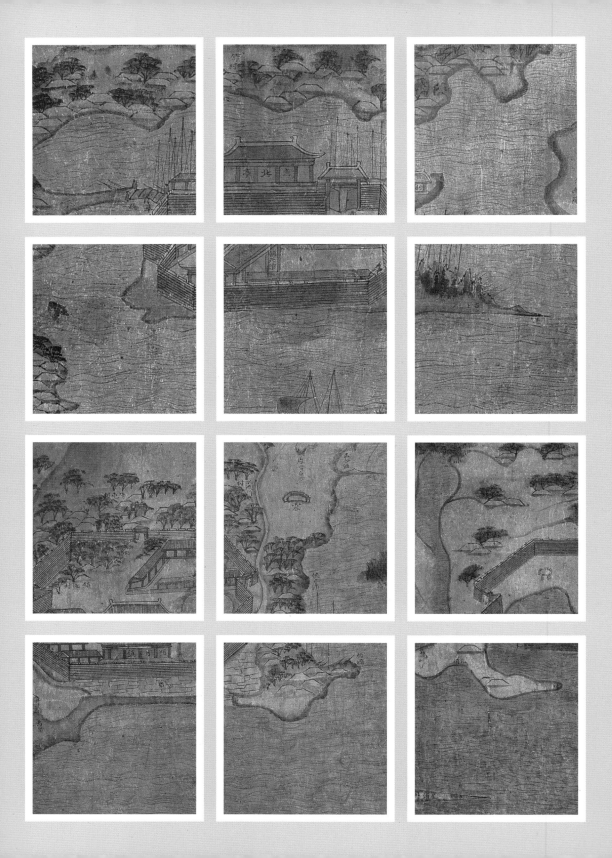

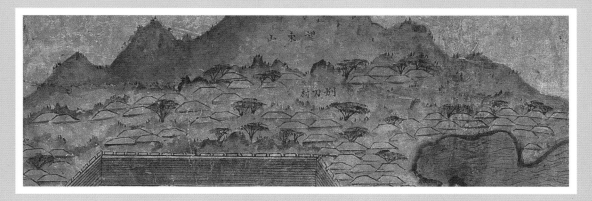

# 03

## 이름 어여쁜 모슬포에서
## 어느덧 애월에 이르다

# 모슬포에서는 자꾸만
# 눈물이 흐른다

### 알뜨르 비행장, 일본제국주의 만행의 흔적

제주도 서쪽 바다 모슬포는 높이 181미터 모슬봉을 등뒤에 둔 포구다. 모살개를 한자로 옮기니 모슬포다. 모살은 모래라는 말이니 모래가 많은 포구란 뜻인데 모슬摹瑟은 거문고를 본뜬다는 뜻이니 원래 이름과는 영 거리가 멀다. 느닷없이 거문고가 튀어나온 셈이다. 낭만이 넘쳐 좋고 모슬이란 소리도 신비로우니 그대로 부르긴 하지만 어쩐지 어색하다.

이곳에는 제주 해안에 세운 아홉 개의 진영 중 하나인 모슬진이 있었다. 제주는 워낙 외적, 특히 일본 해적의 침탈이 극심했다. 그런 까닭에 외부의 침입에 대한 방어 대책으로 해안가 주요 지점에 군사 시설인 진영을 설치했다. 《탐라순력도》에 등장하는 화북진, 조천진, 별방진, 애월진, 명월진, 차귀진, 모슬진, 서귀진, 수산진 같은 주요 포구의 성곽들이 바로 그 부대 시설, 아홉 개의 진영 곧 구진이다. 아홉 개 모두 해안에 자리잡았는데, 이 가운데 별방진은 앞에서 보았듯 바다를 가로지르는 성곽을 설치하여 성 안에 바다를 포함하는 지혜를 발휘하기도 했다.

김남길의 그림 〈모슬점부〉에 바닷가로 나아가 그려진, 섬처럼 생긴 성곽이 바로 모슬진이다. 대정읍성과 비교하면 그 규모가 작지만 성벽 높이만큼은 12척으로 같았다. 워낙 일본 해적의 침탈이 극심했던 게다.

오랜 세월 해적으로 한반도를 괴롭히던 일본이 아예 조선을 강점하자 이곳 모슬포도 마치 일본의 땅처럼 바뀌고 말았다. 1918년에는 오사카와 뱃길을 연결하는 일본 선박 함경환咸鏡丸이 취항했고 1924년부터는 강원환江原丸, 북목환伏木丸 또 제2군대환君代丸과 경성환京城丸이 드나들었다. 일본은 선박 이름에 무슨무슨 선船 대신 환丸, 즉 마루まる를 붙였다. 시작은 오래되었다는데 그 이유를 명확히 설명한 내용은 보지 못했다. 다만 1900년에 일본이 제정한 선박법에 "선박의 이름에는 가급적 그 말미에 마루라는 글자를 붙여야 한다"는 항목이 있긴 하다.

모슬포에서 해안선을 타고 송악산 방향으로 5킬로미터쯤 가면 송악산 코밑에 알뜨르라고 부르는 넓은 벌판이 펼쳐져 있다. 아래 들판이라는 뜻의 알뜨르에는 이곳저곳 군데군데 언덕이 삐죽삐죽 솟아나 있다. 멀리서 보면 곡식더미를 쌓아둔 것처럼 보이지만 가까이 가서 보면 시멘트로 쌓아올린 요새다. 전투기를 숨겨두는 격납고다. 1926년부터 10년 동안 66만여 제곱미터약 20만 평의 비행장을 완성하고 1937년 중국 침략을 시작한 일본군은 상하이까지 날아가 폭격을 가하고 돌아왔다. 성과를 얻고 나니 더 확장을 시작해 1945년 무렵에는 무려 약 265만여 제곱미터약 80만 평 규모가 되었다.

제주도에 주둔하는 일본군 역시 급격히 증가했다. 1945년 2월까지만 해도 1천 명이었는데, 3월에는 2만 명, 5월에는 3만 6천 명으로 순식간에 늘어났다. 4월에는 제58군사령부를 창설, 외부 지원 없이 제주도를 확보할 태세를 갖추기 시작, 군사도로와 방어 진지 구축을 완성했다. 8월에는 7만 4천 명에 이르는 군사력을 갖춰 미군을 비롯한 연합군의 상륙을 저지할 태세를 마쳤다. 한편으로는 대구에 주둔하던 제120사단에게 제주로 이동하라는 명령을 내렸다. 명령의 시점은 8월 5일

모슬포에서는 자꾸만 눈물이 흐른다

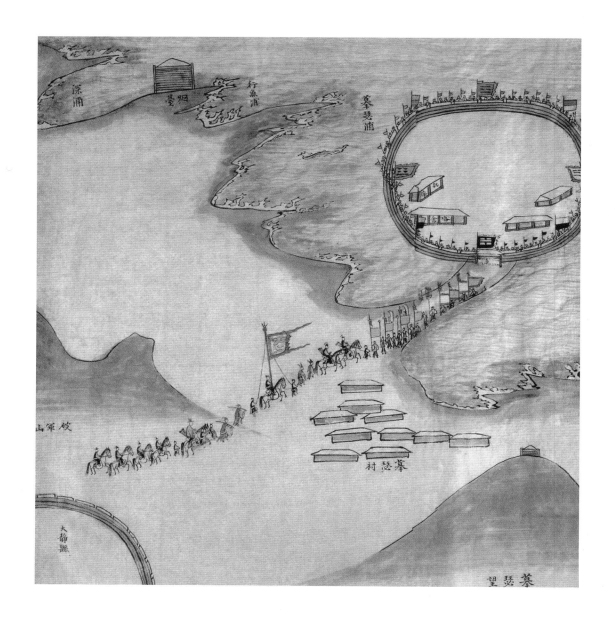

김남길, 〈모슬점부〉 부분, 《탐라순력도》, 제주특별자치도 세계유산본부

이었다. 일본군이 제주도를 어떻게 여기고 있었는지 알 수 있다. 알뜨르 비행장은 일제가 남긴 끔찍한 역사의 흔적이며, 해방 뒤, 국방부는 이를 그대로 이어받아 보존하고 있다.

## 제주의 비극, 인공동굴 그리고 백할아버지한무덤

역사의 상흔은 또 있다. 알뜨르 비행장 아래 송악산 바닷가 바위에는 열다섯 개의 동굴이 듬성듬성 뚫려 있다. 자연동굴이 아니다. 일본군이 제주 사람을 동원해 파낸 인공동굴이다. 동굴을 판 목적이 무엇이었을까. 연합군 상륙을 저지하기 위한 군사 시설이었다. 어뢰며 폭탄을 가득 채운 소형 선박을 여기에 감춰뒀다. 나아가 사계리, 화순, 월라산에 이르는 해안선을 따라 포대, 진지의 흔적이 즐비하다. 해안만이 아니었다. 송악산에서 섯알오름까지 다섯 개의 인공동굴을 팠는데, 이 동굴들은 서로 연결되어 있어 군용 차량 출입이 가능할 만큼 그 규모가 엄청나다. 섯알오름에는 일본군이 남기고 간 대공포 진지며 탄약고 터가 여전히 앙상하게 남아 있다. 전쟁이 막바지에 이르자 알뜨르 비행장에서는 인간폭탄 가미가제神風가, 인공동굴에서는 인간어뢰 가이텐回天 자살특공대가 죽음의 사신과 대화를 나누며 출동을 준비하고 있었다. 그야말로 일본 제국주의의 끔찍한 만행이다.

그런데 제주의 비극은 그것으로 끝이 아니다. 해방 뒤 이 나라 정부는 또다시 제주의 가슴에 피멍을 남겼다. 1950년 8월 20일 새벽 섯알오름에서 제주지구 계엄사령부는 보도연맹원, 4·3항쟁 전과자와 함께 예비검속이란 이름으로 체포한 주민 포함 193명을 처형하였다. 이렇게 처형당한 시신은 새벽 두 시 유족에게 넘겨졌다. 그러나 새벽 다섯 시에 처형당한 132명의 시신은 인도를 거부했다. 1957년 4월 8일이 되어서야 유족은 가까스로 시신을 수습할 수 있었다. 그러나 132구시신의 뼈들이 뒤섞여 도저히 분간을 할 수 없었다. 유족들은 시신의 뼈를 한데 모아 132개의 무덤을 만들어 봉안하고 한 조상으로, 하나의 자손으로 그렇게 제사지내자 하였다. 산방산 아래 사계리에 있는 '백할아버지한무덤'百祖—孫之墓의 가슴 아픈 사연이다.

제주도의 아픔이 어디 한두 곳일까. 해안선 전역 80여 곳에 약 700개의 인공동굴이 여전히 입을 벌린 채 지난 역사를 드러내고 있다. 훨씬 머나먼 역사야 잊고 산다지만 일제강점기와 해방을 거쳐 4·3항쟁과 한국전쟁의 와중에 죄없이 뜻없이 학살당한 희생자들을 잊어서는 안 될 말이다. 그들을 어떻게든 기억해야 한다. 어느 곳에선가 여전히 알려지지 않은 억울한 죽음이 구천을 더이상 헤매게 해서는 안 될 일 아니겠는가.

# 유배객의 발자취 뚜렷한 땅,
대정

## 산방산 서쪽 마을, 대정

모슬포항에서 6킬로미터 남짓 섬 안으로 들어가면 서귀포시 대정읍 인성리에 158미터의 낮은 산 단산簞山과 마주하게 된다. 우뚝한 삼각 봉우리 세 개가 뾰족하고 날카롭게 치솟은 산이다. 바굼지오름이라고도 하는데 멀리서 보아도 날카롭고, 가까이 들어서면 온통 바위가 쭉쭉 뻗어 무척이나 험준하다. 바굼지는 소리와 비슷한 한자로 파군破軍이라 하였는데 군대를 깨뜨릴 만큼 억세 보이니 한자 뜻 그대로도 어울려 보인다.

김남길의 〈대정강사〉에서는 화폭 상단에 거대한 위용을 자랑하는 모습으로 그려두고 파군산악破軍山岳이라 적었다. 그림에 표기한 파군산악에서 바다 쪽을 향해 바라보면 해변에 송악산과 저성망貯星望, 져벼리망이 있다. 바다 한 가운데로 시선을 더 향하면 마래섬이라 부르는 마라도가 있고 오른쪽에 더바섬이라 부르는 가파도를 띄워두었다. 가파도를 〈대정강사〉에는 개파도盖波島라고 표기해 두었다. 여기에 화폭 오른쪽 끝에 모슬개라 부르는 모슬포를 붙여둔 것도 보인다. 왼쪽으로는

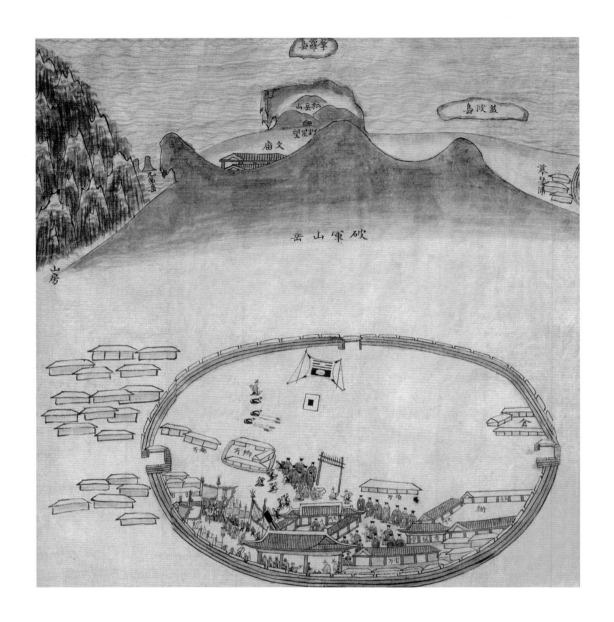

김남길, 〈대정강사〉 부분, 《탐라순력도》, 제주특별자치도 세계유산본부

형제도와 산방산을 배치하여 좌우의 균형을 잡았다.

　이 그림에서 특히 눈길을 끄는 것은 파군산악 너머 살짝 보이게 그려둔 문묘 文廟의 지붕이다. 지금껏 남아 있는 대정 향교다. 처음부터 향교가 여기 있었던 건 아니다. 1416년 처음 세울 때는 대정읍성 안에 지었다. 그뒤로 세 차례 옮겨다니 다가 1653년에 이르러 이곳 파군산악 남쪽 기슭에 자리를 잡았다.

　오늘날 대정 향교에는 대성전, 명륜당과 같은 건물이 남아 있는데 이곳에서 는 현판 두 개가 눈에 들어온다. 〈명륜당〉 현판은 1811년 대정현감 변경붕邊景鵬이 썼고, 강의실인 동재東齋에 걸어둔 〈의문당〉疑問堂 현판은 유배객 추사 김정희가 쓴 글씨로 만들었다. 이곳 대정 사람으로, 19세기 제주 위항문학운동에 가담했던 훈 장訓長 강사공姜師孔이 김정희에게 부탁하여 글을 받은 것을 오재복吳在福이 새겨 현 판으로 삼은 것이다. 이는 김만덕의 생애를 기려 써준 〈은광연세〉와 더불어 김정 희가 제주에 남긴 드문 현판일 뿐만 아니라 제주 시절이야말로 이른바 '추사체'가 무르익어가는 시절임을 보여주는 귀한 흔적이다. 그럼에도 제주에 그의 글씨가 두 점만 남아 있는 것은 어쩐지 섭섭하다. 김정희가 제주 사람들에게 글씨 써주는 일 에 인색해서였는지, 아니면 더 많이 남겼는데 후대에 이르러 보존과 관리를 제대 로 못해서인지는 알 수 없다.


## 대정의 유배객, 추사 김정희

　숱한 사람이 제주로 유배를 왔으나 추사 김정희만큼 많은 이야기를 남 긴 인물은 없다. 김정희는 당대 예원의 종장으로 이름 떨치던 자하紫霞 신위申緯, 1769~1847 문하에 출입하다가 31세 때인 1816년 북한산에서 신라 〈진흥왕 순수 비〉를 확인함으로써 금석학 분야에 위명을 떨쳤다.

45세까지 승승장구의 삶을 살던 김정희와 그의 가문에 먹구름이 들기 시작한 때는 1830년이었다. 부친이 정쟁에 휩쓸려 유배를 떠난 것이다. 그때는 곧 복권하였지만 55세 되던 1840년 죽은 부친을 둘러싸고서 다시 일어난 정쟁으로 그 아들인 김정희가 어이없이 제주도로 유배를 와야 했다. 그는 1840년 9월 27일 저녁 화북포구에 도착해서 1849년 2월 26일 다시 화북 포구를 통해 출항할 때까지 약 8년 5개월 동안 제주에 머물렀다.

유배를 당해 올 때 이미 지천명의 나이에 접어든 김정희는 그러나 이곳 아름다운 제주에서 놀라운 성취를 거두었다. 저명한 난초 그림을 포함하여 사군자의 역사를 다시 쓴 《난맹첩》을 탄생시킨 것도 이곳에서였다. 또한 독창성 넘치는 글씨, 이른바 불멸의 추사체를 완성한 것도 빛나는 성취다. 유배 이전까지만 해도 중국을 모방하던 김정희가 이곳 섬나라에 이르러서 그야말로 자신의 법을 제대로 일으켜 세운 셈이다.

서예라고 부르는 서법의 역사는 추사체 이전과 이후로 나눈다. 김정희는 붓의 힘을 말하는 필세와 화폭 공간의 구성에서 이전에 볼 수 없던 창조성을 발휘하여 이미 그 당시에 기奇하고 괴怪하다는 찬사를 한몸에 받아 안았다. 어디 그뿐만인가. 시대를 뛰어넘어 오늘날에도 그 독창성에 보내는 뜨거운 지지는 그칠 줄 모르고 있다.

추사가 제주에 남긴 매우 유의미한 자취 역시 돌아볼 만하다. 제주 사람 계첨쫓詹 박혜백朴蕙百은 김정희의 적거지를 출입하며 그의 인장을 수집하고 또 자신도 전각을 배워 전각가가 되었다. 그는 홀로 전각가가 된 것에서 나아가 김정희가 사용하던 인장 180과를 모아서 찍어 만든 책 『완당인보』阮堂印譜를 편찬하였다. 『완당인보』는 전각의 고전이자, 한국 전각사를 빛내주는 귀한 문헌이다. 또한 이 책은 김정희의 작품을 감정하는 데 획기적인 계기가 되었고 서각 기법의 연구에도 크게 기여하였다. 이렇듯 매우 중요하고 의미 있는 문헌이 바로 이곳 제주에서 제주 사

위_ 김정희, 〈의문당〉, 77.5×35, 국립제주박물관
아래_ 허련, 〈제주도성에서 한라산을 보다〉, 33.6×23.3, 종이, 1843, 일본 개인

람의 손에 의해 태어났으니 그야말로 빛나는 일이 아닐 수 없다.

김정희는 약 9년 가까이 제주에 머물며 그 누구보다도 열심히 육지의 사람들과 교류를 나눴다. 왕족인 이하응李昰應, 1820~1898, 영의정 권돈인權敦仁, 1783~1859 같은 권력자와는 편지를 많이 주고받았으며, 중인 출신 시인 강위姜瑋, 1820~1884에게는 수발을 들게 하며 아예 함께 살았고, 화가 허련許鍊, 1809~1892, 초의선사 등은 적거지까지 방문하도록 하였다.

허련이 제주를 방문하여 그린 실경산수화는 두 폭이 남아 전해 내려온다. 하나는 뒤에서 살펴볼 〈오백장군암〉이고 또 하나는 〈제주도성에서 한라산을 보다〉이다. 한라산과 제주시를 묘사한 것인데 눈으로 뒤덮인 한라산이 부드러우면서도 신비롭고 또한 화폭 하단을 꽉 채운 제주 시내가 그윽하여 포근하기 이를 데 없다. 더할 수 없이 아름다운 작품이다.

그리고 이상적李尙迪, 1804~1865이 있다. 김정희는 역관이었던 이상적에게 중국의 최신 서적을 구해 보내달라고 끊임없이 부탁하였다. 이상적은 성심껏 그 부탁에 응했다. 그리고 언제나 그러했듯 중국에서 발매한 최신 서적 『황조경세문편』皇朝經世文編 120권을 구해 보내주었다. 이 책을 받아본 김정희는 고마움의 표시로 1844년 새해를 맞이하는 뜻을 담아 요즘 보내는 새해 연하장 같은 그림을 그려 보내주었다. 바로 〈세한도〉歲寒圖다.

이 그림에 김정희는 "지금 세상은 온통 권세와 이득을 좇는 풍조가 휩쓸고 있다"며 "이익으로 나를 대하지 않았다"고 감탄하는 「발문」을 덧붙여 함께 보내주었다. 누군들 도움을 받으면 감동하지 않겠는가. 김정희도 그리했을 것이다. 권력을 잃고 시련에 처한 자신의 처지에도 불구하고 변함없이 보살펴 주는 이상적에게 고마워하는 마음을 그림과 글에 담아 드러낸 것이다. 그가 덧붙인 「발문」 가운데 〈세한도〉의 뜻을 담은 부분을 읽으면, 그때나 지금이나 의리를 헌신짝처럼 여기는 풍조가 만연했음을, 그런 풍토에도 변치 않는 마음을 보여주는 이상적에게 추사가 어떤 마음을 품었는지를 겸하여 짐작할 수 있다.

　　공자가 말씀하였다. 한겨울 날씨가 추워진 뒤에야 소나무와 잣나무가 더디
　　시듦을 알 수 있다. 소나무와 잣나무는 본시 사시사철 시들지 않는 것이라
　　겨울이 오기 전에도 하나의 소나무와 잣나무요 겨울이 온 뒤에도 하나의 소
　　나무와 잣나무라. 그런데도 성인은 특별히 추위가 닥친 뒤의 그것을 가리켜
　　말씀하셨네.

　　손창근·손세기 부자의 〈세한도〉 기증을 기념하여 2020년 국립중앙박물관
에서 〈세한도〉를 전시했다. 그림을 보며 누린 감동은 결코 잊을 수 없다. '코로나
19'로 관람객이 거의 없는 쓸쓸한 전시장에서 오히려 유배지에서 느꼈을 김정희의
심정을 오롯이 느낄 수 있었다.

　　김정희가 유배 시절 육지로 보낸 숱한 편지 가운데는 아내인 예안이씨禮安李
氏, 1788~1842에게 보낸 글도 있다. 그 가운데 하나에는 반찬투정을 해대는 것도 있
고, 편지가 오가는 시간 차이 때문에 아내가 세상을 떠나버린 줄도 모르고 쓴 것도
있어 그 편지를 보고 있노라면 가슴이 메어지는 슬픔이 밀려온다. 전시장에 그 편
지가 나오지는 않았으나, 나는 서간 문학의 백미로 꼽히는 그의 숱한 편지를 그 전
시장에서 떠올렸다.

　　떠올린 것은 또 있었다. 시대는 달랐으나 역시 피치못할 사정으로 제주에 머
물렀던 또 한 사람의 편지. 2016년 서울 덕수궁미술관 전시장에서 보았던 편지,
대향 이중섭이 아내 야마모토 마사코에게 보낸 그 편지. 그가 쓴 편지 중 하나를 우
리말로 옮기면 이러하다.

　　당신이 사랑하는 유일의 사람. 아고리 군은 머릿속과 눈이 차츰 더 맑아져

去年以晚學大雲二書寄來今年又以
藕耕文編寄來此皆非世之常有購之
千萬里之遠積有年而得之非一時之
事也且世之滔滔惟權利之是趨為之
費心費力如此而不以歸之權利乃歸
之海外蕉萃枯槁之人如世之趨權利
者太史公云以權利合者權利盡而交
踈君亦世之滔滔中一人其有超然自
拔於滔滔權利之外不以權利視我耶
太史公之言非耶孔子曰歲寒然後知
松柏之後凋松柏是毋四時而不凋者
歲寒以前一松柏也歲寒以後一松柏
也聖人特稱之於歲寒之後今君之於
我由前而無加焉由後而無損焉然由
前之君無可稱由後之君亦可見稱於
聖人也耶聖人之特稱非徒為後凋之
貞操勁節而已亦有所感發於歲寒之
時者也烏乎西京淳厚之世以汲鄭之
賢賓客與之盛衰如下邳榜門迫切之
極矣悲夫阮堂老人書

김정희, 〈세한도〉, 146.4×23.7, 종이, 1843, 국립중앙박물관(손세기 손창근 기증)

위_ 1842년 11월 18일 추사가 아내 예안이씨에게 보낸 편지(부분)와 봉투, 35×22, 14.9×22.2, 개인
아래_ 1954년 11월 이중섭이 아내 야마모토 마사코에게 보낸 편지, 21×26.5, 종이, 국립현대미술관

서 자신이 넘치고 넘쳐서 번쩍번쩍 빛나는 머리와 눈빛으로 제작, 제작, 표현 또 표현을 계속하고 있다오.

한없이 살뜰하고 한없이 상냥한 오직 나만의 천사여, 더욱 더 힘을 내어, 더욱 더 올차게 버티어 주시오.

기필코 화공 이중섭 군은 최애의 현처 남덕 군을 행복의 천사로 높게 아름답게 널리 빛내어 보이겠소.

자신만만.

나는 당신들과 선량한 모든 사람들을 위해서 참으로 새로운 표현을, 더없는 대 표현을 계속하고 있소.

나의 가장 사랑하는 아내 남덕 천사, 만세 만세.


이중섭 탄생 100주년을 기념하여 열린 그 전시장에는 인파가 구름처럼 몰려들었다. 그 가운데서도 가장 많은 사람이 모인 곳이 바로 이중섭이 아내 마사코에게 보낸 편지를 모아둔 공간이었다. 나는 이곳에서 남이 볼세라 서둘러 눈물을 훔치는 남녀노소를 숱하게 보았다. 나는 뜻밖에 김정희의 〈세한도〉를 보며 그날의 편지를 떠올렸고, 두 사람이 시대를 건너뛰어 나란히 제주에 머물렀던 날을 기억했다.

많은 사람이 여러 이유로 이곳 제주를 거쳐 갔다. 그러나 역사상 제주를 창조의 산실로 삼은 인물은 추사 김정희요, 그 이후로는 오직 대향 이중섭이다. 유배객 김정희, 피난민 이중섭의 제주에서의 삶은 두 사람 모두에게 불행한 시절이었다. 그러나 두 사람은 그 불행을 딛고 회화사와 서예사를 아우르는, 문예사 전체로 볼 때 축복과도 같은 성취를 이루어냈다. 그러니 제주에서 두 사람을 각별히 기억하고 기념하는 모습이야 지극히 당연하고 마땅한 일이 아닐 수 없다.

추사는 유배지 제주에서 외로운 처지였지만 결코 외롭지 않았던 9년 가까운

유배객의 발자취 뚜렷한 땅, 대정

시절을 마치고 1848년 왔던 곳 한양으로 돌아갔다. 하지만 시대는 이미 바뀌었다. 그는 다시는 유배 오기 전, 살던 땅에서 누린 화려한 시절로 복귀하지 못했다. 제주 시절 김정희의 흔적을 찾고 싶다면 그가 거처를 마련해서 살던 서귀포시 대정읍 안성리에 적거지가 남아 있으니 들러 볼 일이다. 물론 오늘의 그곳이 그가 살던 그 때 그 집은 아니다. 1948년 4·3항쟁 때 불에 타 없어져 1984년에 다시 지은 것이다. 그러나 김정희가 머물던 땅이야 그대로이니 그의 흔적을 느끼고 싶은 이라면 이곳을 찾아 유배객 김정희의 삶을 떠올려 보아야 한다.

제주 땅에서 사랑하고 존경해야 할 인물은 이중섭이나 김정희와 같은 외지인만 있는 게 아니다. 심재心齋 김석익金錫翼, 1885~1956 역시 기억하고 존경해야 마땅한 이름이다.

의병 김석윤金錫允, 1877~1949의 아우였던 그는 자신 또한 전라도로 건너가 의병장 송사松沙 기우만奇宇萬, 1846~1916 문하에 입문했다. 이후 '구국 격문'을 은밀히 반입해 들여온 김석익은 일제강점기 스스로의 정체성을 지키기 위한 조선학의 일환으로 제주학에 탐닉하며 항일투사를 비롯한 많은 제자를 문하에 두고 양성한 위대한 스승이었다. 또한 해방 이후 제주가 겪어야 했던 지독한 비극인 4·3항쟁을 두고 '무한한 참극, 유사 이래 없던 참화'라고 규정함으로써 정의와 인권에 바탕을 둔 자신의 사상을 천명한 탁월한 학자였다. 그는 무엇보다 국망의 시절을 견디고 이겨나간 '지사화가'志士畫家이자 서법가였다.

국립제주박물관에서 소장하고 있는 그의 작품 〈매화도〉는 간결하고 단아한 품성을 드러낸다. 가지를 땅 아래로 내려뜨려 물구나무 선 세상을 풍유한 듯 서글픈 아름다움이 서려 있는 작품이다. 개인 소장 〈석국〉은 괴석과 국화만이 아니라 난초와 대나무까지 어울려 군자의 향기를 품고 있다. 이 작품의 특징은 무엇보다도 화폭을 압도하는 괴석의 표정이다. 태호석답게 구멍을 뚫었는데 그 사이로 보

왼쪽_ 김석익, 〈매화도〉, 35×135, 종이, 국립제주박물관(김계연 기증)

오른쪽_ 김석익, 〈석국〉, 33.8×133.4, 종이, 1923, 개인

이는 국화와 대나무 잎새가 흥미를 자아낸다. 괴석만이 아니라 난초, 대나무, 국화 모두 살아 있어 활기에 넘치는 이 작품은 아마도 1919년 3·1운동의 기운을 담고 있기 때문이 아닌가 싶다. 그렇게 느끼는 까닭은 이 작품의 제작 연도가 계해년癸亥年, 즉 1923년으로 아직 해방운동의 열기가 채 식지 않았을 시절이어서다.

## 임금 광해와 신하 정온의 운명

김남길이 그린 〈대정배전〉은 상단에 단산을 거대하게 그려두고, 하단에 대정읍성을 둥글게 배치하였다. 우람하기 그지없는 산악의 묘사가 강렬하다. 가운데 거대한 군사 행렬은 제주목사 이형상이 한양에 머무는 임금을 향하여 예를 올리는 모습이다. 〈대정양로〉는 일대의 노인을 모아 잔치를 벌이는 장면을 그린 것인데, 같은 장소임에도 분위기가 사뭇 다르다.

그림에서 보이는 대정읍 성곽은 태종 때인 1417년 대정현감 유신兪信이 일본 해적의 침탈을 방어하기 위해 세웠다. 높이가 4미터나 되었고 임진왜란 때는 동, 서, 남쪽 세 개의 문 밖에 별도의 옹성을 세우고 성벽에 포대를 설치하여 방비를 단단히 하였다.

그러나 오늘날 대정읍 안성리, 보성리, 인성리 일대에 걸쳐 약 380미터 가량만 남아 있는 이 성벽은 오늘날 그저 앙상한 돌담처럼 보인다. 둘레가 1.5킬로미터나 되던 이 거대한 성곽이 겨우 동문 쪽만 남겨두고 다 사라져버렸다. 언제 이리 된 것인지는 알 수 없지만 일제강점기에 일본인의 필요에 따라 제주 곳곳을 훼손시키던 그때가 아닌가 짐작한다.

세상일 오르내림이야 모두 꿈인 것을, 사람의 영광이며 욕됨 또한 본래 허

무한 것, 영주 땅 어느 구비 머물렀으니, 가객에게 권주가나 한번 부르게 할

것을.


제주에 유배당해 이 근처에 머물던 동계 정온이 읊조렸던 노래다. 정온이 유배 때 머문 적거지터를 찾아가려면 대정읍 성곽의 동문 부근에 남은 성벽을 먼저 찾아야 한다. 동문 밖으로 나가면 보성리가 나오는데 보성리 동쪽에 정온의 적거지가 있었다고 한다. 하지만 어딘지 정확한 위치는 찾을 수 없다.

정온은 누구이며 그는 왜 이곳으로 유배를 왔는가. 광해 왕이 1614년 2월 강화도에 유배 가 있던 배다른 형제 영창대군永昌大君, 1606~1614을 죽이자 정온은 그게 부당하다며 영창대군을 죽인 정항鄭沆의 목을 베고 대군을 복권해야 한다는 주장을 펼쳤다. 광해 왕은 이런 정온을 친국한 뒤 같은 해 8월 이곳 제주로 유배를 보내버렸다. 친국은 직접 신문을 한다는 의미다.

광해 왕이 즉위한 1608년 8월 곧바로 임해군臨海君, 1574~1609, 1613년에는 영창대군, 1615년에는 능창군綾昌君, 1599~1615의 순서로 반역의 움직임이 일어났다. 왕으로서는 참으로 끔찍한 일의 연속이었다. 그 배후에는 왕을 능멸하는 거대 세력이 있었고 또한 영창대군의 생모 인목대비仁穆大妃, 1584~1632가 버티고 있었다.

정온은 이 과정에서 끊임없이 왕에 대해 반기를 들었고 저 왕의 계모이자 정적인 인목대비를 폐모시키는 데도 거세게 반발했다. 결국 멀리 제주로 유배를 당해 왔고 그는 이곳에서 약 10년의 세월을 보내야 했다. 하지만 정온의 세력은 여전히 거대했다. 1623년 3월 저 서인당이 정변을 일으켜 끝내 광해 왕을 폐위시키고 왕의 아우 능양군을 기어이 왕으로 추대했다. 인조정변이다. 이로 인해 정온은 유배가 풀려 그해 5월 제주를 떠났다. 그로부터 약 15년 뒤 이번에는 광해 왕이 이곳 제주로 유배를 왔다.

임진왜란을 승전으로 이끈 전쟁 영웅이요, 전후 국가를 재건한 주역인 광해

유배객의 발자취 뚜렷한 땅, 대정

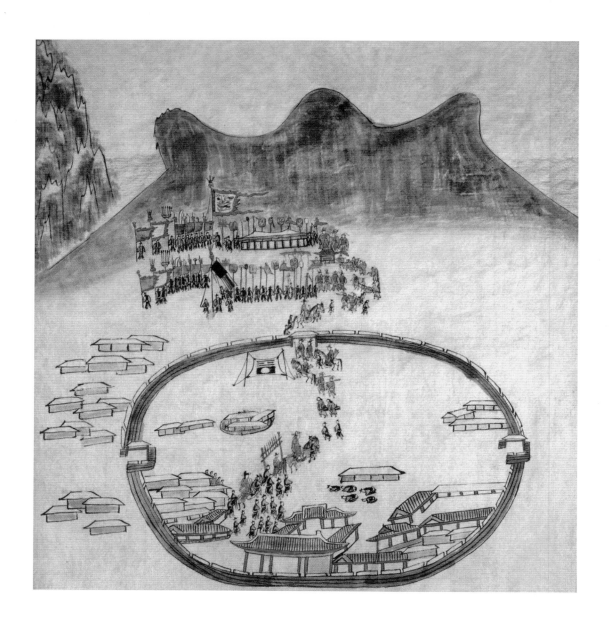

김남길, 〈대정배전〉 부분, 《탐라순력도》, 제주특별자치도 세계유산본부

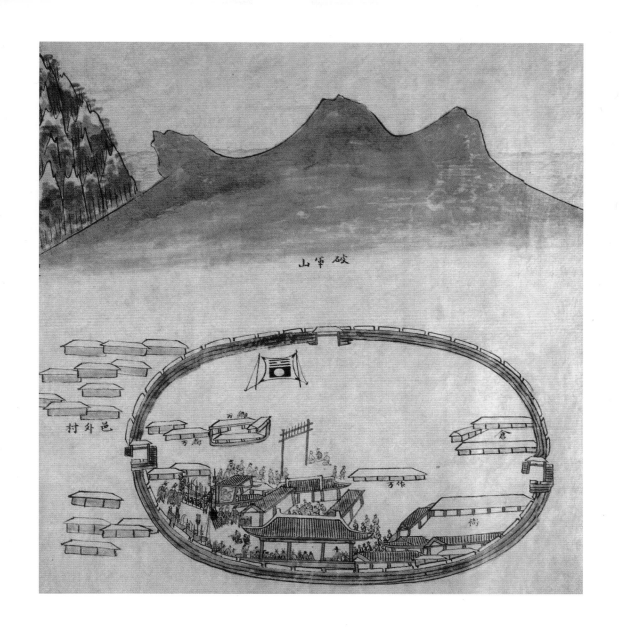

김남길, 〈대정양로〉 부분, 《탐라순력도》, 제주특별자치도 세계유산본부

왕의 운명은 무엇이었을까. 광해 왕을 폐위시킨 세력은 광해 왕을 처음에는 강화도로 유배를 보냈다. 다음해 인조정변의 공을 논하는 논공행상에서 불만을 품은 이괄李适, 1587~1624이 난을 일으키자 전라도 태안으로 옮겼다가 난을 진압한 뒤 다시 강화도로 되돌렸다. 폐위된 광해 왕은 정권을 잡은 이들에게는 늘 불안한 존재였다.

아니나 다를까. 1627년 겨울 광해 왕을 복위시키려는 반란이 일어났다. 그로부터 10년 뒤인 1636년 중원 대륙의 새 주인 청나라가 질풍노도와 같이 침략해 한양을 점령한 병자호란이 일어났다. 그러자 이번에는 광해 왕을 교동으로 이배했다가 다음해인 1637년 아예 바다 건너 영영 다시 못 올 제주로 보냈다. 그렇게 제주로 옮겨온 그는 그로부터 3년여가 지난 1641년 7월 1일 세상을 떠났다. 낯선 제주에서 회한의 나날을 견디던 그는 그렇게 제주 적거지에서 숨을 거둔 유일한 조선의 왕이 되고 말았다.

정온은 어찌 되었을까. 광해 왕이 세상을 떠나기 전, 전라북도와 경상북도가 교차하는 덕유산 은거지 모리에서 그가 먼저 세상을 떠났다. 한 달 전인 1641년 6월이었다. 평생 교차하는 운명을 살던 두 사람이 그렇게 나란히 세상을 떠났다. 그렇다고 두 사람의 역사가 끝난 것은 아니었다.

인조정변 이래 집권한 서인당은 광해 왕을 더욱 더 악덕한 군주로 만들었고 그는 역사에서 점점 초라한 존재가 되었다. 왕을 쫓아낸 세력이 권력을 잡았으니 자신들의 정당성 확립을 위해 못할 일이 없었을 게다. 저 거대한 신하의 세력, 왕을 쫓아내기도 한 그들에게 왕을 능멸하는 일이야 무엇이 어려울까. 『조선왕조실록』 가운데 광해실록인 『광해군일기』는 중초본中草本과 정초본正草本이 존재한다. 제목조차 실록이 아니라 '일기'다. 제목조차 파란의 인생을 살던 그의 생애를 상징하고 있는 셈이다. 그렇게 왕은 세월이 갈수록 더욱 더 잊혔다.

정온은 그런 왕에게 끝까지 항거한 신하였다. 광해 왕을 능멸할수록 그는 더욱 더 존숭해야 할 인물이 되었다. 신하를 향한 추모의 뜻을 새기는 이들은 더욱 더 늘어갔다. 그 왕과 그 신하가 세상을 떠난 지 무려 200년이 지난 1842년 제주목 사 이원조李源祖, 1792~1872는 〈동계 정선생 유허비遺墟碑〉를 세워 정온의 뜻을 기렸 다. 더 나아가 대정읍성 동문 쪽 안성리安城里, 막은골에 비석을 세운 다음, 1843년에 는 영혼을 모시는 사당인 송죽사를 건립하고 정온을 여기에 모셨다. 그러나 세월 은 그 역시 점점 잊게 했다.

그렇게나 모시는 이 많던 신하의 영혼이 머물렀을 송죽사는 오늘날 사라졌 고 비석만 남았다. 원래 있던 자리는 아니다. 동문 성 밖으로 옮긴 뒤 이곳저곳을 떠돌다가 지금 자리로 옮겨졌다.


## 제주 대정 인성리 사람 이재수 장군

대정읍 인성리 사람으로 이재수李在守, 1877~1901장군을 꼽지 않을 수 없다. 그 는 이곳 사람들의 꿈과 희망을 상징하는 위대한 인물이다. 그런데 어찌 된 일인지 대정읍은 물론 제주도 어디에도 그를 떠올릴 만한 제대로 된 공간 하나 없다.

그나마 있는 곳은 인성리의 〈삼의사비〉三義士碑다. 이재수, 오대현吳大鉉, 강우 백姜遇伯 세 장군을 기리는 비석이다. 이들을 '정의로운 사람들'이라 하여 대정 일대 의 주민들이 '삼의사'라는 이름을 헌정한 것이다. 존경이란 낱말은 이럴 때 쓰는 것 이겠다.

제주는 조선 시대에 이르러 전쟁 없는 오백 년 세월을 구가하고 있었다. 전쟁 이 없었다고는 해도 민인들에게 그 시절이 태평성대라거나 평화로운 시절이었다 고 말할 수 있을 지는 모를 일이다. 전쟁과 관계 없이 세금은 물론이고 특산물 진상 은 거르는 법이 없었기 때문이다. 세금이란 가진 자가 더 많이 내고 없는 자는 적게

내야 한다. 그마저도 낼 수 없다면 면제를 해줘야 하고 오히려 나라로부터 도움을 받을 수 있어야 한다. 제대로 지켜지느냐는 별개로 하고, 이게 오늘날의 상식이고 공동체가 지켜야 할 가치다.

그러나 조선 시대 부패한 권력자들에게 세금은 온전히 백성들의 몫이었다. 국가는 가진 자에게는 덜 걷거나 전혀 내지 않도록 하고, 없는 이들에게는 끝까지 쥐어짜 거둬들였다. 국가의 통제력이 훨씬 느슨했던 19세기말, 중앙 정부로부터 가장 멀리 떨어진 섬나라 제주에서는 탐학한 관리들의 약탈이 끝을 몰랐고, 이로 인한 제주 민인들의 삶은 끔찍할 따름이었다.

결국 제주에서는 1862년 강제검姜悌儉을 지도자로 세운 봉기가 일어났고, 이후로 1890년 김지金志, 1898년 방성칠房星七을 지도자로 세운 봉기를 비롯해 여러 차례 봉기가 이어졌다. 오백 년 태평시대는 끝이 났다.

최초 봉기의 내력은 이렇다. 1862년 3월 한양 사람 고판관이 제주 전역의 대나무를 대량으로 쓸어가려 했다. 도민은 물론 좌수座首까지 일어나 반대하여 고판관을 몰아냈다. 이걸로 끝날 줄 알았다. 그러나 지나친 세금에 고통이 쌓여가던 9월 민인들의 분노가 다시 한 번 폭발했다. 제주성에 진입, 제주목사와 담판을 마쳤지만 그걸로는 미진했던 듯하다. 10월 강제검을 장두狀頭로 하는 1만 명의 무장한 민군이 다시 제주성을 점령했다. 이번에도 제주목사와 평화로운 담판 끝에 해산했지만, 얼마 뒤 11월에 수만 명이 다시 봉기하여 제주성을 점령했다. 다음해 2월 2일 강제검이 관덕정 광장에서 목을 베이는 효수형을 당하고서야 민중봉기는 끝이 났다.

그뒤로도 1890년과 1891년 두 차례 민중봉기가 더 일어났다. 그러나 간단없이 진압당했다. 1896년 3월에는 제주목 폐지, 제주관찰부 신설에 반대하고 외세 침략을 반대하는 봉기가 있었다. 1898년 3월 1일 동학 교도 방성칠을 장두로 하는 민군은 제주성을 점령하였지만 역시 곧바로 진압당하였다.

방성칠은 제주 사람이 아니라 전남 화순 동복 사람이었다. 1894년 제주에 처음 왔는데 몸집이 대단하고 담력 또한 큰 인물이었다. 또 무엇보다 술사術士에 버금가는 기인奇人으로 화전민 사이를 떠돌며 동학을 전파, 포교하였다. 특히 세금 제도의 부당함과 관리의 부정부패를 규탄하여 민인의 지지를 넓혀 나갔다. 그를 선봉으로 내세운 수만 명의 봉기대가 제주성을 보름 동안이나 점령하였다. 지도자 방성칠은 제주도를 일본에 귀속시킬 계획을 가지고 있었다. 이를 위해 일본 어선을 타고 출항하였지만 거센 바람으로 여러 차례 실패했고, 그러는 사이 토벌군에 의해 체포되어 살해당했다. 결국 봉기군은 흩어지고 말았다.

여러 차례 봉기의 경험을 쌓은 제주의 민인은 포기하지 않고 또 한 차례 봉기를 실현하였다. 1875년 제주 섬에 프랑스 신부가 들어온 이래 천주교 세력의 횡포는 극심했다. 1901년 4월 대정읍 채구석蔡龜錫 군수와 예래리 사람 오대현 좌수를 비롯한 몇몇은 상무회象武會, 상무사商務社를 조직했다. 탐관오리보다 더한 천주교도의 만행에 대항하기 위한 자위집단이었다. 그러자 천주교 세력은 상무회 회원들의 집을 침탈하기 시작했다. 그러자 상무회는 5월 6일 대정읍에서 민회民會를 개최, 정부에 문제 해결을 요구하기 위한 진정단을 구성하여 수천 명을 동원, 대정읍을 출발, 제주성을 향해 행렬을 시작했다. 진정단이 명월읍에 이르렀을 때 무장한 천주교도들은 진정단의 대표를 납치하였다. 대정읍으로 후퇴한 진정단은 관아 무기고를 열어 무장을 시작했다. 당시 관아의 노비였던 대정읍 인성리 사람 이재수와 월평리 사람 강우백이 중심이 되어 섬 전역에 호소, 수천 명의 장정이 모임으로써 무장봉기를 수행할 민군의 주력이 탄생하였다. 김남길이 그린 〈대정조점〉은 1703년 제주의 관군 행렬을 그린 것이나, 내 눈에는 같은 땅에서 늠름하게 전투를 준비했을 이재수 장군의 군대가 자꾸만 떠오른다.

5월 15일 민군은 척사기斥邪旗를 치켜든 채 제주성을 향해 진군, 천주교도의 은거지를 소탕하면서 나아갔고 천주교도는 제주성 관아 무기고를 열어 무장한 채

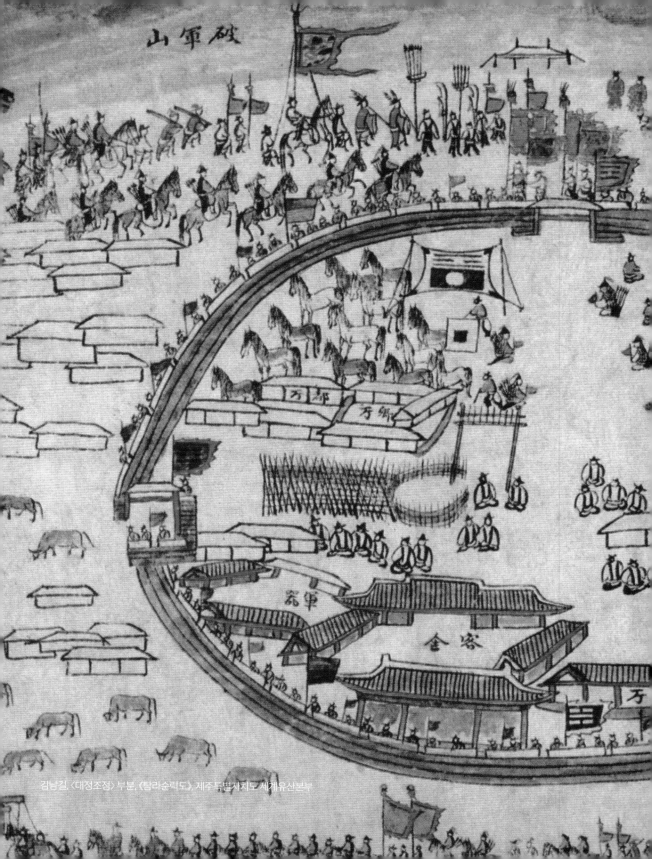

김남길, 〈대정조점〉부분, 《탐라순력도》, 제주특별자치도 세계유산본부

민군을 방어하고자 하였다. 이런 상황을 지켜보던 성 안의 주민들은 5월 28일 세 곳의 성문을 열고 민군을 맞아들였다. 급기야 성을 점령한 민군은 천주교도를 색출해 수백 명을 처형하였다.

이것으로 끝일 리 없다. 천주교도의 연락을 받은 프랑스 군대, 민군 진압을 위해 파견한 정부의 진위대鎭衛隊가 제주에 물밀듯 들어왔다. 정부군은 6월 10일 무려 1만 명에 이르는 민군을 해산시키고 곧장 이재수를 비롯한 세 명의 지도자를 체포하였다. 체포당한 이재수 장군은 제주목 관아의 감옥에 갇혔다가 한양으로 끌려 갔을 것이다. 군대의 위용이 참으로 당당한 그림 〈제주조점〉의 제주성 하단 왼쪽에는 담벼락을 둥글게 친 감옥과 '옥'獄이라는 글자가 보인다. 이재수 장군 등이 갇혀 있던 그 감옥이 아닐까 짐작한다.

이재수를 비롯한 민군 지도부는 대부분 곧 한양으로 압송되었고, 8월 1일 열린 최고재판소인 평리원平理院 재판에서는 이들에게 사형을 언도한다. 그리고 겨우 두 달 뒤에 세 장두는 처형을 당했다.

우리 황제를 뵙고 나의 뜻과 상황을 일러 알리지 못하니, 억울하구나.

형장의 이슬로 사라지기 전 이재수가 남긴 마지막 말이다. 천민 출신으로 고향 제주를 지키려던 한 장수가 한양 땅까지 끌려가더니 결국 그렇게 처형을 당하고야 말았다. 스러진 게 그의 목숨만일까. 수만 명의 제주 민인들이 품은 꿈이 그렇게 무참히 짓밟히고야 말았다. 1901년 10월 9일의 일이다.

유배객의 발자취 뚜렷한 땅, 대정

# 어느 곳인들 바람 없을 리 있으랴,
# 서쪽 바람은 유난도 하다

## 왜적을 방어하던 땅, 일본군의 요새가 되다

제주도 어느 곳인들 바람이 없으랴. 그러나 이곳 서해안의 바람은 유난도 하다. 지새개라 부르는 용수龍水 포구에 서면 온갖 바람을 다 만날 수 있다. 부드러운 순풍은 남북풍인 곧은마, 곧은하늬, 높하늬, 높새이고 모질게 부는 악풍은 동서풍인 산방네기, 너른세, 섯가래, 늦가리, 선마파람, 늦하늬가 있다. 바람 많은 포구라 흐느껴우는 여성의 울음이 들려오곤 하는데 샛바람 불고, 먹장구름 한라산 줄기억누를 즈음, 바다 안개 밀려들어 칙칙할 그때가 절정이요 더불어 남자의 두런대는 소리까지 섞여 있다고 한다. 섬이나 산에 부딪혀 감돌아오는 바람인 자나미가 가장 두렵다. 초속 13미터 바람이 불어닥치면 노를 저을 수도 없고 물결마저 감돌아 배를 띄울 수조차 없다.

지새개의 지새는 기와를 뜻하는 말이다. 이를 한자로 옮기면 와포瓦浦 정도일 게다. 오래전 기와를 굽던 공장이 이곳에 있어 그렇게 불렸다. 그러니까 용의 물이란 뜻을 지닌 용수 포구라는 이름은 엉뚱해서 저 모진 바람만큼이나 싫다.

용수 포구에는 절부암節婦岩이 있다. 어릴 때 부모를 잃은 고高씨가 역시 어릴 때 부모를 잃은 강사철康士喆에게 시집을 갔다. 이 부부는 남편 강사철이 차귀도에서 대나무를 벌채해오면 부인 고씨가 대바구니를 만들어 팔아 생계를 꾸렸다. 그러던 어느 날 풍랑으로 남편이 죽었다. 고씨는 식음을 끊고 14일 동안 해안을 떠돌며 남편을 찾았으나 끝내 찾지 못했다. 그녀는 흰옷을 입고 엉덕동산 팽나무에 목을 매 남편의 뒤를 따랐다. 그날 밤 남편의 시신이 나무 밑으로 떠올랐다. 1867년 대정판관 신우무愼佑撫는 가로 155센티미터 바위에 김하金河의 전자篆字로 쓴 글씨 절부암을 이팔근李八根에게 새기게 한 뒤 매년 3월 15일 제사를 지내도록 했다.

절부암 숲속 동백나무 우거진 곳에는 성김대건신부제주표착기념관이 있다. 1845년 김대건 신부가 중국 상하이에서 출범했다가 표류 끝에 이곳에서 사흘을 머물렀다고 하여 세운 건물이다. 그의 뜻을 기리는 것이야 탓할 바 아니지만, 절부암에 담긴 고씨 부인의 사연은 안 보이고, 김대건 신부만 우뚝한 것이 어쩐지 섭섭하다.

제주도의 서쪽 끝에 자리한 마을 제주시 한경면 고산리에는 수월봉이며 당산봉이 봉긋하다. 당산봉 당집 성황사에는 칠성배염, 칠성한집, 칠성눌, 뒷할망이라 하는 뱀이 떼를 지어 살고 있어 포구 이름을 뱀귀신이란 뜻의 사귀포蛇鬼浦라고 했을 것이다. 사귀포는 고산 마을 앞에 있어 또한 고산 포구라고도 하고 차귀도 포구, 자구내 포구로도 부른다.

고산 포구에서 배를 타고 나가면 자귀나무가 많아 자귀섬 또는 대나무가 많아 죽도竹島라고도 부르던 섬이 있다. 이 섬은 뱀이 떼를 지어 살고 있어 비얌섬이라고도 하는데 그 이름이 귀향을 막는다는 뜻의 차귀도遮歸島로 바뀐 것은 고려 예종睿宗, 1079~1122, 재위1105~1122 때 일이다. 송나라 술사 호종단이 고려에 거짓 귀화하여 인물이 날 자리를 골라 기운이 뚫린 혈을 자른 뒤 송나라로 귀국하려는데 한라산 산신의 아우가 매로 변해 그 배의 돛대 위로 날자 폭풍이 일었다. 배는 곧 그

섬 해안가 바위에 침몰하였다. 이에 예종이 그 신을 광양왕으로 봉하여 해마다 제사를 지내고 섬 이름을 차귀도라 하였다.

이곳 차귀섬 남쪽에는 오백장군 바위가 있다. 한라산의 영실기암도 오백장군 바위라고 하는데 설문대할망의 막내아들이 이곳 차귀도로 와서 바위로 변해 그렇게 부른다.

김남길이 그린 〈차귀점부〉의 위쪽에는 아름답게 드리운 나무가 가득하다. 화가는 이 숲을 모동진목毛同眞木이라고 표기하였다. 모동진목은 모동참남이라는 참나무 또는 모동처낭이라는 상수리나무를 뜻하는데 우거진 숲이 참으로 곱다.

아래쪽에는 와포와 당산봉이 있다. 당산봉 해안에 바위기둥과 물기둥이 겹쳐 있고 물기둥 한 곳에는 저생문這生門이라고 표기한 동굴 입구가 보인다. 바로 이곳이 저 차귀십경遮歸+景 가운데 하나인 제성기문帝城奇門이다.

상단의 고산高山이라고 표기한 오름은 수월봉이다. 수월봉 서쪽 바닷가 절벽 틈에는 녹고물이란 샘이 있는데, 여기에는 전설이 있다. 옛날옛날 녹고와 수월 남매의 홀어머니가 병이 들었다. 마침 지나가던 스님이 약 이름 백 가지를 알려주었다. 남매는 정성을 다해 아흔아홉 가지를 구했다. 다만 한 가지 구하지 못한 것이 오갈피였다. 그 오갈피가 수월봉 절벽에 자라고 있었다. 수월은 오갈피를 꺾으러 녹고의 손을 잡고 벼랑을 타고 내려갔다. 마침내 오갈피가 손에 닿아 꺾으려는 순간, 그만 떨어져 죽고 말았다. 녹고는 슬픔을 이기지 못하고 이곳에서 7일을 울었는데, 그 눈물이 샘이 되어 녹고물이 되었다는 것이다.

그림 〈차귀점부〉에 사귀포라고 표기한 곳은 고산 포구다. 조선 시대 때인 1510년 이곳 사귀포에 차귀진을 설치해 해적의 침략을 방어하는 요새로 삼았다. 그러나 세월이 흘러 1910년 조선을 강점한 일본 군대는 이곳 수월봉 해안 일대에 군사 시설을 설치했다. 일본 해적을 방어하던 땅이 바로 그 일본 군대에게 강점당해 주민들이 죽음에 이르는 고통을 겪는 땅이 되었다. 일본군은 태평양전쟁 말기

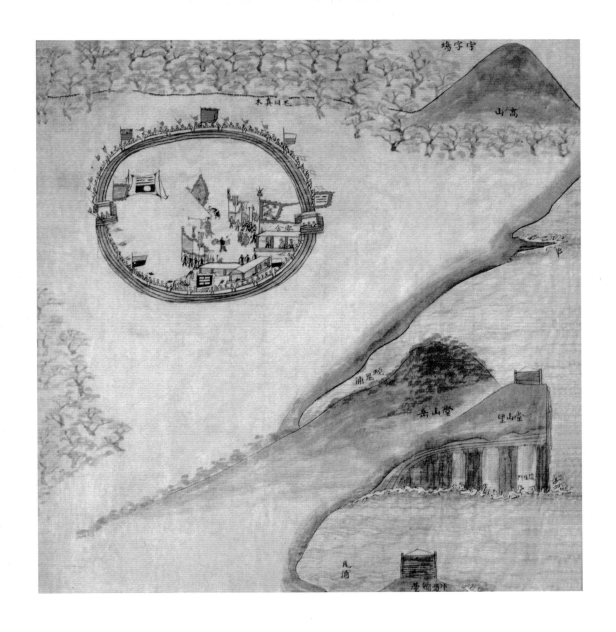

김남길, 〈차귀점부〉 부분, 《탐라순력도》, 제주특별자치도 세계유산본부

제주도 전역을 군사 요새로 전환하면서 제주도에 주둔하고 있던 일본군 제111사단 1만 2천 명을 비롯한 2만 명을 이곳 일대에 배치했다. 사령부는 해안에서 깊이 들어간 안덕면 동광리 당오름에 설치했다. 특히 고산 포구로부터 상륙을 예상, 당산봉을 비롯 가마오름, 굽은오름, 새신오름, 이계오름, 저지오름 등에 거대한 저항 진지를 구축했는데 그 가운데 가마오름의 진지는 일본군이 설치한 땅굴 진지 가운데 최대 규모로 알려져 있다.


## 차귀도에 간다면 무엇을 보고 오랴

차귀십경은 평생 지관地官으로 이 땅을 속속들이 파고든 고산리 풍수 고두석高斗錫이 1980년 무렵 어느 상가에서 곁에 있던 강명남에게 말로 베풀어놓은 데서 유래했다고 한다. 누군가 그것을 기록하여 전해지는데, 지금은 사라진 풍경도 있지만 그 시절로 되돌아가 하나하나 살펴 보기로 하자.

제1경은 월사야종月寺夜鐘이다. 수월봉 월성사月星寺에서 울리는 종소리의 아름다움이다.

제2경은 각정만경角亭滿景이다. 수월봉의 정자 수월정에서 바라보는 풍경이다. 장엄하게 솟은 한라산이며 눈 돌리면 펼쳐지는 하염없는 바다의 아름다움이다.

제3경은 광포채복廣浦探鰒이다. 해마다 3~4월이면 잠녀들이 해안선의 포구에서 무리를 지어 전복이며 소라를 따는 모습이 사랑스럽다.

제4경은 용암폭포龍巖瀑布다. 사귀포 또는 고산 포구에서 수월봉까지 1킬로미터 길이의 해안 절벽 단층은 마치 용이 꿈틀대는 모습으로 절벽 위에서 뚝뚝 떨어지는 물줄기가 장관이었다. 하지만 논농사를 위해 지하수를 개발하면서 물줄기가 끊겨 더 이상 폭포를 볼 수는 없다. 다만 흐르는 물이 피부병 치료에 효험이 좋은 데다 산방굴사 약수보다 수질이 월등히 뛰어나다고 해서 인기가 높다.

제5경은 병풍기암屛風奇巖이다. 당산봉 남쪽의 기암괴석이 병풍 같아 절경을 이루고 있다.

제6경은 저생기문這生奇門이다. 당산봉 서쪽 해안선 절벽에 다섯 개의 동굴이 있는데 이 동굴을 저승문이란 의미의 저생문이라 부른다. 누군가는 이곳을 제성기문이라 하는데 그 장엄함이 제왕의 집이라 이를 만해서라고 한다. 저생기문에는 전설이 있다. 한경면 고산리와 조수리 경계에 있는 굽은오름과 신창리 성굴왓에 있는 동굴, 궤에 각각 고양이를 넣고 보니 모두 저 저생기문으로 나왔다는 이야기다. 궤는 곧 바위굴을 뜻한다. 보는 이의 넋을 빼앗을 만하여 아름다움보다는 신비로움이 끝을 모른다.

제7경은 장군대암將軍大巖이다. 차귀도 해안에 홀로 우뚝 솟은 바위인데 장엄하면서 어딘지 외롭다. 한라산 영실 오백장군의 막내아우라고 한다. 오백장군의 어머니 설문대할망이 자식들을 위해 죽을 끓이다 실수로 가마에 빠져 죽었다. 집에 돌아온 자식들은 영문도 모르고 다들 그 죽을 맛있게 먹었다. 나중에 알게 된 뒤 499명의 형제는 그 자리에서 돌이 되어버렸다. 지금도 한라산 정상 가까운 곳에 서 있는 오백장군암이 그들이다. 다만 막내아들은 죽을 먹지 않아 차귀도 앞바다로 숨어들어와 저렇게 바위로 굳어버렸다고 한다.

제8경은 지실조어蜘室釣魚다. 차귀도 남쪽 지실이섬에서 낚시하는 모습이 장관임을 뜻한다.

제9경은 죽포귀범竹浦歸帆이다. 고깃배가 해 저물녘 귀항하는 장면으로 눈부시게 아름다웠다. 이제는 사라져 더욱 그리운 풍경이다.

제10경은 월봉낙조月峰落照다. 저녁노을이 붉게 타오르는 서쪽 끝 수월봉은 저 동쪽 끝 성산의 해 뜨는 성산일출과 짝을 이루는 수월일몰이라 더욱 화려하다.

어느 곳인들 바람 없을 리 있으랴, 서쪽 바람은 유난도 하다

열 가지 풍경을 모두 안 보아도 좋다. 다른 사람이 정해준 십경이 아니라 나만의 경치를 하나라도 이곳에서 취하면 그것만으로도 커다란 감동이다. 한경면 신창에서 용수 포구까지 저녁 노을이 물들 무렵 해안도로에 서면 삶의 끝자락을 제 것으로 만든다는 말을 실감할 수 있다. 혹시 길이 끝나는 용수 포구에서 바람을 맞는다면 인생의 거친 맛과 더불어 절부암에 담긴 애절한 사랑을 느껴볼 일이다. 그 아래 당산봉 저승문을 마주하면서는 막연하던 저승의 두려움을 느껴봄직하다. 그리고 그 남쪽 수월봉의 수월정에서 떠오르는 달빛을 보게 된다면 달빛만으로도 삶이 얼마나 빛이 나는지 새삼 깨우치게 된다.

# 명월포에 겹겹이 흐르는
# 신과 인간, 자연의 사연

## 원나라 목호 세력과 치른 처절한 전투 현장

명월포明月浦는 돌캐라고 하여 옹포瓮浦라 부른다. 김남길의 〈명월조점〉에는 독포獨浦라고 표기하였다. 독포에는 묵은 성이라고 하여 오래된 성이 있었다. 하지만 워낙 왜구의 노략질이 심해 내륙으로 제법 들어가 명월성을 새로 쌓았다. 그러자 해안의 묵은 성은 사라졌다. 1510년 제주목사 장림이 나무로 성을 쌓았으나 임진왜란이 일어난 1592년 목사 이경록李慶錄, 1543~1599 장군이 돌로 대규모의 성을 이룩했다. 하지만 지금은 모두 헐려 낡은 성벽이 조금 남았을 뿐이다. 김남길의 그림으로는 〈명월조점〉과 〈명월시사〉가 있어 그때 그 풍경을 상상으로나마 더듬어 볼 수 있다.

명월포와 명월성에는 역사의 향기가 아주 진하다. 이곳은 무엇보다 고려 시대 때인 1270년 삼별초 장군 이문경이 마련한 제주 거점이며, 그 다음해 김통정 장군을 맞이한 뒤 고려와 몽고 연합군과 치열한 전투를 벌인 전장이다. 또한 1374년 최영 장군이 목호의 난을 일으킨 원나라 유민 목호 세력을 격파한 피비린내 나는

김남길, 〈명월조점〉 부분, 《탐라순력도》, 제주특별자치도 세계유산본부

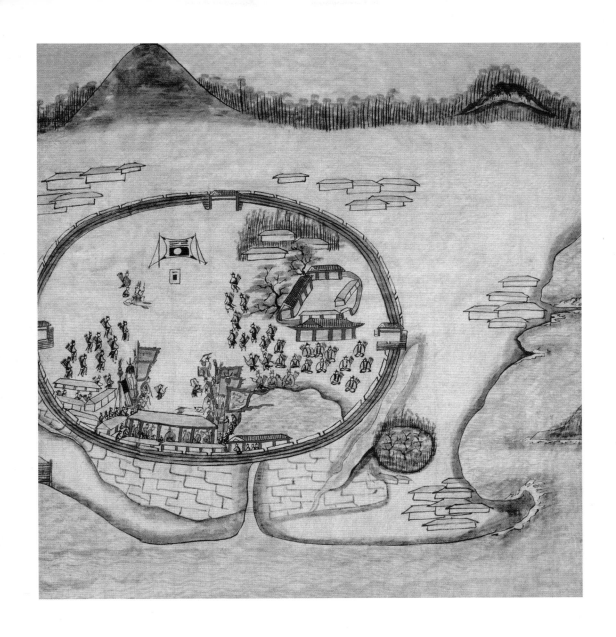

김남길, 〈명월시사〉 부분, 《탐라순력도》, 제주특별자치도 세계유산본부

곳이기도 하다.

　이들은 왜 제주에서 난을 일으켰으며 고려의 명장 최영 장군이 직접 나서 이들을 토벌한 걸까. 원나라는 1273년 고려 정부를 도와 삼별초의 난을 진압한 뒤 이곳에 군민총관부를 두어 다스려 왔다. 1277년에는 이곳에 목마장을 설치하고 말을 기르게 하였는데, 목호는 이때 원나라가 제주에 파견하여 말을 기르도록 한 이들이다. 이들은 원나라가 철수한 뒤에도 떠나지 않고 제주에 뿌리를 내리고 살면서 유민이 되었다. 목호의 난은 1372년 고려가 중원 대륙의 새로운 주인이 된 명나라에 말을 보내려고 한 것이 발단이었다. 원나라의 유민인 목호들에게 명나라는 적국이었다. 이들은 자신들이 키운 말을 명나라에 보내라는 고려의 요구를 받아들이지 않고 급기야 목호 석질리, 필사초고, 독불화, 관음보 등이 저항군을 형성하여 목사와 어사를 처단하는 등 반란을 일으켰다. 그런데 이것으로 끝이 아니었다. 1374년 제주의 말 2천 필을 보내라는 명나라의 요구에 고려 정부가 다시 한 번 목호들에게 말을 내놓으라고 했으나 이들은 마지못해 300필만 내놓겠다고 했다. 이미 반원정책을 천명한 고려의 공민왕은 최영 장군을 선두로 하여 마침내 정벌군을 파견하였다. 전함 314척에 군사 2만 5,600명을 이끌고 제주해협을 건너온 최영 장군의 군대는 저항군을 격파하고 모두 목을 베었다. 여기서 그치지 않았다. 내친 김에 제주도 전역에 흩어져 있던 목호 군대를 모두 몰살해버렸다. 참으로 피비린내 나는 진압의 현장이었으며 지난 100여 년 동안 탐라를 지배한 원나라 세력을 몰아낸 전투였다.

　최영 장군은 생애를 다하여 왜구와 홍건적을 격퇴해온 명장이다. 또한 "황금 보기를 돌같이 하라"고 호령했던 그는 조정의 부패한 무리를 숙청하는 데 한치의 망설임도 없는 강직한 인물이었다. 그러나 조선을 건국한 태조 이성계는 위화도에서 회군한 이후 요동 정벌을 주장했던 최영 장군을 끝내 형장의 이슬로 보내버렸다. 역사를 공부할 때마다 이 대목에서는 늘 안타까움과 아쉬움을 가지게 된다.

태조 이성계는 그를 죽게 했으나 장군의 이런 강직함과 용맹함은 다른 곳에서 숭앙을 받고 있다. 전국 무당을 호령하는 개성 덕물산 무당이 최영 장군을 신봉했다. 그러자 전국의 모든 무당이 최영 장군상을 사당에 모셨다. 그로 인해 최영 장군은 당연히 민간 세상에서 가장 추앙 받는 신앙의 대상이 되었다.


## 선비의 마을로 그 이름 드높은 땅

피비린내 나는 전투의 기억이 선명한 땅이긴 해도 성 오른쪽에는 달빛 계곡이라는 어여쁜 이름의 월계과원이 있다. 근처에는 명의로 이름 높던 좌수 진국태陳國泰의 집이 있었다. 진국태는 문장가 양유성梁有成, 풍수가 고홍진高弘進, 점술가 문영후文榮後와 더불어 탐라 사절四絶 가운데 한 사람인데 그가 명의로 자라난 이야기가 흥미롭다.

어린 시절 진국태는 서당에 다녔다. 서당 가는 길, 언젠가부터 아침마다 예쁜 처녀가 나타나 구슬을 입에 물려주었다가 꺼냈다가 하는 놀이를 하게 했다. 그러는 동안 차차 진국태의 몸이 여위어갔다. 진국태로부터 이런 사정을 듣게 된 스승이 이렇게 말했다.

내일은 그 구슬을 삼키고 먼저 하늘을 보고, 다음에 땅을, 마지막에 사람을 보거라.

다음날 스승이 시킨 대로 하자, 처녀가 진국태를 해치려 달려들었다. 멀리서 지켜보던 스승이 큰소리로 꾸짖자 도망치는데 짐승의 꼬리가 달려 있으므로 백여우가 사람으로 둔갑한 것이었다. 여우의 구슬을 삼켰기에 천지인 모두를 살피는 힘이 생긴 진국태는 환자의 얼굴만 보아도 무슨 병인지 알아내는 능력을 갖춰 명의로 자라났다는 이야기다.

이곳 명월은 문명의 땅으로부터 멀리 떨어져 인문이 척박한 제주 땅에서 많은 선비를 배출한 까닭에 선비마을로 이름 높은 고을이었다. 19세기 중엽 이곳 선비들이 풍류를 누리고자 명월리 개천가에 팔각형 바위를 3단으로 쌓고서 그 위에 둥근 반석을 올려놓아 이곳이 풍류의 중심임을 천명하였는데 그곳이 곧 명월대明月臺다. 또한 〈명월조점〉의 성 안에도 나무와 연못이며 냇가가 보일 만큼 숲이 우거져 있다. 숲속 나무 가운데 팽나무와 푸조나무 100여 그루는 이곳이 옛부터 내려오는 팽나무 자생지임을 알려준다. 오늘날까지도 그 나이 700년이 넘는, 높이 13미터에 지름 5미터나 되는 팽나무가 열 그루 넘게 있는데 봄에는 담황색 꽃이 피고 가을에 붉은 꽃잎이 시들 무렵 갈색 열매가 무르익는다. 또한 산유자나무, 보리장나무, 호랑가시나무도 어울려 살고 있다.

또 월령리 해안에는 선인장 자생지가 있다. 멕시코에서 자라는 손바닥 선인장이 난류에 밀려와 자란 것이다. 마을 사람들은 해열제로도 사용하며 돌담 사이 선인장은 뱀이나 쥐의 침입을 막기도 한다. 여름에는 황색 꽃을 피워 아름답다.

이렇게 눈부신 땅이어서 그런 건지 화가들은 이곳 풍경을 남달리 그렸다. 《제주십이경도》의 〈명월진〉은 김남길의 〈명월조점〉이나 〈명월시사〉와 유사하여 기본 형태에 가장 가깝지만 《제주십경도》의 〈명월소〉는 화폭 오른쪽 섬 비양도를 유난히 강조하여 봉우리를 붉게 색칠해 두었다. 《영주십경도》의 〈명월소〉는 성 밖에 나무와 굴을 특별히 강조하였다.

# 동쪽에는 만쟁이굴, 서쪽에는 협재굴

제주도 동쪽 구좌읍 김령리에 배암굴과 만쟁이굴이 있다면 서쪽 한림읍 협재리에는 셋굴이라 부르는 협재굴이 있다. 국립민속박물관 소장품인《제주십경도》가운데〈명월소〉는 화폭 상단 해안에 두 개의 굴을, 일본 고려미술관이 소장하고 있는《영주십경도》가운데〈명월소〉는 세 개의 굴을 그려 놓았다. 무엇보다도 다른 그림과 달리《제주십이경도》의〈명월소〉에는 세 개의 굴을 유난히 두드러지게 묘사해 두었는데 기이하지만 신기하여 아름답다.

김남길이 그린《탐라순력도》가운데〈명월조점〉은 화폭 상단 해안에 굴을 하나 그려 넣고 배령굴排舲窟이라고 써넣었다. 배령은 배를 물리친다는 뜻이다. 제주 사람이 쓰던 베랭이와 비슷한 소리의 한자로 표기한 것일 뿐 뜻은 너무도 엉뚱하다. 뱀의 머리란 뜻의 베염머리를 배렝이라고 하였으니 베랭이는 뱀이 있는 굴이라 하겠다.

배령굴 하나를 그려 넣은〈명월조점〉과 두 개 또는 세 개의 굴을 그려 넣은〈명월소〉의 굴은 협재리의 협재굴挾才窟, 섯굴·셋굴·섭재굴과 쌍룡굴雙龍窟, 징거머리굴 그리고 금릉리의 소천굴笑天窟·昭天窟, 굇두둑·굇뱅디 가운데 하나일 것이다.

한림읍 협재리 서쪽 해안도로 가까이에 오래전부터 섯굴, 셋굴이라고 불러온 굴이 있었다. 청음 김상헌은 1601년 제주 안무어사로 와 있을 때 협재암과 소협재암을 보았다며『남사록』에 이렇게 기록해 두었다.

> 협재암은 명월포 서쪽 5리에 있는데 그 모양은 지붕처럼 둥그럼하다. 그 위에는 흰 모래가 깔렸고 그 아래 큰 구멍이 있어 횃불을 피우고 들어가면 그 속에 널찍한데 80보이고, 석종유石鐘乳가 난다. 그 서북에 또 두 개의 바위가 있는데 이름은 소협재암이라고 하고 모두 석종유를 산출한다. 그곳이

〈명월소〉 부분,《제주십경도》 국립민속박물관 소장

〈명월진〉, 《제주십이경도》, 개인

〈명월소〉 부분, 《영주십경도》, 일본 고려미술관

〈명월소〉 세부, 《제주십경도》

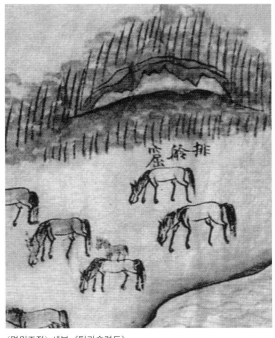
〈명월조점〉 세부, 《탐라순력도》

〈명월소〉 세부, 《영주십경도》

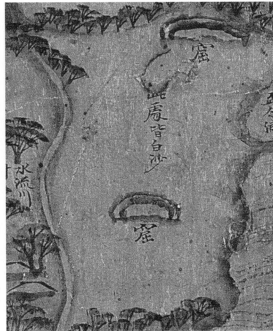
〈명월진〉 세부, 《제주십이경도》

넓고 역시 50보쯤이다.

그보다 반세기 가량 앞선 임제는 『남명소승』에서 세 개의 굴을 보았다고 했는데 동굴과 서굴 그리고 바다 쪽으로 제법 떨어진 곳에 또 큰 굴이 있다고 기록했다.

이곳 협재리의 동굴 지대는 주민에게는 잘 알려진 곳이었겠지만 세월이 흘러 잊히고 있었다. 입구 또한 가려져 몇몇의 기억에만 남아 있었을 뿐, 그저 잃어버린 땅이었다. 다시 사람들의 눈에 띄인 것은 1955년 11월의 일이다. 초등학교 교사 좌덕중이 학생과 함께 충혼묘지를 꾸미던 중 굴을 발견했다. 바로 160미터짜리 셋굴, 섯굴로 김상헌과 임제가 말한 80보 또는 50보짜리 협재암, 소협재암이며 동서석굴東西石窟이다.

김상헌이 두 개라고 한 소협재암에 대해, 임제는 동서석굴 가운데 동굴東窟을 "횃불을 들고 백여 보를 들어가면 굴이 점점 낮아지고 작아져서 들어갈 수 없다. 그래서 그 깊이를 잴 수가 없다"고 묘사하였다. 같은 굴을 두고 서로 다르게 쓴 셈인데 체험의 차이로 인한 게 아닌가 싶다.

160미터짜리 협재굴 위쪽에는 380미터짜리 쌍룡굴이 있다. 이게 김상헌이 말한 협재암·소협재암이고, 임제가 말한 동서석굴이다. 또 쌍룡굴은 굴 안이 동서 둘로 갈리는데 서쪽으로 들어가면 다시 둘로 갈리어 172미터짜리 황금굴과 2,489미터짜리 소천굴로 나뉜다. 이 소천굴은 아마도 임제가 그 깊이를 잴 수 없다고 한 동굴일 것이다. 소천굴은 한림읍 금릉리 그리고 상명리 사이, 망오름 서북쪽의 괫두둑 또는 궷두둑을 말하는 것이 아닌가 한다. 여기서 괴, 궤는 곧 바위굴을 뜻하는 말이다. 그런데 1969년 조사 당시 한 연구자가 궷두둑 입구의 양치식물이 햇빛에 빛나고 있었으므로 빛나는昭 하늘天이란 한자말을 갖다 붙여 소천굴이라 하였다. 하늘이 웃는다는 뜻의 소천笑天이란 낱말도 누군가 갖다 붙인 말이다.

이처럼 오랜 세월 불러온 이름을 버리고 지금 사람들이 제멋대로 바꿔 부르는 일이야 어쩔 수 없는 일이다. 그나마 쌍룡굴이란 이름은 두 마리 용이 머물렀다는 뜻을, 황금굴은 종유석이 황금빛으로 눈부시다는 뜻을 이어받은 것이니 바뀐 내력을 짐작할 수 있어 다행이다. 하지만 그 뜻마저 바꿔버린 소천이라는 이름은 다른 이름으로 불렸던, 우리보다 앞선 세월을 살았던 사람들에게 너무도 미안한 일이다.

임제는 비록 이름을 특정하지는 않았지만 궷두둑소천굴인 듯한 굴에 대해 이렇게 말했다.

그 깊은 곳에는 마른 뼈다귀가 구름처럼 쌓여 있다. 행인이 말하기를 도둑질하는 아이들이 남의 소나 말을 훔쳐서 여기서 죽인 것이라고 한다.

김상헌은 이 임제의 글을 인용했으며 이형상 역시 협재암에 대해 이와 비슷하게 써둔 뒤 아래와 같은 경계의 말을 덧붙였다.

이와 같은 음밀한 혈우穴宇에서 간특한 일을 한다면 어느 곳에서든지 사악한 일을 하지 않으랴.

## 또 하나의 동굴, 빌레못굴

동굴은 더 있었다. 1974년 협재에서 동쪽 내륙으로 한참을 들어간 애월면 어음리의 평범한 땅에 전혀 알려지지 않았던 빌레못굴이 그 화려한 모습을 드러냈다. 물론 제주를 그린 어떤 그림에도 이 빌레못굴은 드러나 있지 않다. 그 당시 그 존재를 몰랐으니 당연하다.

명월포에 겹겹이 흐르는 신과 인간, 자연의 사연

빌레못굴은 안쪽이 무척 복잡해서 소라굴, 극락굴, 재자리굴, 남근굴男根窟, 자지굴 같은 온갖 이름을 붙인 30여 개가 넘는 갖가지 굴이 즐비하다. 들어갈 때 표시를 해두지 않으면 나올 수 없을 만큼 엉킨 미로다. 그 길이가 11.749킬로미터로 만쟁이굴에 버금간다. 빌레못굴 발견 당시만 해도 만쟁이굴 길이가 10.685킬로미터였다고 알려져 있었다. 때문에 한동안 이 빌레못굴이 세계 최장의 굴이라고 떠들썩했다. 그러나 1981년 1월 한국동굴학회가 만쟁이굴 길이를 13.422킬로미터로 측정함에 따라 빌레못굴은 세계 최장이란 수식어를 내주고 말았다. 이곳은 출입금지 구역으로 지정되어 누구도 들어갈 수 없다.

빌레못굴의 '빌레'는 너럭바위를 뜻한다. 애월읍만 해도 곽지리·납읍리에 빌레못이 있고, 협재굴이 있는 한림읍에도 상명리·명월리·금악리 세 군데에 빌레못이 있다. 새롭게 발견한 굴의 이름을 정하면서 근처의 빌레못에서 이름을 고스란히 가져와 붙인 것이 바로 빌레못굴이라는 이름의 내력이다. 어설픈 한자어에 비해 소리가 싱그럽고 그 뜻도 정밀하여 아름답기 그지없다.

제주의 굴은 한꺼번에 그 모습을 드러내지 않았다. 1514년 짐녕배염굴김녕굴이 처음 모습을 드러낸 뒤, 제주의 화가들이 앞에서 본 그림들을 그릴 적까지 알려져 있다가 어느덧 사라져버렸다. 그러다 1946년 만쟁이거멀굴만장굴이 처음 모습을 드러내더니 1955년에는 셋굴협재굴 일대가, 1974년에는 빌레못굴이 그 모습을 드러냈다. 빌레못굴에서는 아득한 시절 사람의 얼굴 모습을 만든 조개껍질이 출토되어, 조각 예술의 역사를 바꾼 현장이 되기도 했다.

제주의 굴은 사람들이 알아주거나 말거나 30만 년 전부터 10만 년 전에 이르는 시기에 만들어졌다. 약 1,950미터 높이나 되는 불의 산인 한라산이 터질 때 분출된 용암과 이후 오랜 세월 조금씩 터져나오는 용암들로 말미암은 것이다. 현무암이 녹아내린 용암이 바다로 흘러들어가면서 미처 빠져나오지 못한 공기가 그 사이사이 갇혀 생긴 지하의 공간들이 영겁의 시간이 흐른 뒤 문득 사람들의 눈길을 받아 드러나기 시작한 셈이다. 그로써 오늘날 제주의 굴은 지상으로 올라온 봉긋한 오름과 더불어 제주에서만 볼 수 있는 특별한 풍경으로 꼽히고 있다.

## 이시돌목장 그리고 맥그린치 신부

내륙으로 한참 들어가면 1962년 아일랜드 출신 맥그린치Mcglinchey, 1928~2018 신부가 한림읍 금악리의 황폐한 옛 목장을 개간하여 만든 '이시돌목장'이 있다. 스페인 사람으로 황무지를 개간해 가난한 농민에게 나누어 주었던 성자 이시돌Isidore, 1110~1170의 이름을 따 맥그린치 신부가 그렇게 지은 것이다.

한국전쟁 이후 한반도 전역은 황폐할 대로 황폐했다. 제주도는 한국전쟁 이전에 이미 4·3항쟁을 겪으며 극단의 학살을 당했다. 물질의 빈곤도 말할 수 없지만, 그와는 비교할 수 없게 모두의 마음이 황폐해져 있었다.

1954년 제주에 들어온 젊은 신부 맥그린치는 신을 전하기보다 제주 사람들의 영혼과 육체의 빈곤을 해결하는 일이 더 급하다고 생각했다. 그는 마을의 계가 깨져 자살하는 사람을 본 뒤 마을에 신용협동조합을 만들었다. 한라산 중산간을 개간해 목축업을 시작했다. 한발 더 나아가 1961년 황무지 위에 목장을 개설한 맥그린치 신부는 뉴질랜드에서 양과 돼지를 들여와 보급을 시작했고, 제주 전역을 상대로 개척 단지를 조성하는 이들에게는 자금과 기술을 지원했다. 그는 또한 가난한 이들을 위해 병원과 양로원, 경로당, 유아원, 유치원을 세워나갔다. 그의 생애는 온전히 성자의 삶이었다.

제주도를 위해 헌신한 맥그린치 신부에게 제주도는 명예도민증을, 대한민국 정부는 국민훈장 모란장을 수여했다. 또한 아일랜드 정부는 아일랜드 행정인권상 대통령상을 포상하였다. 그가 세상을 떠나자 대한민국 정부는 대한민국 명예국민증을 추서하였다. 그러나 그를 기리는 일은 이것으로 충분치 않아보인다. 그렇다고 마땅한 답을 아는 것도 아니다. 그러나 답을 찾는 일은 잊지 않는 것에서부터 시작해야 하는 게 아닐까. 그런 탓에 이시돌목장 근처를 지날 때면 늘 스스로에게 묻는다. 낯선 나라 낯선 땅에서 평생을 보낸 맥그린치의 생애의 의미를 우리는 오늘날 과연 어떻게 기억해야 할까.

## 제주의 가장 큰 굿판, 영등굿

명월포에서 해안을 따라 북쪽으로 가면 한수리 영등당이 있다. 김남길의 〈명월조점〉에서 보자면 왼쪽 해안 마두연대에서 애월읍으로 더 가는 곳이다.

영등대왕은 제주도 전역에서 잠녀를 비롯한 어부, 농부 모두가 맞이하고 떠나보내는 외래 여신으로 바람의 신인 풍신風神이다. 어느 날 용왕나라에 간 영등대왕은 고깃배 한 척이 한수리 바다에서 폭풍을 만나 떠내려 오다 애꾸눈이나라로 밀려가는 것을 보았다. 고깃배를 끌어 바위 뒤에 숨겨준 영등대왕에게 곧 애꾸눈이들이 사냥개를 몰고 와 고깃배의 행방을 물었다. 그들에게는 못 보았다 거짓으로 이르고 고깃배의 어부들에게는 "무사히 도망치려면 관음보살을 줄곧 되풀이하며 가거라"하고 알려주었다. 어부들은 처음에는 관음보살 주문을 열심히 외우며 배를 저어 갔는데 어느덧 고향이 눈앞에 보이자 그만 관음보살 주문을 멈추고 말았다. 그러자 순식간에 폭풍이 일어 고깃배는 다시 애꾸눈이나라로 흘러가고 말았다. 이를 보던 영등대왕이 이들이 무사히 집에 돌아갈 수 있게 다시 도와주었다. 그러자 화가 난 애꾸눈이들이 달려들어 영등대왕을 세 토막 낸 뒤 바다에 버렸다. 토막 난 시체의 머리는 동쪽 해안 우도, 몸은 성산 일출봉, 팔다리는 이곳 한수리 비양도 앞바다에 떠올랐다.

그뒤로 영등대왕은 해마다 음력 2월 1일 제주도로 들어와 우도에서 하루를 묵고, 2월 초하루에 제주시 건입동 산지포에 들어와 섬을 한바퀴 돈 뒤 2월 15일 제주도를 떠나곤 했다. 사람들은 영등대왕이 오는 날에는 일을 하지 않고 정성스레 굿을 올리는 제사를 지낸 뒤 마지막 날에는 한 자 길이 나무배를 만들어 오색 볏짚을 두르고 바다에 띄워 보낸다.

영등대왕에게 드리는 제사인 영등굿은 바람의 섬 제주에서 가장 큰 굿판이다. 그를 맞이하는 커다란 대를 세우는 것으로 시작하는 굿은 용왕맞이, 좁쌀 뿌려 점을 치는 씨점, 액막이와 배 띄워 보내기 순서로 진행하는데 심방들의 영등본풀이에는 애꾸눈이나라가 등장하곤 한다. 그 까닭은 앞에서 살핀 그대로다.

명월포에 겹겹이 흐르는 신과 인간, 자연의 사연

# 제주도를 한바퀴 돌아오니
# 애월에 이르다

## 해외를 드나들던 아름다운 관문

애월읍 애월리는 제주시 바로 옆 동네다. 제주도를 한바퀴 돌아 다시 제주시 가까이에 온 셈이다. 김남길의 〈애월조점〉에서 보이는 바처럼 이곳에는 애월포와 애월성이 있었다. 지금은 모두 사라졌지만 예전에 이곳은 번화한 포구이자 마을이었다. 그래서 사람들은 애월십경涯月十景 중 달빛과 푸른 바다에 어울리는 성벽으로 성하수월城下水月과 벽석창만碧石滄灣 그리고 달빛 아래 고기잡이하는 월포조어月浦釣魚, 먼 바다를 배경삼아 귀향하는 해망귀범海望歸帆 등을 넣어 이곳의 절경을 뽐내기도 했다. 하지만 1993년 5월 이 일대를 가로지르는 해안도로를 개설하면서 배가 해안도로 다리 밑을 지나야 하는 우스운 모양이 되어버렸고, 그로 인해 이곳이 품고 있던 예전의 아름다움은 모두 사라지고 말았다. 그러므로 지금은 오히려 해안선과 해안도로가 절경이 되었고 곽지리에 조갯가루 백사장으로 뒤덮인 곽지해수욕장만 유명하다.

곽지해수욕장 모래사장에는 과물이란 물통이 있는데 바위틈에서 샘물이 솟아올라 수도가 보급되기 전에는 먼 동네 사람까지 이 물을 떠갔다. 지금은 과물 주변에 돌담을 둘러놓았다. 해수욕장과 더불어 꼽히는 곳은 애월 남쪽 납읍리 난대림 지대다. 금산공원錦山公園이라고 하는데 비단결처럼 고운 그 모습 탓에 이곳 일대를 금악錦岳 또는 들어가서는 안 될 신성한 땅이라 해서 금악禁岳이라고도 했다.

조선 영조 시대 때 일이다. 이곳 납읍리 숲에 불이 자주 나고, 몹쓸 병이 번져 마을이 황폐해지자 어느 도사가 이런 말을 남겼다.

이 산의 험악한 바위가 곧바로 마을을 쏘아 비치는 까닭이다.

이에 마을 사람들은 후박나무, 동백나무, 종가시나무, 모밀잣밤나무, 생달나무, 식나무, 아왜나무, 쪽나무, 상동나무, 자귀나무, 남오미자덩굴, 보리수를 비롯해 200여 종의 늘푸른 상록수를 심어 그 바위 모습을 가리려 했다. 또한 숲이 상하지 않도록 산 이름을 금지된 산이라는 뜻의 금산이라 지어 벌채를 엄금하고 잘 가꾸었다. 그 덕분에 이곳에는 봄에는 온갖 꽃이, 여름에는 짙푸른 녹음, 가을엔 붉은 단풍이 들어 눈부신 풍경을 만들어내고 있다.

이곳에 숲이 있다면 동쪽 수산리에는 오직 한 그루 곰솔이라고 부르는 흑송黑松이 서 있다. 참으로 단아하고 아름답다. 높이 10미터, 둘레 4미터의 큰 나무인데 남쪽 가지는 15미터, 북쪽 가지는 8미터나 뻗어 있고 긴 남쪽 가지가 옆 냇가 언덕 아래로 내려 뻗은 것이 빼어나게 날렵하다. 500년 전 누군가의 집 마당에 심었던 것이 집이 없어지면서 들판의 나무가 되었고 이곳 강姜씨 조상이 관리해왔다고 한다. 마을을 지키는 수호나무라 사람들이 서로 아끼는데 곰처럼 생겼다고 곰솔이라는 말에는 썩 고개가 끄덕여지지 않는다.

하가리에는 과부가 폭양이 내리쬐는 데도 홧김에 소와 함께 혼두왓이라 이르는 드넓은 밭을 단숨에 갈아치운 뒤 목이 타 잔뜩 물을 마시고 그대로 죽어버린

김남길, 〈애월조점〉 부분, 《탐라순력도》, 제주특별자치도 세계유산본부

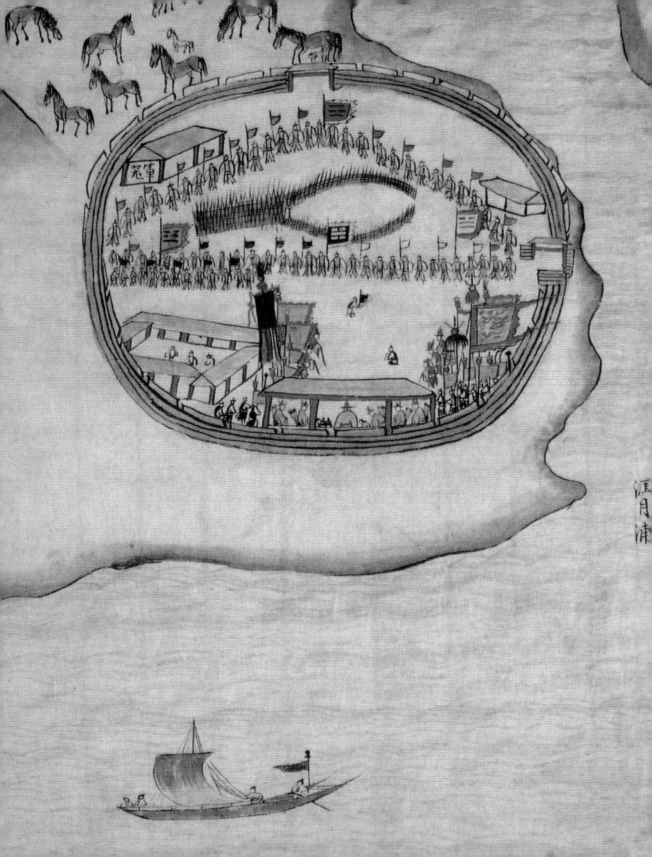

소죽이못도 있지만 연꽃이 무척이나 아름다운 하가리연못이 있다. 혼두왓 서쪽에 이 연못이 생긴 까닭은 남다르다. 구具씨 성을 가진 장사가 있었는데 남의 재물을 빼앗고 부녀자 겁탈을 일삼는 자였다. 날이 갈수록 행패가 심해져 신임 판관이 초도순시를 할 때 그 행렬을 털려다가 뚝할망이 고발하는 바람에 구장사는 처형당하고 말았다. 판관은 구장사가 살던 땅 일대를 파헤쳐 못을 만들어 흔적조차 남기지 않고 온통 쓸어버렸다.

또 다른 전설도 있다. 탐라 왕국 시절 이곳에 살던 부자가 정변을 일으키려고 준비했으나 어찌 된 일인지 하루아침에 말이 모두 죽고, 황금이 사라지며 그 엄청난 집터가 순식간에 못으로 변했다는 것이다. 어쨌거나 반역의 땅이었으니 나라에서는 못을 그대로 두었고, 조선 숙종 때 다시 이 못을 넓혔는데 연꽃이 저절로 자라나 그렇게 아름다울 수가 없었다. 1930년대에는 잉어를 기르기까지 했고 1966년에는 연못 한 가운데 팔각정을 세워 휴식처로 만들었다.


애월은 또한 해외로 드나드는 관문이기도 했다. 옛 중국 서적『한서』漢書에 '탐라의 상선이 광동廣東에 폭주한다'는 기록이 있는 것으로 미루어 발달한 항해술을 갖춘 탐라 왕국의 무역선이 이곳 애월포를 거점으로 출항했던 것은 자연스러운 일이었던 듯하다. 중국과의 교류를 말해주는 유적으로는 애월리에 당릉唐陵, 대부인大夫人동산이 있다.

포구를 예전에는 당파선이唐破船伊라고도 불렀다. 당나라 태자와 태자비가 뱃놀이를 하다가 풍랑을 만나 태자가 목숨을 잃었지만 태자비는 샛바람을 타고 흘러 이곳 애월리 포구에 도착했다. 태자비는 태자 일행의 능묘를 만들어 묻은 뒤에도 이곳을 떠날 줄 모른 채 죽은 남편을 그리워하며 눈물로 세상을 살다가 떠났다. 당릉은 태자의 무덤이고 대부인동산은 태자비가 올라와 울던 등성이로 애월성 서쪽에 있다.

탐라 왕국이 류큐 왕국과 교류한 곳은 애월 북쪽 하귀리의 하귀포다. 1790년의 일이다. 류큐의 선박이 표류 끝에 이곳에 도착했다. 배에는 나패부那覇府란 학자가 타고 있었다. 그는 상투를 틀어 양쪽으로 비녀를 꽂았고, 푸른 반점이 있는 두루마기를 입고 있었으며 『논어』와 『소학』, 『중용』, 『삼국지』 같은 다양한 중국 서적을 갖추었고, 배에는 위에 태극太極, 아래에 순풍상송順風相送이라는 글씨를 새긴 깃발을 달아두고 있었다.

이곳에는 육지와 관련 있는 자취도 상당하다. 빌레못굴이 있는 어음리에는 박후가朴厚佳라는 사람이 살던 집터가 있었다. 홍문관 정자였던 박후가는 수양대군首陽大君, 1417~1468, 세조世祖이 조카인 단종端宗, 1441~1457, 재위1452~1455을 쫓아내고 왕위에 오르자 모든 걸 내던진 채 이곳 애월읍 어음리까지 숨어들어 은일지사의 삶을 살았다. 이렇게 살다보니 뜻있는 손님이 모여들었고, 별채가 필요해 서남쪽 들판에 사랑채를 들였는데 박후가가 죽고 돌보는 이 없어 밭으로 변했지만 그 터는 '손청'이란 땅 이름으로 사람들 사이에 오래 기억되었다.

금덕리에는 홍의녀묘洪義女墓가 있다. 1777년 8월 제주로 유배를 온 조정철趙貞喆, 1751~1831을 이곳 향리 홍처훈洪處勳의 딸 홍윤애洪允愛가 보살피며 적소에 자주 드나들었다. 제주목사 김서구와 판관 황인채는 이러한 조정철을 시기하여 홍윤애를 잡아 갖은 고문으로 죽이고 말았다. 그뒤 어사 박원형朴元衡이 사실을 밝혀 목사와 판관을 파직시키고 조정철은 유배에서 풀려났다. 조정철은 1811년 6월 제주방어사를 자원, 부임하자 곧바로 홍윤애 무덤을 찾아 비석을 세우고 제사를 지내주었다. 하지만 지금 무덤은 1940년 제주시 삼도일동에 있던 것을 농업학교를 짓는다며 옮겨온 것이다.

# 삼별초의 대몽항쟁 거점

김남길의 〈비양방록〉은 하늘에서 저 멀리 한림읍부터 애월읍을 거쳐 제주시까지 넓은 지역을 한눈에 내려다보는 광역 풍경화다. 해안선을 세로축으로 삼아 왼쪽 상단에 높이 763미터의 발산鉢山, 바리메과 466미터의 정수악井水岳, 정물오름을, 중단에 항파두리성缸波頭里城, 항바두리성이라 부르는 토성土城을, 하단에 제주도성과 취병담, 용두암을 배치하였다. 해안선은 상단에 배령포盃令浦, 베렝잇개부터 하단에 대독포大瀆浦, 한도깃개를, 바다에는 상단에 비양도를 배치하였다.

비양도는 김남길의 〈비양방록〉에서는 섬 전체에 대나무를 잔뜩 채운 모습이다. 〈명월조점〉에서는 일부만 비쭉하게 그려두었다. 대섬이나 죽도라고도 하는 이 섬의 북쪽 해안에는 애기업은돌負兒石이 솟아 있다.

바위에는 두 가지 이야기가 전해진다. 우선 설문대할망이 등장한다. 설문대할망이 방망이를 휘두르다 한라산 꼭대기가 사방으로 뿌려질 때 바위 한 무더기가 날아오는 걸 본 아기 업은 부인이 "섬이 떠내려 오네"라고 외쳤단다. 그 소리에 날아오던 바위가 그 자리에 멈춘 것이 오늘의 비양도이며, 그 아이 업은 부인 또한 바위가 되었다는 이야기다.

또 다른 이야기에는 잠녀가 등장한다. 19세기 말 동쪽 구좌읍 김녕리 잠녀들이 이곳까지 물질을 왔는데 어쩌다 한 사람만 남았다. 그녀가 아기를 업은 채 남편이 데리러 오기를 기다렸지만 끝내 오지 않아 고향을 바라보며 돌로 굳었다는 이야기다.

『신증동국여지승람』의 기록을 보면 1002년에 뜨거운 것들이 바다를 뚫고 솟아올라 굳어버린 것이 섬이 되었다고 되어 있다. 그러니 바위가 섬이 되었다는 이야기가 마냥 헛된 것 같지는 않다. 비양도에는 114미터 높이 꼭대기에 두 개의 분화구가 있다. 남쪽으로 완만하게 비탈져 있는 모양이 무척 곱다. 바위로 이루어진 해안선도 아름답다. 해조류가 풍부하고 사람도 제법 살 만해서 이곳에서 사는 어민들의 수도 상당하다. 비양도에 가면 비양나무를 보고 올 일이다. 이곳을 자생지로 삼은 비양나무는 일본에서도 자라긴 하지만 흔치는 않아 귀한 나무다. 북쪽 분화구 가까이 햇볕 쬐는 곳에 모여서 자라는데 비양도에서 오직 이 나무만 만나고 오더라도 그 기쁨은 충분하다.

항파두리성은 윗쪽에 428미터의 흑악黑岳, 검은오름과 왼쪽에 무수천, 오른쪽에 정자천을 거느리고 있는데 전체 길이가 무려 6킬로미터의 장성이었지만 지금은 북문 쪽에 1킬로미터가량 남아 있다. 높이 5미터, 너비 4미터의 흙으로 쌓아 겨우 50미터 남짓 남아 있던 것을 다시 쌓아올렸다. 700년 세월 동안 비바람에 씻겨 내렸을 터인데 50미터 남짓이나마 남아 있는 까닭은 바닥에 잡석을 깔고, 2층에 진흙다짐, 3층에 잡석과 진흙을 다진 특수공법 덕택이다. 이 거대한 토성 안쪽, 돌로 쌓은 성 안에 대궐터가 있었는데 1978년 그 자리에 항몽순의비抗蒙殉義碑를 세워두고, 제주항파두리항몽유적지라 이름 지었다. 성곽을 복원하고 기념비를 세운 데는 그럴 만한 까닭이 있다. 이곳이 고려 후기 원나라에 대항해 결사항전을 치른 삼별초의 전적지이기 때문이다.

이곳은 1270년 명월포를 통해 제주에 들어와 1273년 고려와 원나라의 연합군에 의해 토벌되기까지 삼별초의 대몽항쟁 거점이었다. 하지만 이제 그 자취는 거의 다 사라졌다. 항파두리성터 이외에 관군을 방어하던 애월성 목책터, 항파두리성 서쪽에 있는 구시물이나 상귀리의 망머를밭, 오생물 우물, 횟자국바위와 살맞은돌 정도가 남았다.

말구유처럼 생긴 구시물은 가뭄이 들어도 사시사철 물이 줄지 않아 삼별초 김통정 장군이 항파두리성에서 길어다 마신 우물이다. 망머를밭은 삼별초 군사가 망을 보았던 밭이고, 횟자국 바위는 장수물이라고도 부르는데 길이 60센티미터 깊이 20센티미터의 큰 자국으로 1273년 5월 최후의 전투 때 성 위에서 뛰어내린

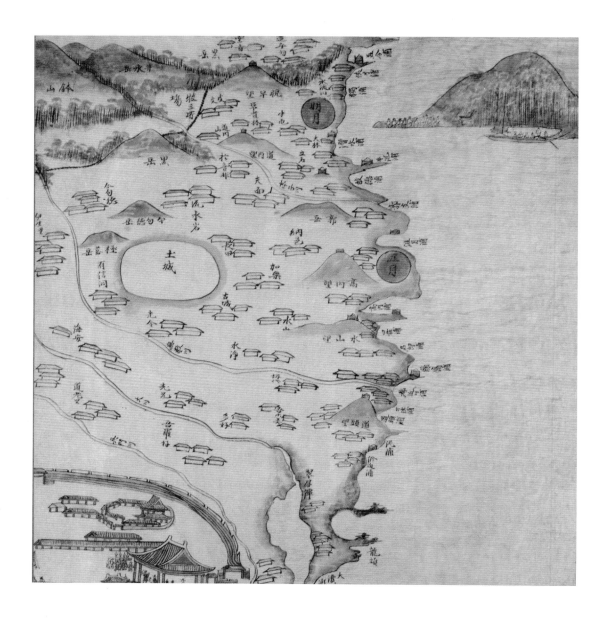

김남길, 〈비양방록〉 부분, 《탐라순력도》, 제주특별자치도 세계유산본부

김통정 장군의 신발 자국이 나 있다는 바위다. 살맞은돌은 삼별초 군사들이 활터에서 이 바위를 표적으로 활을 쏘아 그 화살 자국이 새겨진 바위로 지금은 흔적 찾기 어렵지만 20세기 중엽까지도 바위 틈새에서 화살촉을 찾아내 엿을 사먹었다고 할 만큼 살아 있는 전설이었다.

전설이라면 또 있다. 파군봉은 바구니처럼 생겼다고 해서 바금지라 부르는 70미터 높이의 오름이다. 애월읍 하귀리의 군랑포君郎浦, 군랭잇개에서 800미터 안쪽에 있다. 바다로부터 상륙해 들어오는 고려 몽고 연합군에 맞서기 좋은 삼별초의 전초 기지였는데 1273년 5월 치열한 접전 끝에 패배하고 말아 파군봉이란 이름이 붙었다.

흙붉은오름은 항파두리성 안을 말하는데 성 안이라고 해서 안오름이라고 부른다. 고려 몽고 연합군은 지도자 김통정 장군이 포진한 항파두리성을 향해 총공격을 단행했다. 외성을 함락한 연합군은 다시 안오름의 핵심 지역인 대궐을 향해 진격하였다. 삼별초 최후의 전사 70명은 결사항전 끝에 전원 몰살당하고 말았다. 안오름은 피로 물들었고 그 순간 이곳은 흙붉은오름이란 이름을 얻었다. 또한 김통정 장군이 몰살 직전의 순간까지도 도망가지 않고 자신의 곁을 지키던 애첩을 직접 죽였는데, 그 아름다운 여인이 흘린 피가 흙을 적셔 붉은 땅으로 바뀌었다는 애절한 사연도 전해진다.

삼별초는 원래 야별초夜別抄라 하여 야간 치안을 감당하던 고려의 특수 군사 조직이었다. 몽고 제국이 고려를 대대적으로 침략해오자 몽고에 저항하는 고려의 가장 강력한 군사집단이자 반제국군反帝國軍으로 그 성격이 바뀌었다. 몽고 제국은 고려를 집요하게 침략, 전 국토를 유린하며 초토화시켰다. 견디다 못한 고려 정부는 1270년 몽고에 항복했으나 삼별초는 이런 정부에 반기를 들고 저항하기 시작했다. 강화도에서 봉기한 이후 삼별초는 몽고는 물론 몽고에 항복한 고려 정부에도 맞섰다. 그러자 고려 정부와 몽고는 연합군을 형성, 삼별초를 진압하려 했다.

삼별초는 1270년 8월 전라도 진도를 거쳐 11월부터 제주도에 상륙을 시작하였다. 맨 처음 제주시 별도천변에 포진한 삼별초는 다시 조천포에도 진영을 마련하고 이어 성산면 고성리에 본영을 마련하고자 하였다. 1271년 5월 김통정 장군이 제주로 옮겨오고서 다시 본영을 애월읍 귀일리 항파두리에 마련하여 연합군의 침략에 대비하였다. 당시 삼별초 병력은 1,300명이었고 무기라고는 칼과 창, 활뿐이었다. 김통정 장군은 탐라의 백성 한 사람마다 재 다섯 되, 빗자루 한 자루씩 바치게 하여 재를 성 위에 고루 뿌리고, 자신이 탄 말꼬리에 빗자루를 달아 그 위를 달렸다. 쓸린 재가 안개처럼 흩날렸는데 사람들은 장군이 구름 위를 난다고 하였다.

그러나 고려 장군 김방경金方慶, 1212~1300, 몽고 장군 홍다구洪茶丘가 대포와 화전火箭으로 무장한 1만 3천 명의 대군을 이끌고 1273년 4월 28일 제주에 상륙, 한 달 동안의 전투를 치른 끝에 항파두리성을 함락하였다. 70여 명의 전사를 이끌고 한라산 기슭 어승생악御乘生岳 서남쪽 흙붉은오름에 숨어든 김통정 장군은 연합군의 좁혀오는 포위망 속에서 스스로 목숨을 끊었고 두 달 뒤 시체가 연합군의 눈앞에 나타났다. 하지만 당시 김통정 장군은 포위망을 뚫고 귀신처럼 추자도로 피신하였다는 전설 또한 전해진다.

제주도를 한바퀴 돌아오니 애월에 이르다

# 《제주십이경도》,
## 완전한 아름다움을 갖춘 열두 폭 그림

2015년 5월 서울옥션이 주최한 홍콩 경매 전시장에 《제주십이경도》가 출현했다. 일찍이 1975년 일본 고단샤에서 발행한 『이조민화』李朝民畫에 〈천제담〉과 〈백록담〉이 도판으로 소개된 적이 있는데, 마침내 그 작품 전체가 모습을 드러냈다. 경이로운 마음으로 배관하고 감탄을 거듭했다.

제작 시기는 정확히 알 수 없으나 1702년에 제작한 《탐라순력도》와 비교했을 때 그와 비슷한 시기에 그려진 것으로 짐작해본다. 근거는 이러하다.

우선 《제주십이경도》의 한 폭인 〈별방진〉에 유무柳楙, 1613~1687의 아들이자 제주목사 유한명柳漢明이 등장하는 사실에 주목

한다. 유한명은 『승정원일기』에 따르면 1696년 7월 24일자로 제주목사에 제수되었고 1698년 9월 13일자로 제주목사직에서 체직당하였다고 하였다. 이를 보면 《제주십이경도》의 제작 시기는 1698년 9월 이후의 것이다.

또한 작품의 형식과 내용이 김남길의 《탐라순력도》와 비교적 가깝다. 다만 제작 시기의 앞서고 뒤서는 선후를 따지기는 쉽지 않다.

작품을 직접 보았을 때 세부 묘사의 완벽함에 우선 놀라고, 화폭에 써넣은 지형지물의 이름이 지나칠 만큼 자상하다는 사실에 또 한 번 놀랐다. 이를테면 〈제주목

도성지도〉에는 도성을 구성하고 있는 자연과 건물 가운데 어느 것 하나 빼지 않고 그 이름을 써넣었는데, 그 세밀함에 감탄하지 않을 수 없었다. 실용성의 극치라 할 수 있다.

놀라운 것은 또 있다. 뛰어난 실용성에 그치지 않고 예술성까지 절정의 경지에 도달했다는 점이다. 화면의 구도와 세부 사물들의 형상화를 보고 있노라면 놀라움을 금하기 어렵다.

만일 17세기 말, 18세기 초반에 제작한 것이라고 한다면 그토록 오래되었음에도 보존 상태는 완벽하다. 실용성과 예술성, 보존의 상태까지 완전한 아름다움을 갖춘 열두 폭은 〈제주목 도성지도〉, 〈명월진〉, 〈별방진〉, 〈서귀진〉, 〈산방〉, 〈성산〉, 〈조천관〉, 〈천제담〉, 〈취병담〉, 〈화북진〉, 〈백록담〉, 〈영곡〉 순으로 알려져 있는데, 이 순서는 다만 2015년 서울옥션에서 도록을 제작할 때 정한 차례일 뿐이다. 원래의 순서라는 게 따로 있지는 않다. 책의 형태로 구성했던 화첩을 분리해 낱장으로 보존하면서 순서가 사라졌기 때문이다. 참고로 2020년 이원복은 이 작품을 '제

주십경도'란 제목으로 변경하고, 그 순서 역시 이익태 목사가 『지영록』에서 지목한 '십경'의 순서에 따르는 게 맞다고 지적한 바 있다. 다만 그 규모의 방대함이나 제작 과정이 가장 확실한 김남길의 《탐라순력도》가 취한 순서를 기준삼는 것이 자연스럽다고 보는 관점을 갖고서 재구성해 본다면 다음과 같을 것이다.

〈백록담〉, 〈영곡〉, 〈제주목 도성지도〉, 〈취병담〉, 〈화북진〉, 〈조천관〉, 〈별방진〉, 〈성산〉, 〈서귀진〉, 〈천제연〉, 〈산방〉, 〈명월진〉

여기에서는 그림 모두를 일별케 하고 아울러 화폭마다 상단에 자리잡은 화제의 원문과 풀이를 함께 적어두었다. 서울옥션에서 출간한 관련 도록을 참고하였으되 다소 손을 보았다.

완전한 아름다움을 갖춘 열두 폭 그림

# 백록담 白鹿潭 《제주십이경도》, 36.5×57, 종이, 개인

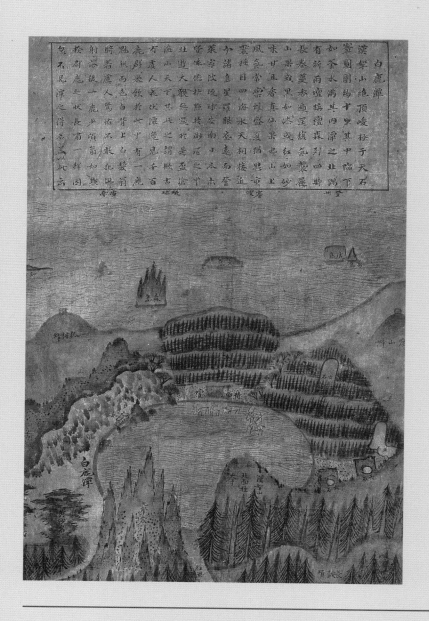

한라산 맨 꼭대기는 하늘로 높이 솟아 있고, 돌로 된 봉우리가 둥그렇게 돌려져 있는데 주위가 약 10리다. 그 가운데가 아래로 움푹 파여 마치 솥과 같아 그 안에 물이 가득하다. 못의 북쪽 구석에 기우단이 있다. 단향목이 촘촘히 늘어서 있고 사계절이 봄과 같으며, 덩굴 향기가 좁은 길에 흐드러져 향기로운 기운이 신발을 적신다. 산열매는 검기가 옻과 같고, 붉기가 단사(丹砂, 짙은 붉은빛을 띤 광물)와 같으며, 맛은 달고도 향이 있어 정말로 신선이 먹는 열매이다. 산 위에는 바람 기운이 항상 서늘하여 비록 한여름이라 하더라도 오히려 두꺼운 갖옷을 생각나게 한다. 멀리 사방의 바다로 눈을 돌리면, 물과 하늘이 서로 맞붙어, 가까이는 여러 섬이 눈 밑에 별처럼 펼쳐져 있고, 멀리는 등래(중국 산동성)와 영파(중국 절강성의 도시), 유구(류큐), 안남(베트남), 일본 또한 모두 아득한 가운데에 희미하게 손가락으로 가리킬 만하다. 웅대한 경관을 장쾌하게 유람하는 것은 이보다 더한 것이 없고, 작은 천하를 큰 바다에 담는다는 것은 이것을 두고 하는 말이다. 옛날에 어떤 사냥꾼이 밤에 못가에 엎드려 수많은 사슴떼가 와서 이 가운데서 물을 마시는 것을 보았다. 어떤 사슴 한 마리가 출중하고 색깔이 하얀데 등 위에 백발노인이 타고 있었다. 사냥꾼은 놀랍고 괴이하여 감히 범접하지를 못하였다. 다만 뒤에 처진 사슴 한 마리를 쏘았는데, 잠시 노인이 사슴떼의 상태를 점검하는 듯하더니, 한 번 긴 휘파람 소리를 내자 갑자기 보이지 않았다. 못이 이름을 얻게 된 것은 대략 이러하다.

漢拏山絶頂, 峻極于天, 石嶂圓圍約十里. 其中陷下如釜水滿其內. 潭之北隅, 有祈雨壇. 栴檀森列,
四時長春, 蔓香遍逕, 馥氣襲屨. 山果或黑如漆, 或紅如砂, 味甘且香, 眞仙果也. 山上風氣常凜,
雖盛夏猶思重裘. 極目四海, 水天相接, 近而諸島星羅眼底, 遠而登萊寧波琉球安南日本,
亦皆依俙指點於渺茫之中. 壯遊大觀, 無過於是, 盃滄海小天下, 其此之謂歟. 古有虞人, 夜伏潭邊,
見千百鹿群來, 飮於此中. 有一鹿魁然而色白, 背上白髮翁騎着. 虞人驚怪不敢犯. 但射落後一鹿,
少頃翁如點檢群鹿之狀, 長嘯一聲, 閃忽不見. 潭之得名, 蓋以此云.

완전한 아름다움을 갖춘 열두 폭 그림

한라산 서쪽 기슭 대정현 경계에 있다. 백록담에서 남쪽으로 내려오다 서쪽으로 방향을
바꿔 산등성이를 넘고 골짜기를 건너 25리를 오면, 매달린 낭떠러지와 끊어진 벼랑이 깎은
듯이 서 있고, 겹겹이 기암괴석들이 늘어서 있다. 그 산꼭대기는 웅장하기가 마치 장군이
칼을 찬 것 같고, 아리땁기는 미녀가 쪽을 진 것 같다. 스님이 절을 하고, 신선이 춤을 추며,
호랑이가 웅크리고, 봉황이 날아오르며, 크고 작고 높고 낮은 것들이 사물의 모양이 아닌
것이 없어, 세상에서는 오백장군동이라고 하고, 천불봉이라고도 하며, 일명 행도동이라고
한다. 그 밑으로는 샘이 솟아 계곡을 이루어 길게 흘러 마르지 않는다. 깊고 큰 골짜기는
넓고 평평하며 소나무는 질푸르러 하늘을 찌른다. 목장은 여기저기에 있고 비단 같은
구름이 산에 걸쳐 있다. 옛날에는 작은 사찰이 있었는데 지금은 옮겨서 존자암이 되었고,
빈터에는 계단과 주춧돌이 아직도 완연하다. 대체로 한라산은 모두 석산이고 사슴이
들어와 번성한다. 오직 저 일면의 신령스러운 봉우리는 구슬을 배열한 것이 풍악의 형상과
같고, 향성도 가히 이채롭다.

在漢拏西麓大靜縣境. 自白鹿潭南下, 西轉越崗渡壑二十五里, 懸崖絶壁削立, 層層奇岩怪石羅列.
其巓壯似將軍帶劍, 婉如美女整鬟. 僧拜仙舞, 虎蹲而鳳翥, 大小高低無非物像, 俗稱五百將軍洞,
或稱千佛峯一名行道洞. 其下湧泉成溪, 長流不渴. 洞壑寬平, 松翠參天. 牧場縱橫, 雲錦遍山. 古有小刹,
今移爲尊者庵, 廢址階礎尙宛然. 盖漢拏皆石山而入鹿壯. 獨此一面靈峯排玉, 如楓嶽之象. 香城亦可異也.

완전한 아름다움을 갖춘 열두 폭 그림

# 제주목 도성지도 濟州牧都城地圖 《제주십이경도》, 36.5×57, 종이, 개인

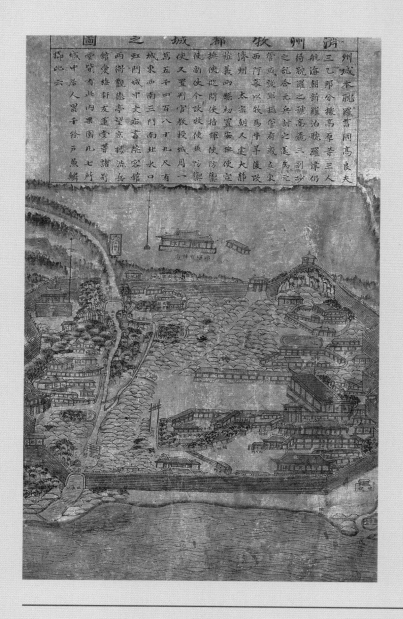

제주성은 본시 탐라의 옛 나라다. 고, 량, 부 세 을나가 나누어 웅거하였는데 고후를 비롯한
3사람이 배를 타고 신라에 입조할 때 탐라진에 정박하였으므로 탐라라는 이름을 얻었다.
고려 삼별초의 난을 원나라 병사와 합해 토벌할 때 원나라 관할이 되었다. 혹은 군총관부를
두고, 혹은 동서아막을 세우고, 말과 소, 양을 길렀다. 뒤에 제주로 바꾸었다.
태종 때 다시 대정, 정의 2개의 현을 두고 처음에는 안무사, 선무사, 순문사, 지휘사,
방어사, 부사를 두었다. 지금은 목사 겸 방어사로 고치고, 또 판관과 교수를 두었다.
성의 둘레는 1만 5,489자, 동서남쪽에 3개의 문, 남북쪽에 수구와 홍예문, 성 가운데
문묘와 서원 그리고 객관과 2개의 관아가 있다. 관덕정, 망경루, 세병관, 애매헌, 우련당
같은 모든 별당은 모두 이 안에 있다. 과수원이 무릇 7곳이며 성 안에 사는 사람 몇 천여
가구가 물고기 비늘처럼 빽빽하게 들어서 있다.


州城本耽羅舊國. 高良夫三乙那分據, 高厚等三人, 航海朝新羅泊耽羅津, 仍得耽羅之號. 高麗三別抄之亂,
合元兵討之, 遂爲元管. 或設軍摠管府, 或立東西阿幕, 以牧馬牛羊. 後改濟州. 太宗朝, 又建大靜旌義兩縣,
初置安撫使巡問使指揮使防禦使副使. 今改牧使兼防禦使, 又置判官教授. 城周一萬五千四百八十九尺,
有城東西南三門, 南北水口虹門, 城中文廟書院客館兩衙. 觀德亭望京樓洗兵館愛梅軒友蓮堂等,
諸別堂皆有此內. 果園凡七所, 城中居人累千餘戶, 魚鱗櫛比云.

# 취병담 翠屏潭 《제주십이경도》, 36.5×57, 종이, 개인

제주성의 서문 밖 3리쯤에 커다란 내가 있는데 대독포(한뒷개)로 흘러들고 포구에 못 미처 용추(폭포)가 있다. 물색이 매우 깊고 검어 끝이 없다. 양쪽 언덕은 푸르고 높은 절벽이 병풍을 두르며, 좌우의 언덕 바위는 기괴하여 누워 있기도 하고 서 있기도 하다. 못의 형세는 서로 굽어 있어, 길이가 수백여 보나 되며, 깊은 가운데 고요하다. 배를 타고 오르내리면 마치 그림 속에 있는 듯하다. 포구와 바다 사이에는 모래톱이 띠를 두르고 있어 조수에 막히기도 한다. 못 서쪽의 잠두(누에머리처럼 생긴 산봉우리)는 평평하고 둥글어 대를 이루며, 그 아래 산 바위는 연속해서 층을 이루어 바다로 들어가고, 거대한 바위는 머리를 들고 입을 벌리며 어지러이 널려 있는 돌들 가운데 홀로 서 있다. 장대하기가 용의 머리와 같아 이름을 용두암이라 하였다. 바위 아래가 등선대요, 뒤에는 어부의 집들이 처마를 잇대 있고, 앞에는 낚싯배의 노가 잇닿아 있다. 물과 하늘은 한 빛깔이요 안개와 노을이 어슴푸레하니, 바다 밖에서 노닐며 감상하기에 모두가 비할 수 없을 만큼 훌륭한 경치라 할 만하다.

州城西門外三里許, 有大川, 流入大瀆浦未及浦口, 有龍湫. 水色深黑無底. 兩岸翠壁, 蒼崖圍屛, 左右岸石奇怪, 或臥或立. 潭勢互曲, 長可數百餘步, 幽間窈窕. 秉船上下如在畵圖中, 浦海之間隔帶沙場, 潮水或塞. 潭西蚕頭, 平圓成臺, 其下山骨, 連層入海, 巨岩擧首開口, 特立於亂石之中, 壯如龍頭, 故名曰龍頭. 岩下登船臺, 漁戶連詹於後, 釣艇接櫓於前. 水天一色, 烟霞微茫, 海外遊賞, 最稱絶勝焉.

# 화북진 禾北鎭 《제주십이경도》, 36.5×57, 종이, 개인

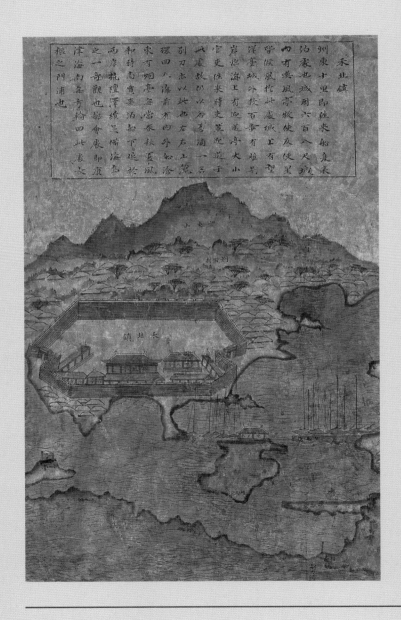

제주 동쪽 10리는 오가는 배들이 정박하는 곳이다. 성의 둘레는 608자, 성 안에는 환풍정이 있다. 제주목사와 출장 가던 관원 모두 이곳에서 순풍을 기다리는 곳이다. 성 위에 망대가 있으며 성 밖 몇백 걸음에 이별암이 있고, 바닷가에 영송정이 있어 높고 낮은 관리가 오갈 때 서리들이 이곳에서 맞이하고 보냈기 때문에 이렇게 이름을 지었다. 포구를 별도라고 하는 것도 또한 이런 까닭이다. 좌우의 산비탈은 빙 둘러 바다로 들고, 앞에는 안팎으로 선창가가 있다. 동쪽에는 연대가 있고 언제나 봄가을과 여름 바람이 순조로운 때를 맞춰 장사꾼들이 배를 정박하고, 양쪽 언덕에 닻을 내린다. 배, 단향목, 연못이 계속해서 넉넉히 갖추어져 있으니 바다 섬의 기이한 경관이다. 사람이 많이 사는 지역인 강진이며 해남 등 사방이 이곳에서 되돌아가니 중요한 관문이 되는 포구다.

州東十里, 卽往來船隻來泊處也. 城周六百八尺, 城內有喚風亭. 牧使及使星皆候風於此處. 城上有望臺, 城外數百步有離別岩, 臨海上有迎送亭, 大小官吏往來時, 吏輩迎送于此處, 故仍以名焉. 浦一名別刀, 亦以此也. 左右山麓環回入海, 前有內外船滄. 東有烟臺, 每當春秋夏風和時, 商賈來泊船, 下碇於兩岸. 杭檀澤續足備, 海島之一奇觀也. 都會處, 卽康津海南每方, 輪回此處, 長樞之門浦也.

완전한 아름다움을 갖춘 열두 폭 그림

# 조천관 朝天館 《제주십이경도》, 36.5×57, 종이, 개인

《제주십이경도》

제주성에서 동쪽으로 30리에 돌들이 바다 입구에 섞여 저절로 조그만 섬을 이루었다. 돌을
메워 높이 쌓고 성이 그위를 둘러싸고 있으며 가운데는 관아 건물 수십 칸이 있다. 동남쪽
성 모퉁이의 가장 높은 곳에 객관 3채가 있는데 허공에 아득하고 붉은 칠이 밝게 빛나는데
편액은 연북정이라 한다. 사면은 바다의 조수에 둘러 있는데 한쪽은 땅에 닿아 있어 다리를
들어서 성문과 통한다. 이에 많고 적은 인원이 바다를 항해하려고 오고 갈 적에 순풍을
기다리는 곳이다. 이런 까닭에 방호소를 설치하고 조방장을 두었다.
성의 둘레는 428자, 높이는 9자, 정군이 241명, 관리하는 봉수가 1개, 연대가 3개, 배가
정박하는 포구가 3곳이다. 성 아래 포구는 양쪽에 돌로 보를 쌓은 가운데 수문을 열어
뱃길로 통하게 한다. 드나들 때 항상 그 안에 배를 감추고 성 밖의 내리는 곳에는 이섭정이
있다. 포구 마을 수백 가구가 귤나무숲 가운데 빼곡히 늘어서 있어 배는 나루터를
헤매는데, 관방의 뛰어난 풍경은 구진 가운데 으뜸이다.

在州城東三十里, 石磧錯雜於海口, 自成一小島. 塡石高築, 城環其上, 中有公廨數十間,
東南城隅最高處, 客館三楹, 縹緲半空, 丹雘照曜, 扁曰戀北亭. 四面環海潮水, 則一方連陸因作擧橋,
以通城門. 此乃大小人員, 航海往來時待風所也. 因設防護所, 置助防將. 城周四百二十八尺, 高九尺,
正軍二百四十一名, 所管烽燧一, 烟臺三, 船泊浦三處. 城下浦口, 互築石塊中, 開水門以通船路. 出入常時,
藏船於其內, 城外下陸處有利涉亭. 浦村數百戶, 櫛比橘林中, 舟楫迷津, 關防形勝, 甲於九鎭矣.

완전한 아름다움을 갖춘 열두 폭 그림

## 별방진別防鎮 《제주십이경도》, 36.5×57, 종이, 개인

조천관에서 바다를 따라 동쪽으로 60리 떨어져 넓은 들판이 아득하고, 갯마을이 서로 마주보는 곳이다. 성은 모래사장 가장자리에 있으며 둘레는 2,390자, 높이는 7자, 장벽이 139개, 격대가 7곳이다. 동서남쪽에 3개의 문이 있고 북쪽 수구로 조수가 드나들어서, 객관 뒤에 작은 연못을 팠다. 성 안에는 2곳의 곳간이 있는데, 각각 곡식 6,200여 석이 있었다. 무기고에는 군기와 잘 벼린 칼을 많이 쌓아두었고, 정군은 407명, 봉수 2곳, 연대는 3곳이다. 직군은 매달 초하루에 모두 6번으로 나누었고, 관할하는 배를 대는 포구가 3곳이다. 지미봉이 동쪽 머리에 홀로 우뚝하고, 우도가 바다 밖에서 머리를 들고 있다. 성의 연못과 기계(기구나 연장의 총칭)의 규모가 여러 곳 가운데 가장 큰 진이다. 땅 이름은 도의리다. 정덕경오(중종 5, 1510)년에 목사 장림이 이곳과 우도가 왜구의 배들이 와서 정박하는 곳과 서로 가까워 김녕의 방호소를 없애고 여기로 옮겨 설치하였다. 목사 유한명은 말을 사서 들어와 우도에 방목하였다.

自朝天館, 沿海東去六十里, 廣野莽蒼, 浦村相望所. 城在於沙磧之邊, 周二千三百九十尺, 高七尺, 垜一百三十九. 擊臺七. 東西南三門, 北水口潮水出入, 仍鑿小池於客館後. 城內有兩倉 各穀六千二百餘石. 軍器精劍多積於武庫, 丁軍四百七名, 烽燧二 烟臺三. 直軍每朔皆分六番, 所管船泊浦三處. 指尾峯特聳於東頭, 牛島驤首於外洋. 城池器械, 諸所中最巨鎭也. 地名道衣離. 正德庚午, 牧使張琳, 以此地與牛島, 倭船來泊處相近, 撤金寧防護所, 移設於此云. 牧使柳漢明. 貿馬入放牛島.

완전한 아름다움을 갖춘 열두 폭 그림

# 성산城山 《제주십이경도》, 36.5×57, 종이, 개인

정의현 동쪽 30리가 곧 수산인데 동북쪽으로 5리쯤 가면 돌산이 큰 바다 가운데 솟아나 있다. 산에 오르면 바위 모서리가 기이하고, 둘레를 빙 돌아 사면의 절벽이 성가퀴(성 위에 낮게 쌓은 담) 같아 성산이라 하였다. 성 가운데 오목한 곳에는 1만여 명을 수용할 수 있다. 귤과 등자나무가 많아서 그대로 과수원이 되었고 아울러 봉우리 위에 봉수를 두었다. 이 산의 3면은 바다로 둘러싸였는데 한 면이 육지에 닿아 병의 주둥이 같다. 이곳에 성을 쌓으며 산줄기를 가로로 끊었기에 안에 우물물이 없어 성을 뚫어 땅 속에 묻은 도랑으로 밖에서 물을 끌어 들였다. 성에 들어가 수백 걸음을 가면 진해당 옛터가 있으며, 이경록이 목사로 있을 때 진을 두었는데 지금은 없어졌다. 대에서 벼랑을 타고 나무를 휘어잡으며 위로 향하면 겨우 사람의 발길만 통하는데 꼭대기에 오르면 아래로 바위를 똑바로 뚫고 나무를 얽어 벼랑 사이에 다리를 만들었고, 위에 이르러 돌 모서리를 잡고 돌아 100여 걸음을 들어가면 너럭바위가 있는데 대여섯 사람이 앉을 만하다. 굽어보면 땅이 없고 또한 바위굴은 바로 바다 밑으로 통하며, 그 몇천 길인지 알 수 없다. 큰 파도와 물결이 1만 리에 몰아치고 허공에 있는 듯 흔들려 몸과 마음이 두려워 얼마나 머물렀는지 알지 못한다.

旌義縣東三十里, 卽首山, 所東北行五里許, 石山起起大洋中. 上山岩角奇異, 周回四面, 壁如雉堞, 故名之. 以城其中凹隱, 可容萬餘人. 多樹橘橙, 仍爲果園, 兼設烽燧於上峯. 此山三面環海, 一面連陸, 如瓶口. 此築城橫截山根, 內無井水, 鑿城隱溝, 取汲於外. 入城數百步, 有鎭海堂舊址, 李慶祿爲牧使時, 設鎭今廢. 自臺向上, 緣崖攀木, 僅通人跡, 至絶頂, 下鑿岩竪, 木纏縛爲棧道, 及上緣石角轉, 入百餘步有盤石, 可坐五六人. 俯臨無地, 又有岩穴直通海底, 不知其幾千仞. 洪濤巨浪 震蕩萬里, 搖搖如在空中, 心神俱攝, 不知久留矣.

완전한 아름다움을 갖춘 열두 폭 그림

## 서귀진西歸鎭 《제주십이경도》, 36.5×57, 종이, 개인

《제주십이경도》

정의현에서 서쪽으로 60리를 떨어져 바로 한교면 남쪽 산기슭이다. 구비 구비 30리를
가면 지진두(중앙에서 멀리 떨어져 바다와 접한 변두리 땅)에 이른다. 석성의 둘레는
825자, 높이는 12자이며 가운데 우물이 하나 있는데 성에 구멍을 뚫어 물을 끌어 들였다.
옛날에는 홍로천 하류에 있었고, 탐라 왕조 태원 때부터 순풍을 기다리던 곳으로 목사
이옥이 서귀포성 동쪽 1리에 옮겨 쌓았다. 푸른 절벽이 깎아지른 듯 서 있고, 포구에
기이한 바위가 별처럼 늘어섰으며, 좌우의 가운데 돌문이 열려 있고, 큰내는 바로 흘러 열
길을 날아 떨어진다. 구슬이 옥가루로 흩어지는 듯하여 웅덩이는 깊은 못이 된다. 바다와
파도가 서로 통하고, 푸른 소나무 수십여 그루가 나란히 서서 대열을 이룬다. 성의 서쪽
1리에 천지연이 있는데 돌과 바위가 병풍처럼 둘러 있어 깊숙하고 웅혼하다. 폭포의
물길과 기이한 경치는 서로 우열을 가리기 힘들다. 동쪽 폭포가 바로 정방폭포이며 일명
경로연이다. 이 못의 상류에서 물을 끌어 밭에 물을 많이 댄다. 성을 마주한 바다 가운데
문도, 초도, 호도, 삼도가 있는데 모두 석벽이 하얀 물결 가운데 가파르게 솟아 있다.
세상에서는 한라산 주봉이 부러졌을 때 나뉘어서 쌓인 것이 이것이라고 한다.

自旌義縣, 西去六十里, 正當漢嶠面陽之直麓. 屈曲三十里, 至地盡頭. 石城周八百二十五尺, 高十二尺,
中有一井, 鑿城穴引水. 舊在洪爐川下流, 耽羅朝太元時, 候風處也. 牧使李沃, 移築于西歸城東一里.
蒼壁削立, 浦口奇岩星羅, 左右中開石門, 大川直流, 飛落十丈. 怳若球散玉碎, 瀦爲深湫. 與(海)通波,
蒼松數十餘株, 列立成行. 城西一里, 有天池淵, 石岩屛擁, 幽邃雄渾. 瀑流奇勝, 相與伯仲焉.
東瀑卽正方淵, 一名驚鷺淵. 此淵上流, 引水多漑田. 對城海中, 有文島草島虎島森島, 皆石壁削拔於雪浪中.
諺所謂, 漢拏山柱峰摧折時, 分峙者是也.

완전한 아름다움을 갖춘 열두 폭 그림

# 천제연天帝淵 《제주십이경도》, 36.5×57, 종이, 개인

연못은 대정현 경계에서 동쪽으로 30리 떨어져 있으며, 두 협곡이 만을 싸고 있고, 사방 절벽이 병풍처럼 두르고 있다. 100갈래로 쏟아져 내리는 물줄기는 남쪽에서 성폭천과 만나 너럭바위로 흘러내리고, 곧바로 깎아지른 절벽에 무지개가 드리워져 넓게 걸린다. 우레 천둥이 치자 물가가 깊은 연못을 이루니 신룡이 사는 곳이다. 늘 가물 때 비가 내리기를 빌면 바로 효험이 있었다고 한다. 못 가 바위 사이에 기와집 몇 채가 단풍 든 숲 가운데 은은히 비치고, 연못의 서쪽 잠두(산봉우리)에 과녁을 세웠는데 겨우 화살만 통한다. 사람은 위로 올라가지 못하므로 갈인이 화살통을 지고 새끼줄을 당겨 오갔다. 절경과 아름다운 경치는 거의 세상에 있는 곳이 아니다. 잠시 지초를 보고 모두 아름다운 생황 소리를 듣는 듯하다. 대체로 한라산 산골짜기의 내는 매우 많지만 마른 내여서 사람이 마실 물을 얻기가 어렵다. 오직 2개의 고을에 3개의 못만 길게 흘러 모두 기이한 폭포가 되었다. 안타깝구나. 바다 밖 외딴 섬이라 노닐며 구경하는 사람 없고, 세상에 아는 이 드물다.

淵在大靜境東去三十里, 兩峽環彎, 四壁屏圍. 百道飛泉, 南會于成瀑川, 奔流磐石, 直下懸崖,
虹垂而布掛. 霆馳而雷震, 涯作深湫, 神龍所宮. 每値旱乾禱雨, 輒驗云. 池邊岩間, 數楹瓦舍, 隱映楓林中,
立帿於淵西蠶頭, 僅通矢道. 人不得上, 故以葛人負矢筒, 引繩去來. 絶境勝致, 殆非世間所有. 怳見芝,
盖疑聽鷺笙矣. 大抵漢挐山溪澗甚多乾川, 人以得飮爲難. 唯兩縣三淵長流, 而俱作奇瀑. 惜乎. 其海外絶島,
無人遊賞, 而世罕識也.

완전한 아름다움을 갖춘 열두 폭 그림

# 산방山房 《제주십이경도》, 36.5×57, 종이, 개인

대정현 동쪽 10리 떨어져서 외로운 산 하나 해변에 홀로 솟아 있어 전체가 하나의 돌로
되어 참으로 비범하고 험준하다. 앞의 반허리쯤에 하나의 굴이 그대로 석실을 이루어 방
안에 들어간 것 같다. 그 굴에는 무너진 바위 사이로 물방울이 떨어지는데 물통을 놓고
물방울을 받으면 하루에 고인 물이 한 동이쯤 되며, 그 맛이 매우 맑고 상쾌하다. 전설에
아주 오래전 사냥꾼이 한라산에 올라가, 활로 하늘 복판을 쏘았는데, 상제가 화가 마서
주봉을 꺾어 이곳에 옮겨 쌓았다고 한다. 그 남쪽에 돌구멍이 있는데 이름은 암문이라
하며, 그 동쪽에 또 큰 구멍이 있는데 깊이를 잴 수 없다. 송악과 형제암이 앞바다에 이어져
있고, 용두와 연대가 머리를 내민다. 왼쪽 산기슭에 향기 나는 풀과 보랏빛 버섯이 두루
나고, 산머리에는 도의 기운이 사람들에게 스며들고, 신선과 같은 모습은 길을 이끄니,
어찌 왕자교와 적송자가 일찍이 여기에서 호흡하고, 경장영액(훌륭한 술과 영험한 물,
신선이 마시는 음료)이 아직도 많이 남아 있다가 나머지가 스며 나오는 것이 아니겠는가.

大靜縣東去十里, 孤山特聳海邊, 全體一石, 極其奇險. 前面半腹, 有一窟, 自成石室, 如立房內.
其覆岩間, 漏點滴, 置槽承滴, 一日所瀦, 僅一盆, 味甚淸爽. 諺傳, 上古獵者, 登漢拏山, 以弓弰摩擊天腹,
上帝怒折柱峯, 移峙于此云. 其南有石穴, 名暗門, 其東又有大穴, 深不可測. 松岳及兄弟岩點綴前洋,
龍頭烟臺驪首. 左麓香卉紫芝遍生, 峯頭道氣襲人, 仙風引路, 豈喬松之所嘗呴噓呼吸於此,
而瓊漿靈液尙留其餘瀝者非那.

완전한 아름다움을 갖춘 열두 폭 그림

# 명월진明月鎮 《제주십이경도》, 36.5×57, 종이, 개인

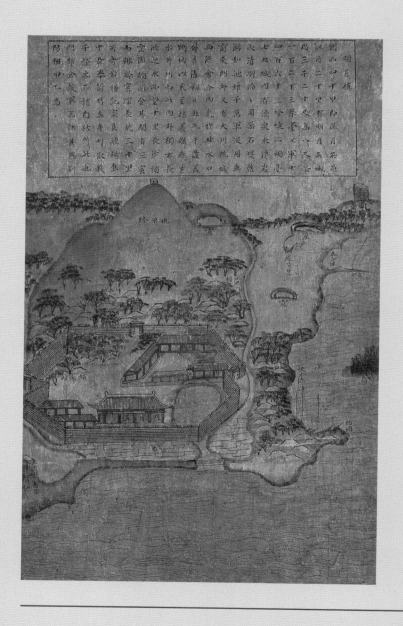

제주 서쪽 40리가 곧 애월소이고, 애월을 지나 25리에 명월소가 있다. 성 둘레는 3,020자, 높이는 8자, 장벽이 123, 격대가 7, 군사 463, 봉수 2, 연대 7이다. 북성 안에 솟는 샘이 있어, 물이 돌 틈에서 솟아나는데 맑고 차며 도도히 흐른다. 주변에 돌로 둑을 쌓아 못처럼 가득 차서, 비록 천만의 군사가 길어다 써도 끝이 없다. 동문 밖에도 또한 큰 시내가 있어 성을 안고 서쪽으로 흘러 안의 샘물과 북쪽 수구 밖에서 합쳐져, 많은 논밭에 물을 대다가 북쪽 바다로 들어간다. 대개 주성 동쪽으로부터 정의현에 이르기까지 하천에 물이 나오는 우물과 내가 없지만, 이곳 안팎에는 유독 길게 흐르는 물이 있다. 서쪽으로 바라보면 10리나 되는 긴 모래밭이 펼쳐져 있고, 눈 덮인 과원의 귤은 금빛을 두르고 있다. 그 사이에 세 개의 굴이 있는데, 배령굴(배령은 한림읍 금릉리의 속칭)은 깊고 길어 거의 30리나 되며, 기이한 바위와 석종유가 가장 좋다. 비양도에는 전죽(화살 만드는 대나무)이 잘 자라, 매년 수천 다발을 잘라내는데, 자고죽(저절로 말라 죽은 대나무)이라고 하는 것이 이것이다. 문관, 창곡, 군기 등 여러 가지 기구가 별방과 우열을 다툰다.

州西十四里, 卽涯月所, 過涯月二十里, 有明月所. 城周三千二十尺, 高八尺, 堞一百二十三, 擊臺七, 軍士四百六十三, 烽燧二, 烟臺七. 北城內, 有源泉, 水湧岩穴, 淸洌滔滔. 周築石堤, 盈滿如池, 雖千萬軍, 汲用無窮. 東門外, 又有大川, 抱城西流, 會合內泉於北水口外. 多灌稻田, 北入于海. 盖州城以東 至旌義縣, 無生水井川, 而此內外獨有長流之水. 西望十里, 長沙舖, 雪園橘圍金. 其間有三屈, 而排舶屈深長, 幾三十里, 所奇岩鐘乳最良. 飛楊島中, 長擧箭竹, 每年刈取數千餘束, 所謂自枯竹此也. 門館倉穀軍器諸具, 與別防相甲乙焉.

완전한 아름다움을 갖춘 열두 폭 그림

# 은하수에 이를 만큼
# 우뚝한 봉우리, 한라산

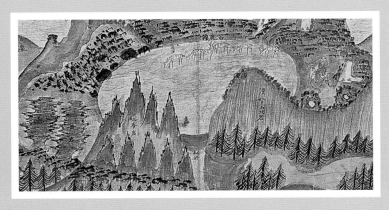

# "고래가 달려도 작은 줄 모르고
붕새가 일어나도 좁다 못하네"

## "어찌 이곳을 관광이나 제공하는 산들과 비길 수 있겠는가"

1825년 학산 윤제홍은 행정감사 임무를 띤 경차관敬差官이 되어 제주에 도착했다. 임무를 수행하던 여가에 맑은 날을 골라 9월 16일 새벽부터 한라산에 올랐다. 그림을 그리기도 했던 그는 요즘으로 치면 기념사진을 남겼다. 백록담에 이르러 바위에 글을 쪼아 새기는 일행의 모습과 백록선자白鹿仙子가 흰 사슴을 타고 구름 위를 나는 듯 노니는 모습을 화폭 하나에 담은 것이다. 스스로 그린 〈한라산〉이 바로 그것이다. 그림뿐만이 아니라 빼곡하게 글을 써넣기도 했는데 2014년 국립청주박물관에서 펴낸 『충북의 산수』에서 풀어놓은 것을 따르면 그 뜻은 다음과 같다.

한라산 탐라국. 한라산은 탐라국에 있는데 산 둘레는 400여 리고, 높이는
거의 200여 리나 된다. 분화구 둘레의 봉우리가 몇 천만인지 모르겠다. 산
밖 사면은 모두 바다로 하늘에 닿아 있다. 산에 들어간 자는 대개 천둥, 비,
바람, 우박의 신기함을 만난다.

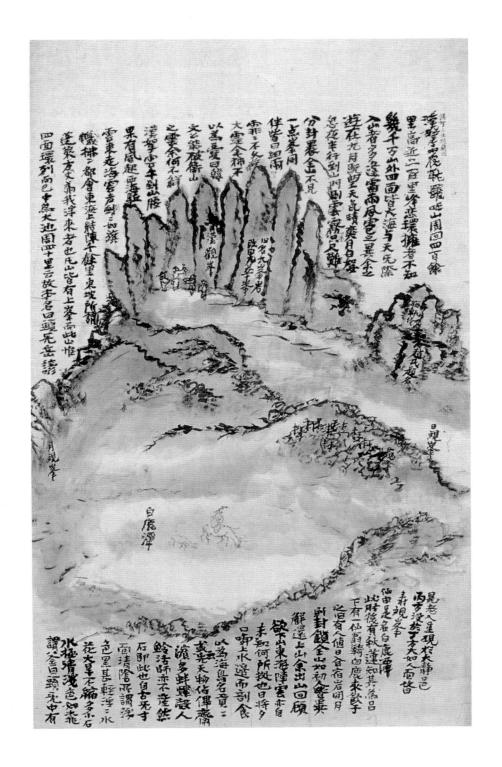

윤제홍, 〈한라산〉, 《학산구구옹첩》, 31×58.5, 종이, 1844, 개인

내가 산에 간 것은 9월 16일인데, 하늘은 맑아 상쾌하며 달은 눈처럼 희었다. 홀연 한밤에 산 이북에 다다르니 구름과 안개가 사방을 막아 지척을 분간하기 어려웠으며 산 전체를 감싸서 한 봉우리도 보이지 않았다. 일행이 말하기를 "가는 비가 촉촉하니, 머잖아 큰 천둥이 칠 것입니다"라고 하였다. 나만은 염려할 것 없다고 여겨 말하기를 "한문공 한유는 위산衛山의 구름을 돌파하였는데 내가 어찌 한라의 구름을 헤어나지 못하겠느냐"고 했다.

오시午時, 오전11시~오후1시에 산허리에 이르러 과연 바람이 서해에서 일어나 구름을 몰고 동쪽으로 가니 바다 구름 소리가 힘차 마치 깃발이 펄럭이는 듯하다. 모두 동쪽 바다 위로 모여 1천여 리에 진을 친 듯하니 소동파가 일컫는 바 "봉래, 방장산이 나를 위하여 떠오르는구나"와 같다. 무릇 산이란 산은 꼭대기가 있기 마련인데 이 산만은 사면이 빙 둘러서 있을 뿐이고 그 한 가운데 큰 호수가 있어 둘레가 40리나 된다고 한다. 그래서 본래는 머리 없는 산이라고 하여 '두무악'頭无岳이라 이름 지었고 한글로 전해오기는 '솥'이라 하였다.

한 가운데 있는 물은 매우 맑아 색이 봉숭아 꽃과 같고 큰 가뭄에도 마르지 않는다. 크고 작은 돌의 색은 검은데 아주 가벼워 물 위에 둥둥 뜬다. 청음 김상헌이 말한 바 뜨는 돌이라고 해서 '부석'浮石이 곧 이것이다. 예부터 한 마디도 안 되는 올챙이조차 살지 않지만 물가에 소라, 조개껍질이 많으니 사람들은 말하기를 선천물先天物이라 하였고, 점필재 김종직은 이 섬의 이름 난 공물貢物로 여겼다. 공물의 입이 닫힌 채 물가로 올라오면 가른 뒤 먹었는데 어디서 나오는지 아직 모른다.

날이 저물 무렵 산을 내려오려 하는데 동해에 있던 구름 역시 저절로 흩어져 산 위로 올라갔다. 내가 산 입구를 나와 돌아보니 곧 처음 산에 들어설 때와 같이 산 전체를 막아서 사람들이 모두 기이하게 여겼다. 옛날에 어떤

04— 은하수에 이를 만큼 우뚝한 봉우리, 한라산

사람이 해가 지자 바위 사이 달 아래에서 잠을 자는데 어떤 신선이 흰 사슴을 타고 와서 이곳에서 물을 마시는데 등 위에 가을 연꽃이 있어 여동빈呂洞賓이란 신선으로 알아 이로 말미암아 백록담이라 이름을 지었다고 한다.

그는 그림을 한 장만 그리지 않았다. 〈탐라 방선문〉과 〈백록담〉, 그리고 어디를 그린 것인지 알 수 없는 〈탐라 쌍석도〉를 남겼다.

윤제홍이 그린 방선문訪仙門은 신선이 사는 세계와 인간 세계의 경계에 있다는 돌로 된 문이다. 하늘에서 선녀들이 한라산 봉우리 호수에 내려와 목욕을 할 때면 한라산 신선들은 이를 피해 방선문으로 나와 인간 세계에 잠시 머물러야 했다. 그런데 신선 가운데 몇몇이 방선문으로 나가지 않고 몰래 남아 목욕 중인 알몸의 선녀를 훔쳐 보았다. 이를 알게 된 옥황상제는 그 신선들을 꾸짖어 하얀 사슴 즉, 백록白鹿으로 만들어버렸다. 그뒤로 이 호수의 이름은 백록담이 되었다.

윤제홍이 그린 〈한라산〉이며 〈백록담〉, 〈탐라 방선문〉은 물론이며 정재민의 〈영구춘화〉 그리고 제주의 화가들이 남긴 여러 점의 백록담 그림을 볼 때면 방선문 전설을 떠올려볼 일이다. 그 전설을 떠올리며 그림을 보면 전설을 모르고 볼 때와는 비교할 수 없이 그 신비로운 느낌이 훨씬 짙어질 것이니 그러하다.

한라산의 한漢은 은하수銀河水, 라拏는 붙잡다는 뜻이다. 손을 내밀어 은하수를 잡을 수 있는 멋진 이름이다. 최익현 선생은 유배길 조천포에 도착하여 처음 마주친 한라산을 향해 이렇게 감탄했다.

산 한줄기가 남쪽을 가로막아 있고, 삼면은 큰 바다인데 아득하여 끝이 없으니 참으로 기이한 곳.

지금 보이는 것이 흡사 꿈속에서 보았던 경계와 같다.

"고래가 달려도 작은 줄 모르고 붕새가 일어나도 좁다 못하네"

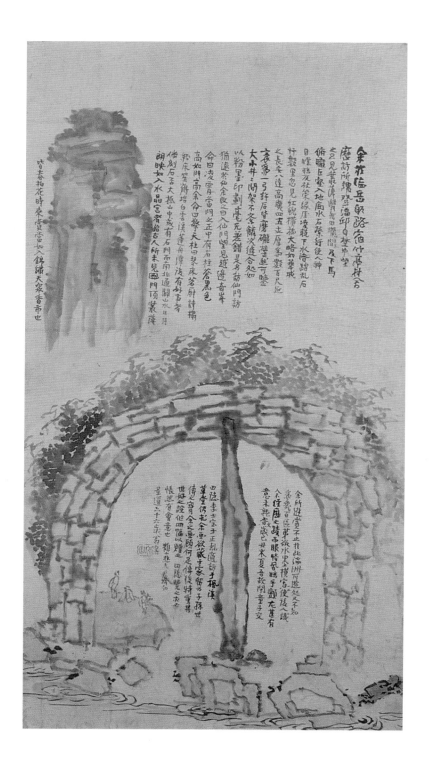

윤제홍, 〈탐라 방선문〉, 36×67, 종이, 1829, 개인

윤제홍, 〈탐라 쌍석도〉, 36×67, 종이, 1829무렵, 개인

정재민, 〈영구춘화〉, 《영주십경도》, 제주대학교박물관

금강산, 지리산과 더불어 삼신산三神山의 하나인 한라산은 바다에서 솟은 산이라 영주산瀛洲山이라고도 했고, 『고기』에는 신선이 많아 삼선산三仙山이라고도 하였다. 또한 『택리지』의 저자 이중환은 한라산을 이렇게 표현했다.

바다 복판의 산 가운데 크고 기이한 것 夫海山中 亦多奇異

아직 인간이 세상에 없을 만큼 아득한 옛날, 바다를 뚫고 불기둥이 솟으며 용암을 토해내고서, 오랜 세월 꿈틀대다 차갑게 식고 굳어 산악을 이루니 모두 368개의 화산이 제 모습을 드러냈다. 그 가운데 어승생이며 성널오름, 물장오름, 젖오름, 사라오름, 윗새오름, 흙붉은오름처럼 스무 개의 산악이 구름을 뚫고 오르는데 오직 하나 은하수에 이를 만큼 우뚝한 봉우리가 있어 곧 한라산이다. 약 1,950미터 산의 꼭대기에는 직경 500미터 물 고인 백록담이 신비하고, 남쪽과 서북쪽으로 한라기암漢拏奇巖이 장대하며, 북쪽 탐라 계곡과 서쪽 영실 계곡에 물이 흐르다가 금세 멈추고, 산 높이 1,500미터 위로는 구상나무·진달래·눈향나무·분비나무·시로미·만병초 같은 고생대식물, 1,000미터 위로는 주목과 구상나무가 허리띠를 이루듯 뚜렷하며 1,000미터 아래로는 굴거리나무·꽝꽝나무·서나무·졸참나무가 무리를 이룬다.

제주시를 출발해 서쪽 횡단도로인 1100도로를 쭉 달리면 신비의 도로를 지나간다. 이윽고 동쪽 산록도로로 꺾어지는 곳에 구구동九九洞 계곡이 펼쳐진다. 길이 1.2킬로미터, 너비 50미터의 구구동 계곡은 녹회색 또는 황갈색 바위와 숲이 아흔아홉이나 굽어지고 휘어져 황홀한데 봄이면 진달래, 가을이면 단풍이 붉게 타올라 설레는 선녀의 정원이다. 구구동을 금봉곡金峰谷이라고도 하는데 오백나한이 줄지어 선 것 같고, 바위마다 칠성암이며, 보살바위·산신암·거북바위·손오공바위·용바위 같은 이름으로 줄지어 굽어본다. 상류의 석굴암 일대는 성스러운 장소라 천녀폭포 또는 천녀담이 있다. 산록도로를 타고 가다보면 백록담에서 시작하는 탐라계곡 물길이 27킬로미터나 흐르는데 계곡 아래쪽 방선문을 열고 한라산을 향해 오르면 그 끝에 왕관릉王冠稜이 장엄한 왕자의 정원이다. 서쪽 선녀, 동쪽 왕자가 노니는 계곡이다.

어리목 입구쯤에 솟아 있는 어승생악 봉우리에서 1797년 빼어난 말인 용마龍馬가 출현하여 이를 정조 임금에게 올렸더니 정조는 용마에게 노정盧正이란 이름을 몸소 지어 내리고 당시 제주목사 조명집趙命楫에게 포상했다. 임금 어御에 오를 승乘이란 글자를 붙여 어승생御乘生이라고 한 까닭은 왕이 타는 용마가 여기서 나타났기 때문이다. 아마도 어승생 이전엔 어리오름이었을 게다. 그 옆이 어리목 계곡이니 말이다.

어리목 입구에서 횡단도로를 타고 계속 남쪽으로 내려가다 영실 입구를 만나 동쪽으로 꺾어들면 공원관리사무소에 도착한다. 여기서 한참을 걸어 영실기암이 펼쳐지니 눈길이 저절로 멈춰지고야 말 것이다. 오백장군암이라더니 참말 같다. 장군을 오백이나 세워 지키게 하는 것을 보면 분명 이곳은 귀한 땅이니 사람들은 여기서부터를 신들의 정원이라고 한다. 정원을 걸어 윗새오름에 도착해 보면 어리목 계곡 끝자락과 만나고서 비로소 백록담 서북쪽에 이르렀을 때 그만 두 손을 모아들고 흐르는 구름, 은하수를 부를 수밖에 없다.

한라산 봉우리 왼쪽 길을 따라 백록담 동쪽에 이르면 성판악 입구로 내려가는 길을 만나고 구상나무 띠를 벗어나면 또 다시 수도 없을 꽃과 나무숲으로 빨려들어갔다가 나오는데 어느덧 5·16탑과 마주친다.

봄에는 철쭉, 가을 단풍이며 겨울 눈꽃이야 어느 산악도 마찬가지지만 육지와 달리 따뜻한 땅 위에 경계를 모를 만큼 크고 넓은 지역에서 펼쳐지는 계절의 변화는 환상을 훨씬 뛰어넘는 절경이다.

지금으로부터 꼬박 410년 전인 1601년 안무어사로 바다 건너와 제주의 진산 한라산에 오른 청음 김상헌이 한라산 신령께 제사를 올리며 엎드려 찬양했다. 찬양의 글은 그가 쓴 『남사록』에 아래와 같이 남았다.

하늘을 대신하는 신령神靈의 권능

모든 산악의 으뜸이신 중악지종衆嶽之宗

김상헌은 강력한 중화주의자였다. 그런 그가 한라산 정상에 오르니 격동하는 마음 가눌 길 없었던 듯하다. 그가 읊조린 「장관편」壯觀篇을 보면. 이 노래 역시 『남사록』에 남았다.

아득하기 그지없는 하늘과 바다 사이 茫茫天海間
사방을 둘러봐도 끝없이 어지러워 四顧渾無極
고래가 치달려도 작은 줄 모르겠고 鯨奔不覺小
붕새가 일어나도 좁다고는 못하겠네 鵬起無論隘

대륙 중국의 동쪽 변방 조선의 한 지식인에게 그토록 대단해 보였던 산 한라산. 아무리 중화를 존숭하던 이라 해도 장관을 이룬 그 모습 속일 수 없던 산, 한라산. 지금으로부터 약 150여 년 전인 1873년부터 1875년까지 제주에 유배와 있던 최익현은 그 한라산을 두고 이렇게 물었다.

그 이유과 혜택이 백성과 나라에 미치고 있으므로 어찌 금강산이나 지리산
처럼 사람의 관광이나 제공하는 산들과 비길 수 있겠는가.

"고래가 달려도 작은 줄 모르고 붕새가 일어나도 좁다 못하네"

그가 「유한라산기」遊漢拏山記에 쓴 글이다. 바다 한가운데서 외롭게 나라를 지키고 있으니 왕국을 수호하는 땅으로 보였던 게다. 국망의 위기에 처한 시대를 살아간 최익현과 같은 지식인의 가슴에 다가온 한라산은 결코 예사롭지 않았던 게다.


## 드넓은 우주의 요람, 백록담

백록담은 윤제홍이 보기에 이러했다.

물은 매우 맑아 색이 봉숭아꽃과 같고 큰 가뭄에도 마르지 않는다. 크고 작은 돌의 색은 검은데 아주 가벼워 물 위에 둥둥 뜬다.

그 물에 소라, 조개껍질이 있었다니 놀랍다. 더 놀라운 부분도 있다.

옛날 어떤 사람이 해가 지자 바위 사이 달 아래서 잠을 자는데 신선이 흰 사슴을 타고 와 물을 마시는데 등 위에 가을 연꽃이 있어 여선呂仙, 여동빈임을 알았으므로, 까닭에 백록담이란 이름을 지었다.

그는 또한 그림을 남겼다. 윤제홍이 언제 〈백록담〉을 그렸는지 알 수 없지만 복판에 열 개의 봉우리가 날렵하면서도 우람하게 솟아올라 마치 조물주의 손가락인 양 신비롭고, 아래쪽에는 귀엽게도 고개 돌려 바라보는 흰 사슴과 그 사슴을 타고 있는 머리카락 흩날리는 신선이 눈길을 마주친다. 모든 것이 조화롭고 또 아름답다. 윤제홍은 19세기 전반기 화단의 풍요로운 화풍 갈래 가운데 굵은 흐름을 차지하는 학산 양식의 비조로, 당대 예원의 종장 자하 신위에게 높은 평가를 받았던 거장이다. 그런 그가 백록담 전설을 이토록 사실처럼 천연스레 그린 것이다. 제주의 화가들이 그린 백록담의 그림을 연달아 보는 것은 또한 각별한 즐거움이다. 비슷한 도상인 듯하나 같은 곳의 세부를 어떻게 달리 그렸는가를 살피노라면 시간 가는 줄을 잊는다.

또 누가 언제 그렸는지 알 수 없는 수묵담채화 〈백록담〉이 있다. 상단과 중단, 하단을 엄격히 구분한 이 작품은 온통 눈에 뒤덮인 세상에 소나무만이 초록빛 아름다움 드러내고 있거니와 한라산 꼭대기와 오백장군 바위를 그린 상단에 정작 백록담은 보이지 않는다. 한라산에 가본 적도 없는 화가의 그림인 듯하지만 우뚝 솟아오른 바위가 무리를 이룬 모습이 윤제홍의 〈백록담〉과 비슷해서 상상만은 아닌 것 같기도 하다.

눈 덮인 백록담이 온통 하얀 빛을 드러내는 바로 그 순간을 '녹담만설'鹿潭滿雪이라 부르는데 이게 곧 매계梅溪 이한우李漢雨가 이름 지은 제주십경의 하나다. 정재민의 〈녹담만설〉은 백록담을 그린 다른 그림들과 달리 하얗게 눈 쌓인 한라산을 아주 멀리 원경으로 그렸다. 이에 비해 국립민속박물관 소장 《제주십경도》의 〈백록담〉, 개인 소장 《제주십이경도》의 〈백록담〉, 국립민속박물관 소장 《탐라십경도》의 〈백록담〉은 정재민의 〈녹담만설〉과 달리 백록담만을 크게 부각시켜 그렸다. 흰 사슴이 신선을 태우고 하늘에서 내려와 이곳 백록담에서 불로초를 딴다거나 그렇게 내려온 신선이 저 녹담만설에 취해 백록주白鹿酒를 마시며 놀았다는 곳. 평생을 자유인으로 저 신선처럼 떠돌던 이중환은 『택리지』에 한라산을 '바다 복판의 기이한 것'이라 하고 또 그 봉우리 백록담을 꿈결처럼 그려두었다.

산 위에 큰 못이 있는데 매양 사람들이 시끄럽게 하면, 문득 구름과 안개가 크게 일어난다. 제일 꼭대기에 있는 모난 바위는 사람이 쪼아서 만든 것 같다. 그 아래에는 잔디가 지름길처럼 되어 있어, 향긋한 바람이 산에 가득하

"고래가 달려도 작은 줄 모르고 붕새가 일어나도 좁다 못하네"

윤제홍, 〈백록담〉, 36×67, 종이, 개인

〈백록담〉 부분, 《제주십경도》, 국립민속박물관

〈백록담〉 부분, 《제주십이경도》, 개인

〈백록담〉 부분, 《탐라십경도》, 국립민속박물관

왼쪽_ 〈백록담〉, 43×123, 종이, 개인
오른쪽_ 정재민, 〈녹담만설〉, 《영주십경도》, 제주대학교박물관

다. 가끔 젓대生簧笙簧와 통소 소리가 들려오나 어디서 나는지 알지 못하며 전해오는 말에는 신선이 항상 노는 곳이라 한다.

이 말을 믿어서였는지 제주의 수령으로 온 자들은 누구나 이른 봄꽃과 눈이 어우러질 때를 기다려 백록만설을 누리곤 했다. 담 안 동쪽 벽에는 이들이 한껏 취해 쓴 시들을 새긴 암각 글씨들이 흐릿하게 자리잡고 있다. 깊이조차 알지 못할 연못에 누운 향나무, 철쭉이며 에델바이스와 섬매자나무, 말발도리, 제주황기, 매발톱꽃 같은 희귀한 고산식물이 곳곳에 펼쳐져 살아간다. 그 가운데 바위에서 자라난 암고란巖高蘭 다시 말해 시로미도 있는데 시로미는 진시황이 파견한 서불이 불로초로 알고 캐갔다는 풀이다. 우리야 그저 풀이라 생각했으되 바다 건너 중국 사람들은 바다에서 솟아오른 제주를 신이 머무는 삼신산 가운데 한 곳인 영주산이라 여겼을 테니 풀 한포기라고 해도 신비로웠던 모양이다. 정작 제주 사람들이야 백록담 시로미를 불로초라 여기지는 않았겠지만, 제주 사람들에게도 이 섬은 역시 흰 사슴 신선이 머무는 영주산이었다.

아직 녹지 않은 오월의 백설 사이로 무리를 잃은 흰 사슴 한 마리를 발견한 사냥꾼이 활을 날려 맞추고야 말았다. 그때 홀연히 눈과 안개 사이로 흰 사슴을 타고 있는 노인이 나타나 휘파람을 한 번 불었다. 순식간에 사슴 무리마저 사라져 천지가 고요해지면서 텅 비고야 말았다. 지금은 이름을 잃어버린 제주 화가 그 아무개들이 이 이야기를 담은 〈백록담〉을 그렸다. 그림 왼쪽 연못가에 허리를 잔뜩 숙인 채 멀리 무리지어 노니는 사슴을 향해 활시위를 팽팽하게 당기고 있으니 그림 위에 쓴 화제를 보면 활 쏘는 그를 사냥꾼虞人이라고 하였고, 흰 사슴 위에 걸터앉은 이를 백발노인白髮翁이라 하였는데 화가는 아마도 이 둘의 대결이 흥미로웠나보다. 그림은 천지가 고요하긴커녕 바위며 소나무가 병풍 장식보다 더욱 휘황하고 연못 벌판은 물결 구비치듯 일렁거리니 현기증을 일으키는 풍경이다.

"고래가 달려도 작은 줄 모르고 봉새가 일어나도 좁다 못하네"

# 한라산의 서남쪽 허리를
# 부르는 이름, 영곡

## 제주를 그린 십경도에서 영곡을 보다

한라산 서남쪽 허리에 전체 둘레 2킬로미터, 깊이 350미터가 넘는 온갖 바위기둥이 서 있다. 이 바위숲을 영실靈室이라고 한다. 부처님께서 제자에게 『법화경』을 설법하던 영산靈山과 같은 모습이라고 하여 이곳 이름을 영실동이라고 하였고 그 바위를 영실기암이라 하였다. 또는 소리는 같지만 뜻이 다른 영실瀛室이라고도 하는데 여러 그림에서 이곳을 '영곡'瀛谷이라 하였다. 한라산을 영주산이라 하고 그 계곡을 영곡이라 하는 것이다.

발해 동쪽으로 수억만 리를 가면 오신산五神山이 있다고 『열자』列子에 나온다. 오신산 가운데 하나가 바로 영주산이다. 오신산은 선인의 마을로 거북 등 위에서부터 3만 리 높이이고, 금옥으로 지은 누각, 주옥으로 자란 나무가 우거진 곳이며, 이 산의 열매는 늙지도 죽지도 않는 불로불사의 효험을 지니고 있다. 그러다 두 개의 산이 떠내려가고 영주산과 봉래산, 방장산만 남았다.

또한 『사기』에 기원전 3세기 진나라 시황제가 삼신산 탐험을 시키곤 했는데 선술仙術에 능한 방사 서불을 소년 소녀 수백 명과 함께 배를 태워 불로초를 구하러 떠났다가 행방불명되었다는 기록이 있다.

이에 근거하여 금강산은 봉래산, 지리산은 방장산, 한라산은 영주산이라 하였고 저 서불이 닿은 곳은 영주산, 곧 한라산이었다. 서불은 영주산을 헤매다가 영곡 바위틈에서 비로소 불로초를 구했는데 이것이 곧 시로미라 부르는 암고란이다. 이런 이야기들은 도교와 불교가 들어온 뒤 유래한 것이다.

그보다 훨씬 오래전부터 전해온 것이 있으니 탐라 왕국이 시작되기 훨씬 이전부터 내려온 설문대할망 이야기다. 할망은 몸집이 너무 커서 한라산을 베개 삼아 눕고 다리를 뻗어 바다에 물장구칠 만했다. 성산 일출봉과 가파도에 한발씩 딛고 빨래도 하는데 언젠가 할망이 속옷이 없어 사람들에게 옷을 지어주면 제주와 목포를 이어주겠다고 했다. 명주 백 동이나 드는 속옷을 마련하려고 사람들이 명주를 모아보았지만 안타깝게도 아흔아홉 동뿐이라 제주는 섬으로 남을 수밖에 없었다.

이처럼 당당한 할망에게는 500명의 아들이 있었다. 어느날 아들들을 위해 죽을 쑤다가 잘못해 가마솥에 빠지고 말았다. 귀가한 아들들이 여느 때와 달리 맛좋은 죽을 먹었는데 맨 나중에 도착한 막내가 솥바닥에서 어머니를 발견하고서 스스로 서쪽 해안 차귀도로 숨어버렸고 나머지 499명의 형제는 한라산 계곡 오백장군 바위가 되고 말았다. 할망에 관한 전설은 또 있다. 평소 키 자랑하기를 즐긴 할망은 깊다고 소문난 곳이라면 어디든 들어가 그 깊이를 비웃곤 했다. 어디는 발목에 닿고 또 어디는 무릎까지밖에 오지 않는다며 자신의 키를 뻐긴 것이다. 그런 그가 문득 닿은 곳이 한라산 물장오리였다. 너무 깊어 그 깊이를 아는 이가 없다고 소문이 났던 곳이다. 할망은 또 한 번 키를 자랑할 기회를 얻었다고 생각하고 망설임 없이 그곳에 들어섰다. 하지만 물장오리는 밑이 없는 연못이었다. 밑이 없으니 헤어나올 수 없어 할망은 그만 빠져 죽고 말았다. 지금도 영곡에서 외치면 안개와 구름이 몰려들어 앞길이 막히는데 할망이 화를 내 물장오리 물이 안개로 솟아나는 조화를 부리기 때문이라고 한다.

영곡의 바위기둥은 동쪽 벽에 500개, 서쪽 벽에 1,200개가 즐비하다. 벼슬에 나가지 않고 평생 조선의 명산을 기행한 시인 백호 임제는 1577년 11월부터 1578년 3월 사이에 제주를 다녀갔다. 2월 11일 말을 타거나 걷거나 수레를 타고서 영곡에 이르렀는데, 그날의 일을 기행문 『남명소승』에 이렇게 기록했다.

> 층을 이룬 바위 뿌리가 희고 깨끗하게 둘러싸여 구슬 같은 병풍을 이루었다. 세 갈래 폭포가 걸려 있다가 하나의 골짜기로 쏟아진다. 옛 단壇이 있는데 단 위로 복숭아 꽃나무 하나가 심어져 있고 이어 단에 올라 대숲을 깔고 앉아 남쪽 바다南溟를 굽어 살펴보니 한결같이 만리萬里가 푸르다. 참으로 섬 가운데 제일동천第一洞天이다. 또 기암이 물가에서 산 위까지 사람처럼 서 있는 것이 무려 천백 개나 된다.

개인 소장《제주십이경도》의 〈영곡〉, 국립민속박물관 소장《탐라십경도》의 〈영곡〉과《제주십경도》의 〈영곡〉은 구도와 도상 및 화제가 거의 유사하다. 화폭 중단에 세 줄기 삼폭과 구름이 쏟아져 나오는 운생굴을 크게 드러내고 있다. 하지만 잘 보면 서로 다른 점이 보인다. 이 가운데《제주십이경도》의 〈영곡〉은 화폭 가장 위에 있는 한라산 봉우리가 삼각형으로 하나지만, 나머지 두 폭은 한라산 봉우리가 구름 위로 떠 있고 좌우 양쪽에 작은 봉우리를 거느려 삼각을 이루고 있다. 다른 점은 또 있다.《제주십이경도》의 〈영곡〉과《탐라십경도》의 〈영곡〉에는 한라산에 반원형의 '주홍굴'朱紅窟이 글씨와 더불어 또렷하지만《제주십경도》의 〈영곡〉에는 주홍굴이 사라지고 없다.《제주십이경도》의 〈영곡〉에는 없던 달이 다른 두 폭에는 환하게 떠 있는 것도 역시 다르다. 세 폭 모두 폭포는 위아래로 늘어선 직선판直線板이고 굴은 첩첩 쌓아올린 곡선판으로 그렸는데 그 설정이 경이로운 걸작이다.

朱紅窟

五百將軍石

雲生窟

旧址

靈室三瀑沛

〈영곡〉부분, 《탐라십경도》 국립민속박물관

魚鱗壁

窟生雲

嵓　源　灵室　源

화폭 맨 아래쪽에 납작 깔아둔 소나무숲의 구성도 감각적이지만, 폭포 머리에 소나무를 한 줄 깔고 그 위에 오백장군 또는 천불을 배치한 구성력이 대단하다. 《탐라십경도》의 〈영곡〉 맨 위쪽 하늘에는 달빛 흐린데 구름 위에 주홍굴朱紅窟이 봉긋이 솟아 그 풍경 마치 신선의 마을과도 같이 그윽하다.

세 폭의 그림 모두에서 재미있는 것은 구름과 땅 사이 옆으로 즐비한 천불 또는 오백장군이다. 몸뚱이에는 나무 같은 신물을 품고서 온갖 모양 모자를 쓴 채 서성대는 그 생김이 웃음을 절로 부른다.

이곳을 그린 그림은 또 있다. 정재민의 〈영실기암〉과 소치 허련이 추사를 만나러 제주에 갔을 때 그린 그림 〈오백장군암〉이다. 〈영실기암〉은 명승지가 지닌 자연 풍광의 아름다움을 그린 승경화勝景畵라 할 수 있다. 설화는 배제하고 눈에 뒤덮인 산악의 주름으로 오직 그 바위 계곡의 신비로움을 드러내는 데 집중했다. 이에 비해 허련의 〈오백장군암〉은 설화를 반영하여 우뚝 선 바위를 모두 장군의 형상으로 의인화해 특별한 분위기를 연출하고 있다. 하지만 한라산 봉우리는 원경으로 아득히 처리함으로써 더 이상의 이야기는 보여주지 않는다.

〈영실기암〉과 〈오백장군암〉은 둘 다 수묵화 양식으로 문인화풍을 취한 작품이다. 앞서 살펴본 세 폭의 〈영곡〉은 채색화이자 민간화풍을 취하고 있어 이 두 작품과 직접 비교하기는 어렵다. 그렇다 해도 그 표현의 방식이나 주제 해석의 흥미로움은 세 폭의 〈영곡〉과는 도저히 빗댈 수 없다. 호기심을 자극하는 면에서도 그렇고 오백장군 설화를 담아내는 방식에서도 그렇다.


## 말 키우는 사람 김만일과 유배객 광해의 인연

광해 왕은 전쟁영웅이었다. 임진왜란 때 날랜 기병대를 이끌고 조선 팔도 전

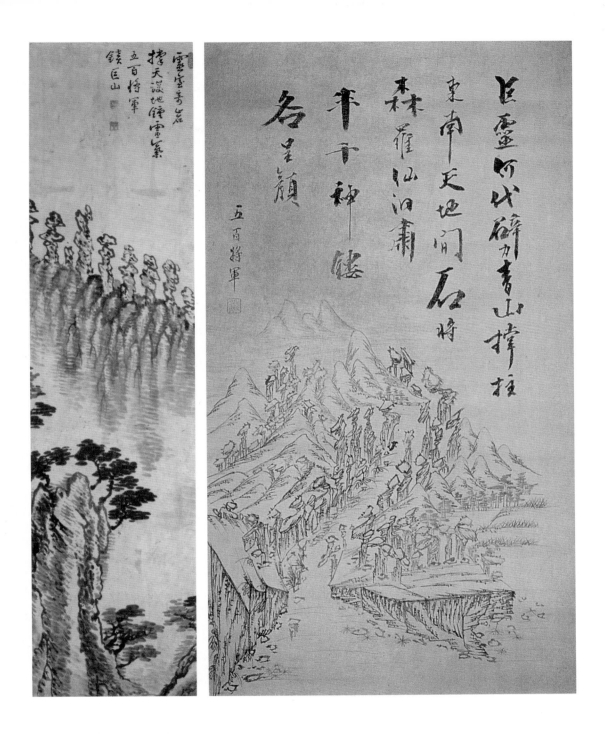

왼쪽_ 정재민, 〈영실기암〉,《영주십경도》, 제주대학교박물관
오른쪽_ 허련, 〈오백장군암〉, 31×58, 비단, 간송미술관

장을 휩쓸고 다니며 고통의 늪 속에 헤매는 민인을 끝없이 보살피며 위로하였고 피로의 나락에 빠져든 장병에게 청량한 용기를 심어주었다. 그러므로 빼어난 전마戰馬의 가치를 알고 있었다.

전후 황폐한 시절인 1600년 제주 사람 김만일金萬鎰이 자신의 말 500필을 조정에 헌납하자 조정에서는 2품의 부총관副摠管 벼슬로 보답하였다. 누구나 날쌘 말, 좋은 말의 소중함을 알고 있던 시절이었고 김만일은 더욱 말 키우기에 힘을 기울였다. 그래서였는지 1618년에는 규모가 대단한 목장으로 성장해 있었다. 광해 왕이 그해 6월 20일 전교한 내용이 그렇다.

> 제주의 김만일이 개인적으로 말을 기르고 있는데 무려 1만여 필이나 된다
> 고 한다. 수천 필을 잡아내 전마로 쓰고 만일에게는 넉넉히 상을 주도록 하
> 는 일을 해조로 하여금 의논해 조처케 하라.

오랜 세월 김만일은 꾸준히 자신의 말을 조정에 헌납하고 있었고 그 행위에 칭송이 그치지 않았다. 그런데 그로부터 몇 개월 지나지 않아 9월 제주로 나간 관리 양시헌梁時獻이라는 자가 김만일의 네 부자 모두에게 무거운 형벌을 가하였다. 또 암말은 한 필이라도 제주에서 육지로 내올 수 없다는 금령을 어기고 감히 1,000여 필을 점검해 데리고 나왔다. 광해 왕은 이에 9월 25일 양시헌을 파직하고 추고하였으며 그를 제주로 파견한 관료까지 추고하라고 하였다. 그만큼 분노가 컸던 것이다.

다시 1620년 9월 4일 김만일이 500필을 바쳐 왔으므로 두 아들과 손자에게 모두 벼슬을 내렸다. 이에 사헌부는 이런 뜻을 밝혔다.

> 섬에 사는 한 백성에 불과합니다. 그가 말이 천승千乘이고 집이 누만금의 부

자여서 전후 바쳐 온 말이 그 수가 얼마인지 모를 정도라도, 그가 바쳐 온 수만큼 금백金帛이나 미포米布로 값을 쳐주는 것은 좋지만, 어떻게 감히 그 보답을 벼슬로 할 것입니까.

사간원 역시 김만일을 '바다 밖의 미천한 인간'이라고 모멸하며 반대의 뜻을 밝혔다.

총관이라면 금위禁衛에서도 청준淸峻한 자리입니다. 그리하여 조종조에서부터 으레 명망 있는 공경에게 겸임을 시켰던 것으로 그가 차지하고 있을 자리가 원래 아닙니다. 그 정목政目이 한번 전파되자 식자들이 탄식을 하고 있는 터인데, 게다가 또 지금 그의 자손들까지 당상堂上으로 끌어올리고 수령을 제수하라는 하교까지 하시니, 이는 전고에 일찍이 없던 일입니다.

이에 광해 왕은 다음처럼 말하였다.

사정을 참작해서 제수한 것인데 뭐가 그리 큰 잘못이겠는가. 너무 번거롭게 말라.

사헌부, 사간원은 다음날도 같은 말을 반복하였다. 이에 광해 왕은 이렇게 말하고 그들의 뜻을 물리쳤다.

국가가 공로를 보답하는 은전은 꼭 한 가지 방법만 있는 것이 아니다.

그리고 몇 달 뒤인 11월 24일 김만일은 스스로 사직 상소를 올렸다. 이렇게

한라산의 서남쪽 허리를 부르는 이름, 영곡

하니 광해 왕이 허락하였다. 김만일 가족이 제주로 귀향을 준비할 무렵 이번에는 영의정이 나서서 김만일의 손자에게 선전관 벼슬을 내려주려 하였다. 그러자 병조는 이를 "비웃으며 따르지 않았다." 이에 광해 왕은 또 다시 말하였다.

바다 밖에서 공로를 세운 사람을 소원대로 임명하여 그 마음을 위로해주는 것은 옳은 일이니 해조로 하여금 속히 거행하도록 하라.

1622년 9월 12일 김만일은 네 필의 말을 특별히 키워 헌납하였고 광해 왕은 김만일의 아들에게 가자加資, 즉 품계를 올려주었다. 이러한 왕의 배려에 감격했는지 김만일 일가는 헌납을 계속했고 효종孝宗, 1619~1659, 재위 1649~1659 때인 1658년에도 아들과 손자가 또 208필을 헌납하니 산장을 설치하고 아들을 감목관監牧官에 임명하여 세습하게 하였다. 이들 일가는 말 사육에 능수능란하였던 모양이다.

『비변사등록』 1675년 1월 20일자에 김석주金錫冑, 1634~1684가 기병騎兵의 소중함을 역설하면서 저 김만일의 말에 대해 "말의 품질이 가장 좋고, 또 번성한다"고 하였으니 나라에서 김만일 가문에 산장을 맡겼던 것이겠다.

바로 그 산장에서 목사 이형상이 1702년 10월 15일 말을 모아 상태를 확인하는 행사를 그린 그림이 김남일의 〈산장구마〉다. 한라산 백록담에서 서쪽으로 흑붉은오름土赤岳, 사라오름솜羅岳을 거쳐 마주치는 성판오름成板岳을 지나 성판악휴게소까지 이어지는 능선 일대 산등성이를 따라 그 아래 기슭 한라좌록漢拏左麓 사이사이로 끝없이 펼쳐지는 오름과 푸른 숲이 장관이다. 말과 일꾼의 행렬이 꿈틀대는데 함성 소리 들리는 듯하고, 말을 한쪽으로 몰아가기 위해 만든 나뭇가지 목책이 구마 행사장에 이르면 둥근 꼬리처럼 생긴 미원장尾圓場으로 모여든다. 미원장에서 말 한 마리가 겨우 지나갈 만큼 가늘고 길게 만든 사장蛇場을 통과할 때 목사가 점검하여 승인하면 두원장頭圓場으로 들어가니 여기서 끝이 난다.

화폭 전체가 파도치듯 울렁거리는 〈산장구마〉는 활력만 넘치는 게 아니다. 상단 복판에 우람하면서도 고운 자태를 뽐내는 성판오름이 하늘에서 무게의 중심을 잡아주니 안정감과 우아함이 참으로 강렬하다. 성판오름 아래 구불구불 뱀처럼 흐르는 의귀천衣貴川이며 그 위아래를 감싸는 붉은색 송목松木도 화려하고 화폭 전면을 뒤덮고 있는 초록색 연둣빛도 넘실대며 분주하다.

화면 오른쪽 제주시 구역으로는 교래리며 갓그라기오름可叱極羅只岳, 지고리오름智古里岳, 반응오름盤凝岳, 산굼부리오름山仇音夫里岳이며 제주시 봉개동 살손장오리오름沙孫長兀岳, 물장오리長兀里岳, 민오름文岳, 거친오름荒岳이 늘어서 있고, 화면 왼쪽 서귀포시 구역으로는 남원읍 수망리의 반도기왓믠오름半道只田文岳, 물영아리오름勿永我里岳, 표선면 가시리의 물찻오름勿左叱岳, 영아리오름如雲永我里, 족은사스미小鹿山, 큰사스미大鹿山, 검은오름巨文岳, 구두리오름九斗里岳이 펼쳐져 있다.

또 한폭의 걸작 〈교래대렵〉은 〈산장구마〉 행사 바로 며칠 전인 1702년 10월 11일 이형상 목사가 조천읍 교래리에 진을 치고 펼친 거대한 사냥 놀이를 김남일이 그린 것이다. 사냥 행사는 구마 행사가 열린 곳 가운데 표선면 가시리 일대 지역으로 제한했는데 〈산장구마〉의 화폭 왼쪽 하단 일대 구역이다. 화폭 상단 오른쪽부터 검은오름黑岳, 구두리오름, 족은사스미, 큰사스미, 따라비오름多羅非岳, 널믠은동산板埋同山, 영아리오름이 빙 둘러 있고 그 사이사이로 마군 200명, 보졸 400명, 포수 120명이 전력을 다하여 사냥에 열중하고 있다. 사냥에 나선 이들은 이날 사슴 177마리, 노루 101마리, 멧돼지 11마리, 꿩 22마리를 잡았는데 이 사냥감은 궁궐에 진상하려는 물품이었다.

미술사에서 사냥하는 장면을 그린 작품은 드물기도 하지만 이 〈교래대렵〉만큼 비상하고 약동하는 묘사는 없다. 고구려 고분벽화 〈수렵도〉 이래 〈교래대렵〉은 가장 빼어난데 꼬리를 휘날리며 날아가듯 달리는 말 위에서 기마군이 활을 쏘는 모습이며 갖은 힘을 다해 도주하는 사슴의 모습은 비슷한 예를 찾기 어려울 만큼

한라산의 서남쪽 허리를 부르는 이름, 영곡

능수능란한 묘사력을 자랑한다.

한편 정재민이 그린 〈고수목마〉는 수묵화 양식으로 제주의 말을 그린 유일한 작품이다. 화폭 상단에 쓴 글씨를 보면 말을 '산중록'山中鹿이라고 하여 '산중의 사슴'으로 부르는데 한라산 백록담의 사슴 전설과도 닿아 있어 흥미롭다. 다섯 마리의 말과 함께 쪼그리고 앉은 사람을 보면 그 시선의 방향이 아득하여 짐짓 무심한 상념에 젖은 느낌이다. 그러므로 이 작품은 〈산장구마〉와 〈교래대렵〉의 분주함이 지니고 있는 세속의 활력과는 다르게 백록담 사슴의 전설과 신선의 세계를 동경하는 문인화의 이상을 표현하고 있다고 볼 수 있다.

산장 감목관으로 임명하여 김만일 가문에게 세습의 특권을 누리도록 해준 광해 왕은 그 다음해인 1623년 3월 12일 인조정변으로 폐위당했고 끝내 1637년에 제주로 유배를 왔다. 이곳 제주 산장의 말을 타고 한라산을 날아다니기는커녕 그로부터 1641년까지 감시 속에서 시련의 나날을 살았다. 그 슬픈 시절을 보내는 왕에게 저 감목관은 어떤 보답을 했을까. 대를 이어 숱한 이야기 넘쳐나는 인연이었으니 달빛 그늘 아래 어떤 왕래가 있었을지도 모를 일이다. 김만일 가문의 부귀영화가 지속되고 있던 그해 1641년 7월 1일 광해 왕은 제주도 적거지에서 생을 마침으로써 제주를 떠났다.

정재민, 〈고수목마〉, 《영주십경도》, 제주대학교박물관

김남길 〈산장구마〉 부분, 《탐라순력도》 제주특별자치도 세계유산본부

김남길, 〈교래대렵〉 부분, 《탐라순력도》, 제주특별자치도 세계유산본부

# 제주도는 곧 하나의 오름

## 오름의 왕국, 제주

섬이란 무릇 세 가지 땅으로 이루어진다. 첫째 바닷가, 둘째 오르막길, 셋째 산마루다. 《해동지도》의 〈제주삼현도〉 두 폭은 복판의 산마루를 중심으로 아기자기한 산과 계곡이 빙 둘러 주름처럼 오르막이 펼쳐져 있다. 바닷가에는 사람 사는 마을이 옹기종기 모여 있고 여러 갈래 길이 뚫리는데 바다로 나가는 포구와 산으로 올라가는 고개 그리고 해안선을 잇는 길이 허리띠를 이룬다. 그 가운데 한 폭이 특히 눈부시게 어여뻐 살펴보니 산들을 둥근 삼각형으로 올망졸망 늘어놓았다. 오름을 그린 지도다. 이 지도를 그린 사람은 오름을 이토록 예쁘게 바라보았구나 싶다.

제주도는 오름의 왕국이다. 오름은 제주에서 쓰는 산의 다른 낱말이다. 오름이라는 말을 처음 들을 때는 낯선 소리인 탓에 누구나 신기하다. 이제 자주 들어 친근하고 들을 때마다 상쾌하다.

오른다거나 오르막길을 줄여서 오름이라 하는 것이니 넓게 보면 제주도 전체가 하나의 오름이요, 좁게 보면 한라산부터 마을 앞뒤에 솟은 온갖 산들도 오름이다.

설문대할망이 흙을 일곱 번 던져 한라산을 만들고 또 빨래하다 방망이를 휘둘러 한라산에서 튀어나간 흙들이 오름이 되었다고도 하는데 오름은 아주 오랜 옛날 바다의 땅 속에서 용암이 치솟아 터지면서 생긴 열매다. 그러니까 오름은 불꽃이 터진 화산으로 꼭대기에는 굼부리가 있다. 굼부리는 불꽃이 터져 나오는 분화구인 웅덩이로 저 한라산 백록담은 큰 굼부리요, 나머지 몇 오름의 웅덩이들은 모두 작은 굼부리다. 모든 오름에 굼부리가 있는 것은 아니다. 용암 불꽃이 터질 듯하다 멈춰버려 꽃송이처럼 분화구가 아예 없는 생김도 있고, 옆구리가 터져 말발굽처럼 한쪽이 주저앉은 생김도 있으며, 저 백록담처럼 시원스레 터져 활짝 핀 꽃도 있다.

## 오름을 오르다, 설문대할망을 만나다

오름을 오를 때 설문대할망을 떠올리는 일은 즐겁다. 섬나라 큰 오름, 작은 오름 모두를 베개며 이불 삼아 살다가 물장오리에 빠져 죽었다는 설문대할망.

제주 신화 속 인물로 설문대할망은 문헌에 '설만두고'雪慢頭姑라고 하는데 키가 엄청나게 커서 한라산을 베개 삼고 다리는 제주시 앞바다로 뻗었다고 한다. 제주의 오름은 모두 설문대할망 치마폭에 담은 흙들이 흘러나와 이루어진 것이라고 한다.

설문대할망 시절부터 마을마다 부르는 저마다의 이름이 있었다. 그러다 한자가 들어와 이름을 기록할 때 소리를 따르거나 뜻에 따라 쓰다보니 조금씩 변형될 수밖에 없었다. 그렇지만 신라 때 향가인 〈혜성가〉에 오름을 '岳音'악음이라고 하였고, 조선 때 안무어사로 제주에 온 청음 김상헌이 『남사록』에 '兀音'올음이라고 표기했으니 오름은 예나 지금이나 바뀐 것은 아니다. 또 원나라 사람들이 이곳에 말과 소를 키우면서 산을 'ula', 'ulain', 'oroi'라거나 퉁그스 어에서 파생된 소리 'ala', 'alin', 'oro'라고 했다니 오늘날 오름이라는 소리와 비슷하긴 마찬가지다. 이런 저

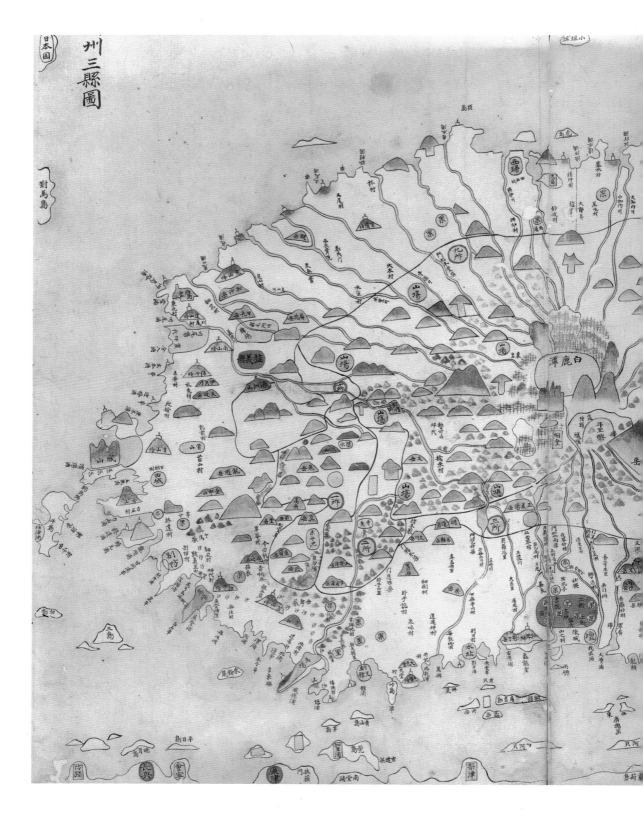

〈제주삼현 오름도〉,《해동지도》, 서울대학교 규장각

〈제주삼현 사적도〉, 《해동지도》, 서울대학교 규장각

런 학설이 어떻든 간에 지금 제주 사람들이 모두 오름이라 하니 그것이 올바르고 또 누가 뭐라 해도 산이라고 바꿀 까닭도 없지만 무엇보다 소리가 아름다워 좋다.

오름이라고 해서 모두 오름이라 부르지는 않는다. 한자말로는 산방산처럼 산山, 어승생악처럼 악岳, 원당봉처럼 봉峰이라고도 불렀으며, 제주말로는 왕이메처럼 메, 좌보미처럼 미, 따라비처럼 비, 용눈이처럼 이, 다랑쉬처럼 쉬라고도 불렀다.

제주도를 오름의 왕국이라 부르는 건 과장이 아니다. 제주도에 오름이 몇 개냐를 두고 의견이 분분하지만 1997년 최초로 제주도가 공식 조사를 통해 발표한 것에 따르면 한라산 백록담을 제외하고, 제주시에 210개, 서귀포시에 158개 등 모두 368개가 있다. 화산섬의 왕국이라고 하는 이탈리아 시칠리아 섬에는 에트나Etna 산을 비롯해 약 260곳의 오름을 갖췄다는데 제주도는 한라산을 비롯해 약 100곳의 오름이 더 많다. 그러니 왕관은 아무래도 제주가 쓰고 남음이 있다. 그저 많기만 해서 그런 건 아니다. 지금도 불을 뿜는 활화산 에트나와 달리 제주의 오름이 훨씬 곱고 부드럽다.

《해동지도》는 1750년대 무렵 중앙 정부가 제작한 지도집이다. 여덟 권으로 이루어졌는데, 조선 전도·도별도·군현지도만이 아니라 세계 지도·외국 지도·관방 지도 등이 들어 있다. 여기에 〈제주삼현도〉 두 폭이 포함되어 있다.

이들 삼현도는 행정 및 군사 경영에 요긴한 활용을 꾀하려는 것이었으므로 마을과 포구 이름이 자세하고 산과 강의 모습이 뚜렷하다. 둘 다 내용은 비슷하지만 그 가운데 하나는 산의 모습을 꼭지가 둥근 삼각형에 엷은 회색을 칠해두고서 화폭 전면에 늘어둔 데다 산과 산 사이에 부드러운 점들을 빽빽하게 찍어 장식성이 매우 강한 멋을 부려 지도라기보다는 한폭의 추상회화 같은 기분을 냈다. 단순한 기하 무늬를 반복함으로써 평면성을, 강조하고, 회색 점들 사이로 절제된 홍점과 녹점을 배치하여 장식성을 고조시킨 것이다. 이처럼 잘 그린 오름도는 실개천 사이사이 봉긋하게 솟아 오른 삼각형이 단연 빼어난 조형성을 과시한다. 단아하지만 무척 풍요롭고 신비로움에 넘치는 땅으로 보이는 효과를 거두고 있다. 그래서 나는 이 지도를 〈제주삼현 오름도〉라고 부르기로 했다.

또 한 폭은 한라산을 옆으로 길게 늘어뜨려 초록색을 칠한 다음 나무 때를 이리저리 둘러 배치함으로써 변화를 주었고, 각 읍성 안에 집 모양으로 관아를 묘사하여 실감나도록 그렸다. 그뿐만 아니라 창고 및 효자문, 열녀문이나 사당, 사찰도 생김대로 그려서 오름도와 구분하기 위해 나는 이를 〈제주삼현 사적도〉라고 부르기로 했다.

오름은 예로부터 신의 고향이며 죽음의 장소이고 봉홧불 밝혀 소식을 전하는 나눔의 터전이었다. 세월이 흐르면서 오름은 점차 사람들의 관심 밖으로 사라졌다. 제주도가 1997년 『제주의 오름』을 펴낸 뒤 1999년 4월 토박이들끼리 매주 토요일마다 368곳의 오름을 모두 오르기로 했고 이때 결성한 모임 '오름오르미'는 4년 만인 2003년 6월에 제주도의 모든 오름에 다 올랐다. 이들은 그동안의 이야기를 담아 2005년 『오름 길라잡이』를 세상에 내놓았고 2008년에는 보완하여 『제주의 오름 368』 두 권을 펴냈다. 이후 오름오르미들은 2020년 12월 26일까지 1,200회째 오름행을 가졌는데 창립 22년 동안 기록한 역사이자 쌓아온 소중한 숫자다.

제주도를 찾는 이들은 제주의 수많은 오름에 오르고, 그때마다 놀라운 감동을 만난다. 육지인들이 누리는 이 감동의 순간 뒤에는 어제나 오늘이나 한결같이 오름을 아끼고 사랑하는 이들의 묵묵한 발걸음이 있었다. 그러나, 지극히 당연한 말이겠으나 이 오름은 우리만이 아니라 우리 후대가 누릴 소중한 자연이다. 오늘날, 급증하는 관광객들의 거친 발걸음으로 제주도 곳곳의 오름이 훼손되고 있다. 그것은 그동안 오름을 아껴온 많은 이들의 마음에 상처를 내는 일이며 나아가 후대의 것을 망가뜨리는 일이다. 이 땅에 먼저 살고 있다고 해서 그 무엇도 함부로 할 권리는 우리에게 없다. 어디 오름뿐인가. 제주도 전역이 모두 다 그러하다.

제주도는 곧 하나의 오름

# 《영주십경도》,
## 제주의 안팎이 만나 조화를 이루다

제주의 명승지 열 곳을 그리는 전통은 17세기 말부터 시작한 것으로 보인다. 오늘날과 가장 가까운 시절에 그려진 것으로는 제주대학교박물관에서 소장하고 있는 춘원 정재민의 《영주십경도》를 들 수 있다.

《영주십경도》는 앞에서 순서대로 살펴온 김남길의 《탐라순력도》, 개인 소장의 《제주십이경도》, 국립민속박물관 소장 《탐라십경도》, 《제주십경도》 및 일본 고려미술관 소장 《영주십경도》 등과는 전혀 다른 수법이다.

정재민은 육지의 수묵담채화 기법을 배운 화가로서 1825년 제주에 와서 제주의 풍경을 그린 한양의 화가 학산 윤제홍, 1841년부터 1847년까지 세 차례 제주에 들어와 제주를 그린 진도의 화가 소치 허련의 전통을 대물림하여 《영주십경도》를 그렸다.

물론 수묵담채 수법을 구사하였다고 해서 윤제홍·허련의 안목과 관점, 화풍을 무조건 따른 건 아니다. 정재민은 문인 수묵담채화의 특징인 간략함이 아니라 화원 수묵담채화의 섬세함도 함께 채택했다. 윤제홍은 붓보다는 손가락을 사용하는 지두화 기법을 사용하여 아주 특별한 형상을 연출하였고 허련은 대상을 자신의 관점에서 전개하여 평면화된 오백장군을 보여주었다. 하지만 정재민은 관념화된 산수화의 양식을 바탕에 깔고서 그 위에 대상의

사실성을 위한 정교한 사실 묘사를 도입하는 기법을 구사함으로써 20세기 전반기의 변화하는 시대를 반영하는 전혀 새로운 십경도를 탄생시켰다.

여기에서는 그림 모두를 일별케 하고 아울러 화폭마다 상단에 자리잡은 화제의 원문과 풀이를 함께 적어두었다. 2013년 제주대학교박물관에서 출간한 『제주를 품은 옛 그림과 글씨』를 참고하였으되 다소 손을 보았다.

정재민, 〈묵죽〉, 30×128, 종이, 1943~44 무렵, 개인

제주의 안팎이 만나 조화를 이루다

## 〈성산일출〉城山日出　　〈사봉낙조〉紗峰落照

《영주십경도》, 각 28.6×115.4, 종이, 20세기, 제주대학교박물관

**성산에 뜨는 해**

붉은 구름 위로 올라온 세상
새벽을 일시에 여네

卽看紅雲頭上起 千門曉色一時開

**사라봉의 저녁노을**

바다 서쪽 높은 봉우리에
그릴 수도 없이 펼쳐진
아득한 노을

海天四圻有高峰 落照蒼蒼畵莫容

〈영구춘화〉瀛邱春花　　〈정방하폭〉正房夏瀑

**방선문의 봄꽃**

꽃을 찾아 나선 길은

도원桃源이 아닌데

나그네 이르른

방선문에선

걸음마다 향기라네

尋芳不是桃源路 客到仙門步步香

**여름날의 정방폭포**

은하수 떨어져

우레 소리 울리니

오월의 싸늘한 산

하얀 눈 뿜어내네

九天河落雷聲鬪 五月山寒雪影噴

《영주십경도》, 각 28.6×115.4, 종이, 20세기, 제주대학교박물관

## 〈귤림추색〉橘林秋色　〈녹담만설〉鹿潭晩雪

《영주십경도》, 각 28.6×115.4, 종이, 20세기, 제주대학교박물관

**귤숲의 가을빛**

저녁노을 나무에 드리우면

집집마다 울타리에는 황금빛

밀려드네

沸樹玲瓏照夕陽 家家蘺_落黃金色

**늦겨울 백록담의 눈**

오월 백록담이 맑게 개어

남은 눈 영롱하여

맑은 경치라네

鹿潭五月放新晴 殘雪玲瓏一境清

## 〈영실기암〉靈室奇巖　　〈산방굴사〉山房窟寺

**영실의 기이한 바위**
하늘 떠받치고 땅을 지키는
영묘한 기운 맺힌 곳
오백장군 큰 산을 지키네
撑天護地鐘靈氣 五百將軍鎮居山

**산방산 굴의 절**
높은 숲 가파른 절벽에
그윽한 동굴,
옛 절 서늘해진 게
몇 해던가
穹林峭壁洞天幽 古寺荒涼問幾秋

《영주십경도》, 각 28.6×115.4, 종이, 20세기, 제주대학교박물관

제주의 안팎이 만나 조화를 이루다

## 〈산포조어〉山浦釣魚　　〈고수목마〉古藪牧馬

《영주십경도》, 각 28.6×115.4, 종이, 20세기, 제주대학교박물관

**산지천 포구의 고기잡이**

물고기 살찌는 따스한 봄날

도롱이 싣고 가는

외로운 배 한 척

水暖春晴魚正肥 孤舟一葉載簑 衣

**풀밭에서 기르는 말**

숲속에서 자유로이 먹고 쉬니

산 중 사슴이라 할 만하구나

食息林間任自由 可宜指說山中鹿

부록

옛 그림 속
제주와 인연을
맺은 인물들

■ 본문에 언급한 주요 인물에 관한 설명과 작품이 실린 주요 페이지 수를 정리하였다. 그린 이를 알 수 없는 작품은 작자 미상으로 모아두었다. _편집자

## 김남길 金南吉, 17-18세기

출생지와 주요 활동 지역은 물론 생애를 알 수 없는 인물이다. 병와 이형상이 제주목사로 부임하여 제주 전역을 순회할 때 화가로 수행하여 41폭의 《탐라순력도》를 제작했다. 《탐라순력도》 41폭은 제주 실경산수화로, 겸재 정선의 관동 및 한양 실경산수와 함께 동시대 회화 양식의 한 갈래를 대표하는 걸작이다. 김남길은 지역을 무대로 활동하면서 민간 및 관청의 수요에 응했던 지역 화가이며 17세기에서 18세기로 이어지는 시대의 특정 지역 화풍을 대표하고 있다.

| | | | | | |
|---|---|---|---|---|---|
| 〈한라장촉〉, 158쪽 | 〈승보시사〉, 160쪽 | 〈공마봉진〉, 161쪽 | 〈감귤봉진〉, 162쪽 | 〈귤림풍악〉, 163쪽 | 〈교래대렵〉, 164쪽 |
| 〈산장구마〉, 165쪽 | 〈성산관일〉, 166쪽 | 〈우도점마〉, 167쪽 | 〈화북성조〉, 168쪽 | 〈조천조점〉, 169쪽 | 〈김녕관굴〉, 170쪽 |
| 〈별방조점〉, 171쪽 | 〈별방시사〉, 172쪽 | 〈수산성조〉, 173쪽 | 〈정의조점〉, 174쪽 | 〈정의양로〉, 175쪽 | 〈정의강사〉, 176쪽 |
| 〈정방탐승〉, 177쪽 | 〈천연사후〉, 178쪽 | 〈서귀조점〉, 179쪽 | 〈현폭사후〉, 180쪽 | 〈고원방고〉, 181쪽 | 〈산방배작〉, 182쪽 |
| 〈대정조점〉, 183쪽 | 〈대정배전〉, 184쪽 | 〈대정양로〉, 185쪽 | 〈대정강사〉, 186쪽 | 〈모슬점부〉, 187쪽 | 〈차귀점부〉, 188쪽 |

〈명월조점〉, 189쪽

〈명월시사〉, 190쪽

〈애월조점〉, 191쪽

〈제주조점〉, 192쪽

〈제주전최〉, 193쪽

〈제주사회〉, 194쪽

〈제주양로〉, 195쪽

〈병담범주〉, 196쪽

〈건포배은〉, 197쪽

〈비양방록〉, 198쪽

〈호연금서〉, 199쪽

## 김석익 金錫翼, 1885-1956

호는 심재心齋. 일본의 침략에 대응하는 의병을 배출한 가문에서 출생한 그는 제주에 유배당한 아석我石 이용호李容鎬 문하에서 학문을 익히기 시작하여 의병장 송사松沙 기우만奇宇萬, 1846-1916의 제자가 되었다. 조선이 식민지로 전락하자 귀향하여 제주학에 탐닉하는 한편 문하를 개창, 청년의 미래를 열어 숱한 인재를 배출했다. 스스로 서법과 사군자 세계에 탐닉하였으며 별세한 뒤 유족은 그의 방대한 유물을 국립제주박물관에 기증하였다.

〈매화도〉, 337쪽

〈석국〉, 337쪽

## 김정 金淨, 1486-1521

호는 충암沖庵. 1519년 기묘사화로 유배를 당해 제주에서 사약을 마시고 짧은 생애를 마감한 선비로 영민하고 강직한 인물이다. 시편과 회화에 모두 능했는데 시편은 저서 『충암집』에, 그림은 개인 소장품으로 단 두 점만 전해오고 있다. 개혁 사림의 기개와 더불어 유배객의 슬픔까지 아우르는 기운을 담은 〈산초백두도〉와 〈수조도〉는 16세기 화조화의 걸작으로 전해오고 있다. 제주에서는 그의 삶을 추모하여 당시 귤림서원을 세우고 배향하였는데 오늘날 오현사가 그 서원의 기원이다.

〈수조도〉, 151쪽

〈산초백두도〉, 151쪽

463

옛 그림 속 제주와 인연을 맺은 인물들

## 김정호 金正浩 1804-1866

호는 고산자古山子. 중인 가문 출신으로 황해도에서 태어나 어렸을 적 한양으로 이주했다. 30년 동안 전국을 돌아다니며 조선 지도를 제작했다. 1834년의 《청구도》와 1864년의 《대동여지도》는 생애를 다 바친 조선 최고의 지도이다. 김정호는 단순한 지도 제작 기술자가 아니었다. 국가가 편찬한 『동국여지승람』을 검토하고 그 오류 또는 보충을 위하여 한 개인의 힘으로 저술한 『대동지지』는 지리학의 대표작으로 위대한 업적이다.

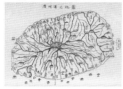 

〈제주도〉, 24쪽     〈제주도〉, 24쪽

## 김정희 金正喜, 1786-1856

호는 추사秋史. 명문세가에서 태어나 어린 시절부터 명석함으로 이름을 떨치며 19세기 전반기 학문과 예술 분야에 큰 업적을 남긴 학예주의자다. 1840년 10월부터 1849년 2월까지 제주 대정현에서 유배 생활을 했는데 이때 〈세한도〉와 《난맹첩》을 남겨 산수화 및 사군자 분야의 역사를 썼으며 '추사체'를 완성하여 서법의 역사를 전환시켰다. 제주도는 유배 시절 그가 머문 적거지를 보존, 복원하고 추사기념관을 세워 그 생애와 예술을 기리고 있다.

〈세한도〉, 332쪽     〈은광연세〉, 73쪽     〈의문당〉, 329쪽

〈예안씨에게 보낸 편지 봉투〉, 334쪽     〈예안씨에게 보낸 편지(부분)〉, 334쪽

## 윤제홍 尹濟弘, 1764-1845?

호는 학산鶴山. 가난하지만 청백리와 효자를 배출한 가문 출생으로 평생 하급 관리이자 지방관을 전전하다가 말년에 이르러 동부승지, 대사간에 올랐다. 손가락으로 먹을 찍어 그리는 지두화에 탐닉하여 맑은 감각이 특별한 화풍을 실현한 거장이다. 1825년 제주 대정현 경차관으로 임명되어 특수임무를 수행하러 제주에 입도하여 제주의 주요 지역을 탐사하면서 실경산수화의 새로운 경지를 이룩한 작품을 남겼다. 〈한라산〉과 〈백록담〉을 비롯한 제주 실경산수화 다섯 폭은 숱한 서사를 담고 있으며 회화사상 가장 특별한 세계를 형상화한 걸작이다.

〈백록담〉, 32쪽　〈한라산〉, 413쪽　〈천제연도〉,
253쪽　　　〈탐라 방선문〉,
416쪽　　　〈탐라 쌍석도〉,
417쪽

## 이중섭李仲燮, 1916-1956

호는 대향大鄕. 유복한 집안에서 태어나 일본 유학 시절을 보내며 프랑스 유학의 꿈을 꾸던 청
년이었지만 전쟁은 그와 그 가족을 난민으로 전락시켰다. 전쟁의 포연이 한창이던 1951년 제주
에서 보낸 한 해는 이중섭 예술 세계를 완성하는 숙성기였다. 실경산수의 전통을 계승하는 서
귀포 풍경 연작 가운데 〈서귀포 풍경1-실향의 바다 송〉은 현동자 안견의 〈몽유도원도〉를 잇는
이상향의 걸작이다. 제주 시절 그리기 시작한 가족 연작은 전란 속의 사랑과 애정을 상징하는
가슴시린 슬픔이다. 제주는 난민 이중섭의 생애와 위대한 예술을 기려 난민 시절의 거주지를
보존하고 이중섭미술관을 설립하여 그를 추모하고 있다.

〈게잡이〉, 232쪽　〈서귀포 바닷가의 아이들〉, 232쪽　〈서귀포 풍경1-실향의 바다 송〉, 234쪽

〈서귀포 풍경2-섶섬〉, 235쪽　　〈서귀포 풍경3
바다〉, 234쪽　　〈서귀포 풍경4
나무〉, 234쪽　　〈야마모토
마사코에게 보낸
편지〉, 334쪽

## 정재민鄭在民, 19-20세기

호는 춘원春園. 출생 연도는 물론 별세 시기와 출생지, 활동 지역을 비롯하여 생애와 관련된 내
용은 단 한 가지도 알려진 바 없는 작가다. 1930년 3월 23일 전라남도 담양청년회관 대강당에
서 개인전을 개최한다는 『동아일보』 기사만이 유일한 기록이다. 제주대학교박물관 소장품인
《영주십경도》는 정재민이 제주 또는 호남 출신 인물임을 추론케 하는 단서지만 확실하지는 않
다. 전해오는 〈묵죽〉은 거침없는 필력을 과시하고 있고 특히 〈묵죽〉에 두 마리의 새를 그려넣
음으로써 변화하는 시대의 분위기를 드러내주고 있다.

　　　　　　　　　　　　　　　　　옛 그림 속 제주와 인연을 맺은 인물들

〈성산일출〉,
456쪽

〈사봉낙조〉,
456쪽

〈영구춘화〉,
457쪽

〈정방폭포〉,
457쪽

〈귤림추색〉,
458쪽

〈녹담만설〉,
458쪽

〈영실기암〉,
459쪽

〈산방굴사〉,
459쪽

〈산포조어〉,
460쪽

〈고수목마〉,
460쪽

〈묵죽〉,
455쪽

## 허련許鍊 1809-1892

호는 소치小癡. 1838년 7월 서른 살 나이에 초의선사 소개로 상경하여 김정희 문하에 입문했다.
두 해 만인 1840년 9월 스승이 제주로 유배를 떠나자 스승을 만나러 제주해협을 세 차례나 건
너와 1841년 4개월, 1843년 10개월, 1847년 5개월을 머물렀다. 제주 실경을 상당수 그렸겠지만
오늘날까지 전해오는 작품은 〈제주도성에서 한라산을 보다〉와 〈오백장군암〉 두 폭뿐이다. 허
련은 오늘날 호남 미술의 종장으로 이름이 드높고 고향인 진도에 풍광이 아름다운 운림산방이
있어 많은 이들이 드나들고 있다.

〈제주도성에서 한라산을 보다〉, 329쪽

〈오백장군암〉,
437쪽

## 작가 미상

〈탐라도총〉
《탐라십경도》,
282쪽

〈산방〉
《탐라십경도》,
284쪽

〈백록담〉
《탐라십경도》,
286쪽

〈영곡〉
《탐라십경도》,
288쪽

〈명월소〉
《영주십경도》,
290쪽

〈취병담〉
《영주십경도》,
292쪽

〈산방〉
《영주십경도》,
294쪽

〈탐라대총지도〉
《영주십경도》,
296쪽

〈백록담〉
《제주십경도》,
298쪽

〈취병담〉
《제주십경도》,
300쪽

〈조천관〉
《제주십경도》,
302쪽

〈명월소〉
《제주십경도》,
304쪽

〈별방소〉
《제주십경도》,
306쪽

〈영곡〉
《제주십경도》,
308쪽

〈산방〉
《제주십경도》,
310쪽

〈천지연〉
《제주십경도》,
312쪽

〈성산〉
《제주십경도》,
314쪽

〈서귀소〉
《제주십경도》,
316쪽

〈백록담〉
《제주십이경도》,
386쪽

〈영곡〉
《제주십이경도》,
388쪽

〈제주목도성지도〉
《제주십이경도》,
390쪽

〈취병담〉
《제주십이경도》,
392쪽

〈화북진〉
《제주십이경도》,
394쪽

〈조천관〉
《제주십이경도》,
396쪽

〈별방진〉
《제주십이경도》,
398쪽

〈성산〉
《제주십이경도》,
400쪽

〈서귀진〉
《제주십이경도》,
402쪽

〈천제담〉
《제주십이경도》,
404쪽

〈산방〉
《제주십이경도》,
406쪽

〈명월진〉
《제주십이경도》,
408쪽

옛 그림 속 제주와 인연을 맺은 인물들

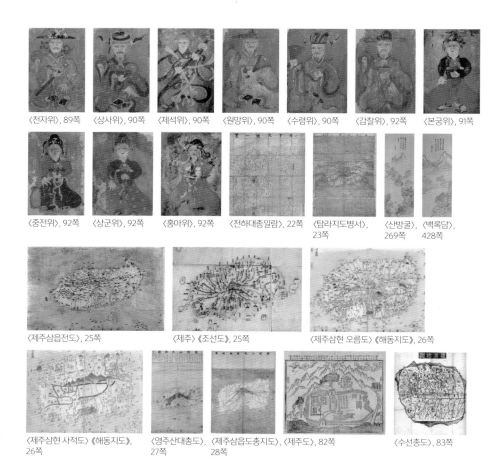

〈천자위〉, 89쪽　　〈상사위〉, 90쪽　　〈제석위〉, 90쪽　　〈원망위〉, 90쪽　　〈수령위〉, 90쪽　　〈감찰위〉, 92쪽　　〈본궁위〉, 91쪽

〈중전위〉, 92쪽　　〈상군위〉, 92쪽　　〈홍아위〉, 92쪽　　〈천하대총일람〉, 22쪽　　〈탐라지도병서〉, 23쪽　　〈산방굴〉, 269쪽　　〈백록담〉, 428쪽

〈제주삼읍전도〉, 25쪽　　〈제주〉《조선도》, 25쪽　　〈제주삼현 오름도〉《해동지도》, 26쪽

〈제주삼현 사적도〉《해동지도》, 26쪽　　〈영주산대총도〉, 27쪽　　〈제주삼읍도총지도〉, 28쪽　　〈제주도〉, 82쪽　　〈수선총도〉, 83쪽

## 주요 참고문헌

관, 2013.
『제주의 문화재』, 제주도, 1982.
『제주의 바다 땅 그리고 사람』, 제주대학교박물
　관, 2012.
『제주 유배인 이야기』, 국립제주박물관, 2019.
『한라산』, 국립제주박물관, 2013.

### 사전

김찬흡, 『제주사인명사전』, 제주문화원, 2002.
오성찬, 『제주토속지명사전』, 민음사, 1992.
한글학회, 『한국지명총람 18 전남편, 제주편』,
　한글학회, 1984.

### 지도

김정호, 『대동여지도』, 1861, 경희대학교 전통문
　화연구소 편찬, 백산자료원, 1976.
이찬, 『한국의 고지도』, 범우사, 1991.
『해동지도』, 서울대학교 규장각, 1995.

### 도록

김남길 그림, 이형상 글, 《탐라순력도》, 한국정
　신문화연구원, 1979.
김남길 그림, 이형상 글, 《탐라순력도》, 제주특
　별자치도, 1994.
『그림에 담은 옛 제주의 기억, 탐라순력도』, 국
　립제주박물관, 2020.
『박물관도록 서화류』, 제주대학교박물관, 2003.
『심재 김석익, 구한말 한 지식인의 일생 – 김계
　연 선생 기증유물특별전』, 국립제주박물관,
　2004.
『이익태 목사가 남긴 기록, 이완희 선생 기증유
　물특별전』, 국립제주박물관, 2005.
『제주목 관아지』, 제주대학교박물관, 제주시,
　1998.
『제주를 품은 옛그림과 글씨』, 제주대학교박물

### 고전

『국역 신증동국여지승람』 1~7, 민족문화추진
　회, 1970.
이중환 지음, 이익성 옮김, 『택리지』, 을유문화
　사, 1971.
_____ 지음, 허경진 옮김, 『택리지』, 서해문집,
　2007.
김봉현, 『제주도유인전』, 제주시 우당도서관,
　2005.
김상헌 지음, 김희동 옮김, 『남사록』, 영가문화
　사, 1992.
김석익 지음, 오문복 옮김, 『탐라기년』, 제주문
　화원, 2015.
_____ 지음, 오문복 외 옮김, 『심재집(제주 속
　탐라)』, 보고사, 2011.
제주문화원, 『옛사람들의 등 한라산기』, 제주문
　화원, 2000.
양진건 엮음, 『제주 유배 문학 자료집』1, 제주대
　학교출판부, 2008.
이강회 지음, 현행복 옮김, 『탐라직방설』, 각,
　2008.
이원진 지음, 김찬흡 외 옮김, 『탐라지』, 푸른역
　사, 2002.
이증 지음, 김익수 옮김, 『남사일록』, 제주문화
　원, 2001.
이형상 지음, 민족문화추진회 옮김, 『국역 병와
　집』, 한국정신문화연구원, 1990.
이형상 지음, 이상규 · 오창명 옮김, 『남환박물』,
　푸른역사, 2009.
장한철 지음, 정병욱 옮김, 『표해록』, 범우사,
　1979.
정운경 지음, 정민 옮김, 『탐라문견록』, 휴머니
　스트, 2008.
최부 지음, 최기홍 옮김, 『표해록』, 미상, 1979.

핸드릭 하멜 지음, 유동익 옮김, 『하멜보고서』, 중앙, 2003.

## 논문 및 단행본

강정효, 『한라산』, 돌베개, 2003.

고광민, 「탐라순력도 속의 해녀 연구」, 『무형유산』 6호, 2019.

고길선, 「조선후기 탐라십경도 연구」, 동아대학교 고고미술사학화 석사학위논문, 2013.

권영철, 「탐라순력도에 대하여」, 『제주도』 65호, 1975.

김새미오, 「영주십경의 형성과 변화에 대한 통시적 고찰-매계 이한우 작품을 중심으로」, 『한국한문학연구』 76호, 2019.

김영돈, 『제주도민요연구』, 일조각, 1965.

김영돈, 『제주의 민요』, 신아문화사, 1993.

김오순, 『탐라순력도 산책』, 제주문화원, 2001.

_____, 「18-19세기 제주 고지도의 연구」, 영남대학교 한국학 석사학위논문, 2006.

김유정, 「제주의 무신도」, 『탐라문화』 제18호, 제주대학교, 1997.

_____, 『제주미술의 역사』, 파피루스, 2007.

김은하, 『탐라순력도 따라 제주 역사기행』, 스콜라, 2018.

김승태 외 오름오르미들, 『오름길라잡이』, 대동출판사, 2005.

김종철, 『오름나그네』 1~3, 높은오름, 1995.

김태호, 「탐라십경도에 표현된 제주도의 지형경관」, 『한국지형학회지』 21-4호, 2014.

노재현·신병철·한상엽, 「탐라십경과 탐라순력도를 통해 본 제주 승경의 전통」, 『한국조형학회지』 37-3, 2009.

박은순, 「19세기 회화식 군현지도와 지방문화」, 『한국고지도연구』 1호, 2009.

박아훈, 『한국의 팔경도』, 소명출판, 2017.

서귀포문화원, 『풍경의 기억상실-탐라순력도 300년 후의 제주문화』, 서귀포문화원, 2017.

서명숙, 『제주 올레 여행』, 북하우스, 2008.

서미경, 『홍어장수 문순득』, 페이퍼, 2010.

신정일, 『신정일의 새로 쓰는 택리지 7 제주도』, 다음생각, 2012.

양진건, 『그 섬에 유배된 사람들-제주도 유배인 열전』, 문학과 지성사, 1999.

오름오르미들, 『제주의 오름 368』,

오문복, 『영주풍아』, 제주문화, 2004.

오창명, 「탐라십경도의 제주지명」, 『지명학』 26호, 2017.

유홍준, 『나의 문화유산답사기 7 제주도편』, 창비, 2012.

윤민용, 「탐라순력도 연구」, 한국예술종합학교 석사학위논문, 2010.

이보라, 「17세기 말 탐라십경도의 성립과 탐라순력도첩에 미친 영향」, 『온지논총』 17호, 2007.

이영권, 『제주역사기행』, 한겨레신문사, 2004.

장덕지, 『제주마 이야기』, 제주문화, 2007.

장주근, 『제주도 무속과 서사무가』, 역락, 2001.

전은자, 『제주바다를 건넌 예술가들』, 제주대학교탐라문화연구원, 경인문화사, 2015.

좌승훈, 『포구』, 나라출판, 1996.

좌혜경, 『한국 제주 오키나와 민요와 민속론』, 푸른사상, 2000.

진성기, 『제주의 전설』, 백록, 1992.

최열, 『옛 그림 따라 걷는 제주길』, 서해문집, 2012.

탐라순력도연구회, 『탐라순력도연구논총』, 제주시, 2000.

한국문화유산답사회, 『답사여행의 길잡이11-한려수도와 제주도』, 돌베개, 1998.

현용준·현승환, 『제주도 무가』, 고려대학교 민족문화연구소, 1996.

## 지지

우락기, 『국민관광1 제주도』, 한국지리연구소, 1980.

『제주도지』 제1~6권, 제주시, 2006.

『한국의 발견 제주도』, 뿌리 깊은 나무, 1983.

『한국의 여행 8 제주도 한려수도』, 중앙서관, 1983.

『한국의 향토문화자원 4 광주 전북 전남 제주』, 전국문화원연합회, 2000.

인명 색인

# 이 책을 둘러싼 날들의 풍경

한 권의 책이 어디에서 비롯되고, 어떻게 만들어지며,
이후 어떻게 독자들과 이야기를 만들어가는가에 대한 편집자의 기록

**2002년** 이 책의 저자 미술사학자 최열이 하나은행 사보 『하나은행』에 조선 실경에 관한 연재를 시작하다.

**2006년** 삼성문화재단에서 펴내는 『문화와 나』에 조선 실경에 관한 연재를 이어가다. 이 연재를 통해 관동팔경, 단양팔경, 서울, 제주를 비롯한 조선 팔도 전역의 승경지를 대상으로 삼은 수많은 실경도를 알리다.

**2009년** 『서울아트가이드』에 새로운 연재를 이어가다. 여러 매체와 지면에 관련 주제를 지속적으로 게재하다.

**2017년** 이제 막 다니던 회사를 그만두고 독립 후 출판사를 시작할 계획을 가지고 있던 편집자는 저자가 지난 2002년부터 조선팔도의 옛 그림에 관해 꾸준히 연구해왔음을 떠올리고, 저자에게 그 글을 묶어 책을 펴낼 것을 제안하다. 다만 우선 서울에 관한 책을 한 권으로 출간한 뒤 시간을 두고 나머지 지역을 모두 묶어 따로 출간하자는 계획을 전하다.

**2018년 9월** 편집자는 첫 권으로 구상한 '서울'에 관한 책을 먼저 만들되 서울을 그린 옛 그림의 집성본이자 결정판을 만들어 세상에 내보이고 싶다는 뜻을 품다.

**2018년 12월** 본격적인 원고의 검토 및 책의 편집에 들어가다. '서울'에 관한 책을 준비하며 출간 후 독자들의 관심이 있어야만 서울을 제외한 나머지 전역의 그림을 묶은 또 한 권의 책의 출간이 가능한 현실의 무거움을 홀로 간직하다.

**2020년 4월 5일** 『옛 그림으로 본 서울-서울을 그린 거의 모든 그림』을 출간하다. 출간 이후 독자들의 뜨거운 관심을 받다. 편집자는 이 책을 향한 독자들의 관심에 감사하는 것은 물론 후속권을 낼 수 있는 동력이 만들어진 것에 대해 안도하다.

**2020년 5월** 서울에 이어 후속권의 출간을 확정하다. 임시 제목을 '옛 그림으로 본 조선'으로 정하고 서울을 제외한 나머지 전역의 실경을 한 권에 담기로 하다. 『옛 그림으로 본 서울』의 판형과 디자인 등을 맞춰 일관성을 부여하기로 방향을 정하다.

**2020년 8월** 저자로부터 연재 원고 일체를 받다.

**2020년 9월** 저자로부터 책에 수록할 전체 이미지 파일을 받다. 편집자는 이어지는 추석 연휴 동안 원고와 그림을 통해 조선 팔도를 순례하는 안복을 누리다. 전체 원고와 이미지를 살핀 뒤 편집자는 그 방대한 분량을 책 한 권에 담는 것이 무리라는 것을 깨닫다. 그리하여 우선 '제주'에 관한 그림과 글을 묶은 책을 만든 뒤 이후 나머지를 묶어 출간하는 것으로 계획을 세우다. 다만 같은 연재글을 저본으로 삼아 2012년 출간한 저자의 『옛 그림 따라 걷는 제주길』의 개정판으로 여겨지지 않도록 책의 전반을 새롭게 구성, 정비하다. 정비의 주요 방향은 국내에서 최초로 출간하는 '제주에 관한 거의 모든 그림을 집대성한 책'으로 삼다. 이를 위해 제주를 그린 옛 지도는 물론 제주를 거쳐 간 인물들의 관련 도판을 최대한 수록하기로 하다.

**2020년 10월** 책의 구성안을 1차 확정한 뒤 그에 맞춰 편집 체계에 맞춰 정리를 시작하다. 『옛 그림으로 본 서울』 출간 1년에 맞춰 2021년 4월 5일 『옛 그림으로 본 제주』를 출간하기로 하다. 이 날은 혜화1117이 출판사를 시작한 지 만 3년이 되는 날이기도 하여 기념의 의미를 담기로 하다. 아울러 2022년 4월 5일 서울과 제주 이외 지역의 그림을 집대성한 『옛 그림으로 본 조선』의 출간을 기약하다.

**2020년 12월** 한 해의 정리를 위해 파일 정리를 하던 중 원고 및 도판 폴더를 전체 삭제하는 실수를 하다. 3개월 동

안의 작업이 수포로 돌아가다. 눈앞이 캄캄해졌으나 누구를 탓할 수도 없는 상황이라 마음을 다잡는 것 외에 다른 도리가 없다. 저자에게 상황을 전달하다. 원고와 이미지 파일 일체를 다시 받고, 원점에서 작업을 시작하다. 같은 원고와 이미지를 두 번씩 보게 된 덕분에 내용에 대한 이해가 깊어지다.

2021년 1월 한 번 작업한 기억을 되살려 작업에 박차를 가하다. 순조롭게 이루어지다. 원고의 보완 및 검토을 마친 뒤 저자의 수정 및 확인을 거치다. 저자로부터 새롭게 확보한 제주 옛 지도와 제주를 거쳐 간 인물들과 관련한 이미지를 전달 받다. 책에 실린 대부분의 그림은 조선 시대 화가 및 문인의 것으로 한정하였으나 19세기 말~20세기 초 제주에서 서법과 사군자 세계에 탐닉한 심재 김석익의 그림과 한국전쟁 이후 제주에 잠시 머문 이중섭의 그림은 예외적으로 수록하다. 육지의 화풍과는 다른 제주 그림의 특징을 독자들에게 잘 전달하기 위하여 각 장 사이에 《탐라순력도》, 《탐라십경도》, 《영주십경도》, 《제주십경도》, 《제주십이경도》, 《영주십경도》(정재민)를 설명하는 내용을 추가 정리하기로 하다. 요소를 정리하여 본문 디자인 작업을 의뢰하다.

2021년 2월 《탐라순력도》, 《탐라십경도》, 《영주십경도》, 《제주십경도》, 《제주십이경도》, 《영주십경도》(정재민)의 화제 원문 및 그 풀이를 함께 싣기로 하다. 기존 연구자들이 밝힌 내용을 참조하고, 일부분을 수정하여 정리하다. 다만 화제의 한자 원문 및 풀이가 밝혀지지 않은 부분은 그림 속 화제 원문을 살펴 새롭게 작업하여 수록하다. 본문의 교정 및 저자 교정이 수차례 이루어지다. 표지의 방향은 『옛 그림으로 본 서울』을 참조하되 제주만의 느낌을 살리기 위해 고민을 거듭하다.

2021년 3월 <제주삼현 오름도>와 <제주삼현 사적도>로 작업한 표지의 시안이 완성되다. <제주삼현 오름도>로 최종 결정하다. 책의 최종 단계에서 제주도 제2공항 건설, 4·3항쟁 관련 소식이 줄곧 전해지다. 본문에 가급적 최신의 내용을 반영하려 애쓰다. 책의 모든 요소를 확정하고, 본문의 최종교를 마치다.

2021년 3월 29일~4월 1일 제주 지역의 그림을 집대성한 최초의 책이라는 의미를 생각하여 제주의 독자들에게 이 책의 출간 소식을 먼저 전할 방법을 찾기 위해 출간 전 책의 가제본을 꾸려 제주 지역 책방과 도서관 등을 찾아가다. 이를 위해 책의 출간을 일주일여 미루다. 출간 전 제주 지역 책방들에게 저자 사인본 예약 판매 및 사전 주문 등을 주요 내용으로 하는 이벤트를 제안, 진행하다. 출간과 함께 표지에 사용한 <제주 삼현 오름도> 포스터를 독자들에게 제공하기 위해 제작을 준비하다.

2021년 4월 15일 인쇄 및 제작에 들어가다. 표지 및 본문의 디자인은 김명선이, 제작 관리는 제이오에서(인쇄 : 민언프린텍, 제본 : 책공감, 용지 : 표지-아르떼210그램, 본문-뉴플러스100그램 백색, 면지-화인페이퍼 110그램), 기획 및 편집은 이현화가 맡다.

2021년 4월 26일 혜화1117의 열세 번째 책 『옛 그림으로 본 제주-제주를 그린 거의 모든 그림』 초판 1쇄본이 출간되다. 출간과 동시에 저자 사인본 예약 판매 및 사전 주문 등에 참여해준 제주의 동네책방에 저자가 친필 서명한 책과 대형 포스터를 발송하다. 제주의 독자분들께 책이 먼저 가닿을 수 있도록, 온라인 서점 및 주요 서점 등의 신간 배본을 미루다. 참여해준 제주 동네책방의 이름을 다음과 같이 기록해두다.

나이롱책방, 달리책방, 만춘서점, 무명서점, 밤수지맨드라미, 보배책방, 소리소문, 소심한책방, 어떤바람, 제주살롱, 제주풀무질, 책방무사, 책약방, 책자국, 한뼘책방, 헌책방동림당. (가나다 순)

책방들은 출간 전 책방 공식 SNS를 통해 이 책의 의미를 독자들에게 적극적으로 알림으로써 수많은 제주 독자들의 호응을 이끌어냈으며 독자들 역시 책의 실물을 보기 전 책의 가치에 주목하여 성원을 보내다. 편집자는 책을 발송하며 각 권마다 아래의 글을 동봉하여 감사의 마음을 전하다.

이 책을 둘러싼 날들의 풍경

제주의 독자님께

안녕하세요. '혜화1117' 이현화입니다. '혜화1117'은 막 4년 차에 접어든 1인 출판사입니다. 편집자로 일한 지 28년여가 되어가는데 출판사 운영은 전혀 다른 것이어서 여전히 조심스럽기만 합니다.

독자가 되어주신 『옛 그림으로 본 제주』를 만드는 동안 주변으로부터 다양한 이야기를 들었습니다. 대개는 제주에 관한 책은 아무래도 시장이 작아 이렇게 큰 책을 펴내는 것이 무리라는 염려였고, 1인 출판사에서 감당하기에는 버거울 거라는 조언이었습니다.

이 책의 저자이신 미술사학자 최열 선생과는 『이중섭 평전』을 만들며 처음 뵈었습니다. 규모 있는 출판사에서 안정된 시스템의 도움을 받아 훨씬 널리 책을 알릴 수 있는 분이지만 저와 함께 『미술사 입문자를 위한 대화』, 『옛 그림으로 본 서울』에 이어 세 번째 책을 함께 해주셨습니다. 그런 분의 책이기에 저는 정말 잘 만들고 싶었습니다. 무엇보다 선생의 20여 년 노정에 대해 책을 통해 제대로 된 예우를 해드리고 싶었습니다.

저는 또다른 꿈을 품었습니다. 무엇보다 출판사의 약한 존재감, 미숙한 시스템이라는 좁은 우물 밖으로 이 책을 알리고 싶었습니다. 이 책에 담긴 제주를 향한 선생의 뜨거운 마음에 바로 그곳, 제주의 독자들이 화답하고 환영하는 풍경을 보고 싶었습니다.

지난 3월 말 제주 출장을 다녀온 건 그 때문이었습니다. 낯선 존재일 게 뻔한 '혜화1117'이라는 미약한 이름을 품고, 제주 곳곳의 책방 문을 두드렸습니다. 조심스럽게 내민 제 손을 많은 책방에서 맞잡아주셨습니다. 그뒤 작은 책상 위에서, 여러 걱정과 염려를 놓지 못했던 시간 저를 견디게 했던, 상상만으로도 벅찼던 그 풍경이 제 눈앞에 연달아 펼쳐졌습니다.

그리고 지금 저는 이 풍경을 만들어주신 분들께 이 글을 쓰고 있습니다. 감사하다는 말로는 부족한 이 먹먹한 '오늘'을 제 앞에 펼쳐 보여주신 이 순간을 잊지 않겠습니다. 이 책을 환영해 주셔서 진심으로 감사 드립니다.

2021년 4월 22일
혜화1117 이현화 올림

2021년 4월 29일 『서울경제』 '사라진 옛 제주 풍경, 그림으로 만나보세요'라는 제목의 저자 인터뷰 기사가 실리다.

2021년 4월 30일 『경향신문』에 '옛 그림·지도로 떠나는 탐라 명소·역사 대장정'이라는 제목의 서평 기사가 실리다. 『문화일보』에 '135점의 그림과 지도로… 비행기 타지 않고 즐기는 제주'라는 제목의 서평 기사가 실리다.

2021년 5월 1일 『조선일보』에 '[그림이 있는 도서관] 조상님들, 그 시절엔 '탐라'를 어떻게 즐기셨나요'라는 제목의 서평 기사가 실리다.

2021년 5월 4일 『국민일보』에 '앗, 폭포 위에 광대가!… 옛 그림과 함께 떠나는 제주 여행'이라는 제목의 서평 기사가 실리다.

2021년 5월 5일 교보문고 전국 매장에서 『옛 그림으로 본 제주』 구매 독자께 출간 기념으로 제작한 대형 포스터를 증정하다. 온라인서점 인터넷 교보문고, 알라딘, 예스24, 인터파크 등에서도 구매 독자께 대형 포스터 증정을 시작하다. (마일리지 차감 방식)

2021년 5월 7일 온라인서점 예스24에서 '오늘의 책'으로 선정, 사이트 첫 화면에 노출하다. 또한 '보고, 읽고, 쓰고! 인문 교양 추천 도서' 이벤트 증정품으로 『옛 그림으로 본 제주』에 수록한 〈제주삼현 오름도〉, 〈제주삼현 사적도〉, 《탐라순력도》 중 〈귤림풍악〉, 〈제주사회〉와 『옛 그림으로 본 서울』에 수록한 〈한양 전경도〉를 활용한 양장 노트 4

종을 제작, 배포하다.

2021년 5월 18일 교보문고와 tvN이 함께하는 '2021명강의북앤톡'에 『옛 그림으로 본 제주』편 방영되다.

2021년 5월 21일 『한라일보』에 '[이 책] 최열의 『옛 그림으로 본 제주』 눈부신 예술가가 담은 신과 자연의 섬'이라는 제목으로 책의 출간 소식과 저자 강연에 관한 기사가 실리다.

2021년 5월 22일 저자 최열 선생, 1박2일 일정으로 제주를 방문하다. 탐라도서관(오후 1시)에서 강연하다. 콘텐츠그룹 재주상회 사계생활에서 '사계북토크'(오후 5시 30분) 저자 강연하다. 이동 중 보배책방에 들러 인사를 나누다.

2021년 5월 23일 저자 최열 선생, 제주 추사 적거지에 들러 책의 출간을 고하다. 책방 소리소문에 들르다. 한뼘책방에 들르다. 디앤디파트먼트 제주점에 들르다.

2021년 5월 28일 '채널예스'에 "미술사학자 최열 "헌책방에서 우연히 본 제주 그림, 너무 달랐다"라는 제목의 저자 인터뷰 기사가 실리다.

2021년 6월 서울 스타필드 별마당도서관에서 6월 한 달 동안 진행한 '여, 행하라X제주 도슨트' 기획 이벤트 전시 중 '윤영미 아나운서의 추천 여행'에 제주 만춘서점 추천을 받아 자리를 잡다. 제주 매거진 『iiin』 여름호에 '그림이라는 창문, 그 너머의 제주'라는 제목으로 저자 인터뷰 기사가 실리다.

2021년 7월 15일~8월 15일 교보문고 '여름휴가 추천도서 기획전'의 도서에 선정, 전국 매장 및 인터넷 교보문고 등에서 별도 전시되다.

2021년 7월 30일 제주 디앤디파트먼트 제주점에서 저자 강연을 진행하다.

2021년 9월 8일 혜화1117이 '2021 서울국제도서전'(9월 8일~9월 12일, 서울 성수 에스팩토리)에 처음으로 참여하다. 도서전을 찾은 많은 독자들이 『옛 그림으로 본 서울』과 『옛 그림으로 본 제주』를 통해 출판사를 알게 되었다며 일부러 찾아오는 진귀한 경험을 하게 되다. 도서전 기간 동안 준비한 책이 모두 팔리는 기록을 세우다.

2021년 10월 1일 인천 제물포구락부에서 저자 강연을 진행하다.

2021년 10월 15일 초판 2쇄본을 출간하다.

2023년 8월 24일 국립제주박물관 상품관에 『옛 그림으로 본 제주』가 입고되어 정식 판매를 시작하다.

2023년 9월 8일 편집자는 제주 출장길에 국립제주박물관에 일부러 들러 그곳에서 독자들을 기다리고 있는 『옛 그림으로 본 제주』를 직접 마주하다.

2024년 5월 25일 『옛 그림으로 본 서울』, 『옛 그림으로 본 제주』에 이어 혜화1117에서 『옛 그림으로 본 조선』(전3권)을 출간하다. 이로써 저자 최열 선생의 30여 년 노정의 결산인 '옛 그림으로 본' 연작을 마무리하다.

2024년 7월 15일 '옛 그림으로 본' 연작 완간을 기념하여 혜화1117로서는 처음 해보는 시도인 '와디즈 펀딩'에 참여하다. 편집자는 이를 통해 새로운 독자를 만날 기대와 과연 그 결과가 어떻게 될 것인가에 대한 호기심으로 누구보다 결과에 주목하다.

2024년 8월 31일 '와디즈 펀딩'이 처음 설정한 목표를 훨씬 상회하는 매출액을 달성하여, 성공적으로 마무리되다. 이를 통해 『옛 그림으로 본 제주』의 3쇄를 제작하기에 이르다.

2024년 9월 5일 초판 3쇄본을 출간하다. 이후 기록은 4쇄본 이후 추가하기로 하다.

이 책을 둘러싼 날들의 풍경

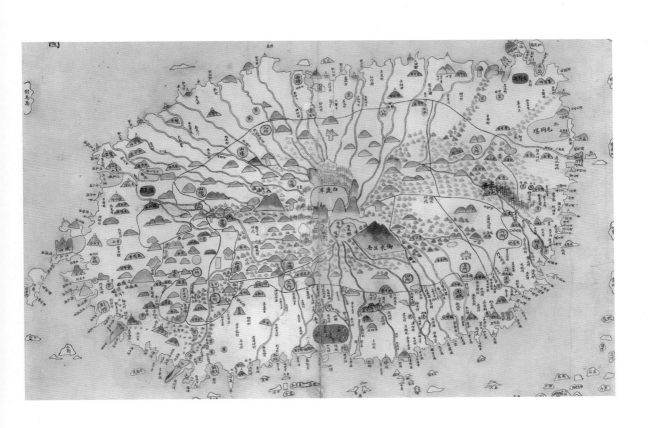

# 옛 그림으로 본 제주

2021년 4월 26일 초판 1쇄 발행
2024년 9월 5일 초판 3쇄 발행

**지은이** 최열
**펴낸이** 이현화
**펴낸곳** 혜화1117 **출판등록** 2018년 4월 5일 제2018-000042호
**주소** (03068)서울시 종로구 혜화로11가길 17(명륜1가)
**전화** 02 733 9276 **팩스** 02 6280 9276 **전자우편** ehyehwa1117@gmail.com
**블로그** blog.naver.com/hyehwa11-17 **페이스북** /ehyehwa1117
**인스타그램** / hyehwa1117

ⓒ 최열

ISBN 979-11-91133-02-8 03910